歷史的潛流

封面题字　董彦斌

历史的潜流

律师风骨与民国春秋

程骞 著

法律出版社 LAW PRESS·CHINA

序／一言难尽的律师

我们这个国家，至少在两千多年前，就有法律，有诉讼，可以开庭打官司。但是，却一直没有，也不可以有律师。所谓的诉讼，无非是原被两造，在官老爷面前，在两旁皂隶的虎视眈眈之下，各自陈诉自己的理由或者冤屈。然后听从青天大老爷的发落。如果不服，屁股上先尝尝水火棍的滋味。至于现在电影电视上讲得神乎其神的讼师，其实根本就没这种职业。被人称为讼师的，顶多是兼职。而且不能公开露面，老实的，不过代写诉状，刁蛮的，则可以给想打官司的人背后出点馊主意。这样的人，一旦被官府锁定，必遭严惩。因为，在那个时代，包揽讼词，挑拨诉讼者，就是讼棍，这样的讼棍，历朝历代，都是要严厉打击的，轻则流放，重则杀头。在一个以非讼为道德的社会里，所谓的讼师，不仅挑战官府权威，道德上就不正确。

中国的土地上，第一次有律师，已经是民国了。清末新政的司法改革，力度很大，但毕竟时间太短了。独立的司法审判体系，对多数地方而言，仅仅在纸上。刑事和民事诉讼法的确立，也仅仅在发达地区做到了原被两造平等地应诉。乡绅没法像过去那样,拿自己一个名刺,就把欠租的佃户送官。律师制度,只能等到民国才问世。中国历史上第一号的律师证,给了曾经在清末做过外务部左侍郎的曹汝霖。这位在五四运动中,被骂成大汉奸的人,在日本学的是政治。但是,清末新政期间,他却参与过宪政编查馆的工作,翻译过日本和德国的法典,也参与制订了好些中国的新法典。进入民国,一时间不想做官,当律师,也合乎身份。

清末的外务部,位列各部之首,一个副部长做了律师,很给律师长脸。以他在官场和司法界的人脉,没有官司打不赢的。每次庭审,只要他出席,旁听的法律学生乌泱乌泱的。出了北京,老百姓找他打官司的人跪了一地。用他的话说,人们是把他当八府巡按了。

曹汝霖的律师生涯不长,很快就复出做官去了。真正领风骚的,是上海律师公会的律师们。做过民国司法总长和代总理的张耀曾,是这个公会的成员,同样做过司法总长的章士钊也是。而且,沈钧儒、史良、沙千里、王造时、张志让这些民国响当当的大名人,都是上海的大律师。其中沈钧儒,清末中过进士。

国民党当家之后,中国的司法改革,有所倒退。以党代政的立法院制订的《暂行反革命治罪法》,以及稍后的《危害民国紧急治罪法》,开了民国以言治罪的先河。大批的政治犯,就是在这两个临时法律之下,被定罪入狱。好多共产党人,也就是依照这种法律,被定罪,甚至丢了性命。幸好,那时的上海,还有租界,租界有中外合审的会审公廨。那时由于律师们的努力,好些革命者,就是在这里,被无罪释放了。

当然,1932 年被捕的前中共的总书记陈独秀没有这么幸运。此时的他,已经被他的党和共产国际所抛弃。但是,一根筋的他却依然坚持以武力推翻国民党政府的主张,凭借他那个托派小组织,展开活动。被捕之后,贫病交加的陈独秀,当然没有钱请律师。但是,他昔日的好友章士钊律师,却自愿免费为他辩护。当年章士钊在江苏高等法院上,为陈独秀所做的辩护词,已经载入史册了,问世不久,就成了著名的东吴大学法学院的辅助教材。看当时报纸记录的庭审状况,法官们简直被章大律师弄得张口结舌,狼狈不堪。尽管,章士钊的辩论,陈独秀并不买账。

同样难堪的法庭庭审,还有 1936 年的"七君子案",法官在如此强势的律师面前,简直就是遭罪。甚至,1946 年,南京高等法院审理汉奸案,也遭遇这样的尴尬。原本法官们觉得审判汉奸,民众一定拥戴,所以,特别在朝天门广场直播。没想到,由于国民党抗战胜利后,一系列倒行逆施,大失民心,同时,也由于律师们精彩的驳辩,旁听席上,直播的广场上,竟然出现了一边倒——一边倒向汉奸被告的现象。

然而,不管怎样尴尬,怎么难堪。律师们没有受到刁难,也没有人想起会把他们驱逐出庭。包括此前的取证,阅卷,会见当事人,都没有任何问题。尽管民国的立法机构,炮制了若干完全有违《中华民国约法》精神的临时法律,作为训政时期限制个人权利的利器,但是,从清末传下来的司法改革成果,却也没有被废止。至少,律师们能干活,而且能把活儿干得相当好。他们中的好多人,过得也相当滋润,还成了这个国家一等一的大名人。

从清末司法改革算起,中国的司法改革,已经走了一个多世纪的路,让我这个外行没有想到的是,律师有的时候,居然还是妾身未明。影视剧视他们为讼师,他们自己有时也自称"大状",民国律师的风光,也许不足以点醒人们,但至少会给我们提供一些耐人寻味的故事。

本书书成,作者和编辑,命我这个外行作序,盛情难却,狗尾续貂。于是有了上述的文字。

张 鸣

2015 年 6 月 3 日,于京北清林苑

目　录

导言/千年变局与民国律师

“作为一名中国人，我有一个祖国要拯救，我有一群人民要启蒙，我有一个种族要高举，我有一个文明要现代化。”[1]

——民国大律师吴经熊

1840 年的鸦片战争打开了封建中国的大门。随着西方商品、文化和政治力量的涌入，中国开启了它的现代化进程。主持晚清洋务数十年的名臣李鸿章谓之为“三千余年一大变局也”。[2]从被动到主动，从器物、制度到思想，中国上上下下进行着激烈的变革。这一变革，从晚清一直延续到民国。在这个过程中，作为舶来品的“律师”也随着东渐的西风在中国播下种子、生根发芽、茁壮成长，到民国已经成为近代中国社会中的一个重要阶层。

法者，国之重器。无论是国家权力的建构还是市场经济的运行，无论是社会伦理的规范还是个人行为的指引,法律在国家、社会与个人生活的方方面面发挥作用。中国的现代化,也是中国法律制度的现代化。近代中国变局的一个重要层面,便是延续数千年的中华法系的死亡与西方现代法律制度与思想的移植。如此,作为“在野法曹”的律师群体也得以透过他们手中的重器——法律——参与中国的变革。从清末的立宪到民国的约法,从巴黎和会的交涉到治外法权的废除,从抗日爱国到施行宪政,从工人组织到女权运动,从司法独立到表达自由,均可见律师在其中参与、推动甚或领导的身影。律师的历史本身也构成了我们了解民国乃至整个中国近代史的一扇窗口。

一、中国律师职业的兴起

虽然中国自古以来便有襄助词讼、代写诉状的“讼师”,但由于中西法律体系之间的根本差异,讼师与根植于西方法律传统的律师并不可同日而语。对于二者的区别,民国大总统袁世凯与领有民国第一号律师证书的曹汝霖之间曾有一次有趣的对话。民国初年,袁世凯想劝曹汝霖放弃律务,入阁为官,便问曹曰:“何必做律师,律师不是等于以前的讼师吗?”曹汝霖答道:“律师与讼师,绝对不同,律师根据法律,保障人权,讼师则歪曲事实,于中取利。”[3]这一问一答间,颇能体现律师制度初立时国人对于律师的误解,以及法律人对于律师价值的维护。

律师登上中国历史舞台的起点可以追溯到清末。当时清廷无人熟习现代国际法律,只能依赖外国律师处理外交事务。中国历史上的第一任对外全权使节便是由美国律师蒲安臣担任。在他的主持下,中国和美国签订了相对平等的《蒲安臣条约》(也即《中美天津条约续增条约》)。随着不平等条约对于领事裁判权的确认,在通商口岸也逐渐出现外国律师代表华洋当事人处理纠纷。由于对外国律师操持国务怀有疑惧,在接受西方法律教育的华人逐渐受到清廷的重视。在这一背景下,毕业于英国林肯律师会馆、获大律师资格的伍廷芳被延揽加入李鸿章幕府,后在清廷历任要职。

伍廷芳为律师制度的引入做出了卓越的贡献。1905 年,时任修订法律大臣的伍廷芳会同沈家本奏请设立法律学堂。伍、沈奏折开宗明义地指出了专业法律人的重要意义:“深虑新律既定,各省未豫储用律之才,则徒法不能自行,终属无补。当此各国交通,情势万变。外人足迹遍于行省。民教龃龉,方其起衅之始,多因地方官不谙外国法律,以致办理失宜,酝酿成要案……一切新政,如路、矿、商标、税务等事,办法稍歧,诘难立至,无一不赖有法律以维持之。然则弥无形之患,伸自主之权,利害所关,匪细故也。”[4]接着,他们建议在京师专设法律学堂,教授法律原理、大清律例以及各国宪、刑、民、商诸法。并设速成科,习刑律、诉讼、裁判等法。1906 年,伍廷芳再次上奏,力陈引进律师制度之必要:

> 按律师一名代言人,日本谓之辩护士。盖人因讼对簿公堂,惶悚之下,言词每多失措,故用律师代理一切质问、对诘、复问各事宜。各国俱以法律学堂毕业者,给予文凭,充补是职。若遇重大案件,则由国家拨于律师,贫民或由救助会派律师代伸权利,不取报酬,补助于公私之交,实非浅鲜。中国近来通商各埠,已准外国律师辩案,甚至公署间亦引诸顾问之列。夫以华人讼案,借外人辩护,已觉扞格不通,即使遇有交涉事件,请其伸诉,亦断无助他人而抑同类之理,且领事治外之权因之更行滋蔓,后患何堪设想。拟请嗣后凡各省法律学堂,俱培养律师人才,择其节操端严,法学渊深额定律师若干员,卒业后考验合格,给予文凭。然后分

> 拨各省以备办案之用。如各学堂骤难造就,即遴选各该省刑幕之合格者拔入学堂专精斯业。俟考取后酌量录用,并给予官阶,以资鼓励。总之国家多一公正之律师,即异日多一习练之承审官也。[5]

在伍廷芳等人的推动之下,清廷开办法政学堂,派遣留学生修习法律,设立法政科举人、法政科进士,为中国本土律师群体打下了最早的基础。然而,律师制度的正式建立,却要等到民国纪元之后。

1911 年 10 月 10 日,辛亥革命爆发。同年,江苏都督程德全宣布江苏独立,不久便在省内颁布了《律师暂行章程》。1912 年,蔡寅等十四名留日法科学生提请上海都督陈其美准设"中华民国辩护士会"。其他如苏杭辩护士会、江宁律师会、南京律师公会等亦纷纷设立。律师制度在缺乏中央立法的情形下,于地方层面运作起来。1912 年 2 月,前清山阳县令姚荣泽诛杀南社革命领袖的血案进入司法程序。伍廷芳致信孙中山,表示:"民国方新,对于一切诉讼应采文明办法,况此案情节重大,尤须审慎周详以示尊重法律之意。拟由廷特派精通中外法律之员承审,另选通达事理、公正和平、名望素著者三人为陪审员,并准两造聘请辩护士到堂辩护,审讯时任人旁听。"[6]在此案中,伍廷芳力主保障当事人获得律师辩护的权利,负责该案检控的"原告律师"林行规具有英国大律师资格,负责承审该案的法官陈贻范、丁榕、蔡寅也分别毕业于英国或日本的法律院校,具有律师资格。

1912 年 9 月北京政府司法部颁布了《律师暂行章程》,标志着中国律师制度的正式建立。此后,全国律师人数逐年增长。以北平为例,从 1912 年至 1937 年,北平律师公会的成员从 41 人发展至 1261 人,增长了近 30 倍。[7]

二、民国律师参与社会变革的条件

自《律师暂行章程》以降，民国所出台的有关律师制度的法律规范无不肯定了律师独立执行律务的权利和价值，国民政府颁行的《律师法》甚至规定“律师以保障人权、实现社会正义及促进民主法治为使命。”律师公会则认为：“律师以在野法曹身分，一方面与在朝法曹即法官、检察官共同合作维护正义；另一方面则监督制衡法官、检察官公权力之行使，庶符正当之法律程序，以维护人权及人性尊严。”[8]“律师依法执行职务，在法律上其地位同等为司法三职之一，在社会上亦即为一种最高尚之职业，非其他之职业可能比拟。”[9]在民间，每有冤案待雪，社会团体往往对律师有“领导群众，主持正义”、“彰国家法纪”[10]之类的期许。这些都显示，从国家到社会，从外在期待到自我认同，民国律师都肩负着维护法治、正义以及人权的重任。

为了实现上述功能，民国律师群体获得了相当程度的独立和自治空间。无论是北洋政府的《律师暂行章程》还是南京国民政府的《律师法》，律师群体管理的大原则都是公会自治。各地律师公会不仅自行决定章程会则、议事方法、收费标准，还享有维护风纪、提付惩戒的权力。在组织模式上，无论是早年的会长制，还是后期的理监事制，律师公会的领袖均是由公会成员自行选举产生，并且也不断保持更新换代。在自治过程中，律师公会对于会员权益、律师风纪的维护不遗余力。比如上海律师公会会员吴迈、王述樵等人遭受非法关押或刑讯的时候，上海律师公会都动用各种力量向上海地方和国家中央权力机关提出抗议；而当会员本身违法违纪的时候，比如北平律师公会会员李景光涉嫌侮辱调戏、上海律师公会会员郑毓秀涉嫌怠行职务，其所属律师公会均毅然将之提付惩戒，决议开除会籍。这种独立地位使律师群体在民国纷乱的政治角力中成为一支捍卫法治与权利的力量。他们既在北洋政府治下为遭到指控的国民党员辩护(如林百架为《民国日报》叶楚伧、邵力子之辩),也在国民党的清党运动中为共产党员辩护(如章士钊为陈独秀,吴凯声为陈延年之辩),还在抗战胜利后的汉奸审判中为汉奸巨憝辩护(如章士钊为周佛海、梁鸿志之辩)。最令人瞩目的是,当1936年救国会"七君子"因"危害民国"罪被捕之时,上海、吴县两地律师公会竟为之组成了二十余人的辩护律师团,构成了民国法制史上的一段传奇。

从人员背景来看,民国律师或出身官绅世家,或海外学成归国,或于前清执掌司法,或于学堂研习法政。整体而言,他们的教育背景、人生阅历都足以使其成为那个时代的精英人物。虽然民国法律和公会会则均禁止律师兼任公职,但民国律师出入朝堂者不在少数。领有民国"第一号"律师证书的曹汝霖,曾任前清外务部侍郎,在执行律务经年后,又在北洋政府出任外交总长、交通总长、财政总长等职。曾经在财政总长任上三度被捕的罗文干,在短暂执行律务后,也再次入阁,出任司法总长、外交总长、司法行政部部长等职。从高官任上卸职而执律师业的更不在少数,如曾任国会议员的刘崇佑、曾任司法总长的张耀曾、曾任修订法律馆总裁的江庸、曾任大理院院长的董康、曾任代理上海临时法院院长的吴经熊,均为代表。亦有人先执律务而后为官,比如中国第一位女律师郑毓秀在国民党北伐占领上海后出任了上海地方审判厅厅长,其夫魏道明律师则官至南京市市长、驻美大使。与郑毓秀同组律师事务所的王思默后来先后担任江苏高等法院首席检察官、江苏高等法院院长。除了为官之外,民国律师还往往在报社(如张耀曾之《中华新报》)、学校(如江庸、汪有龄之朝阳大学)、社会团体(如施洋之湖北全省工团联合会)等组织中兼有副职。这些经历为民国律师积累了丰富的政治资源和政治经验，也为他们提供了社会动员的平台和资本。与民国时期其他职业化团体相比，律师们在政治活动与公共讨论的参与中显然享有得天独厚的条件。

从经济水平和社会地位上看，民国律师与大学教授、报社记者一样被认为是“高级自由职业者”，在社会中享有“中人以上的地位”。[11]在经济收入上，他们比大学教授、报社记者以及政府官员还更为优渥。根据徐小群教授的统计，1930 年代，记者月入一般 70 - 300 元，正教授一般 400 - 600 元，中央部长也只为 800 元，而同时期律师的月收入一般则在 300 至 2000 元不等。[12]民国知名律师的收入往往更在其上。比如在 1935 年中国征信所的档案中记载，章士钊的年入为五至十万元，汪有龄年入五万余元，吴经熊回忆自己执业后头一个月的收入就相当于四万美金。[13]经济上的富足使律师不必“为五斗米而折腰”，也使他们有余力和闲资参与公共生活。

总之，作为一个整体，民国律师呈现出行业自治、知识专业、眼界开阔、人脉丰富、地位尊崇、经济富足的特点。这些构成了他们参与政治、动员社会，进而影响民国大变局中历史走向的条件。

三、民国律师参与社会变革的方式

在民国历史上律师留下的印记比比皆是，而他们在历史上留下印记的方式则不一而足。作为律师，他们影响历史的首要战场自然是法庭。通过个案的代理，律师们或能维护政治异见，或能宣扬新兴价值，或能影响公众舆论，或能改变政府行为。在国民党的白色恐怖中，章士钊、吴凯声、史良等律师一再为被捕的共产党或亲共政治犯挺身辩护，陈独秀、陈赓、廖承志、邓中夏等人均曾在法庭上得到律师的救援。通过这些案件，律师们宣扬了言论自由的边界、政府与国家的区别、保障人权的意义,以及程序正义的价值。在社会风气和家庭伦理上,曹汝霖曾经通过一件“太监离婚”案的辩词,传讲了“人道”、“婚姻自由”、“平等”、“公益”等领风气之先的理念,史良则代理大量女性当事人的案件,意在为女性权利和性别平等张目。1926年,民国前国务总理熊希龄在上海被租界会审公廨传唤,陈霆锐和外籍律师古沃代为辩护。此案引起举国大哗,激发了民众对治外法权的憎恶,促进了领事裁判权的废除。

在法庭之外,民国律师也通过演讲、出版、支持和发动社会组织的形式发起或推动社会运动。1920年代,为了废止领事裁判权,民国律师们四处演说,发表文章,向公众解释领事裁判权的历史演变以及对中国的危害。仅陈霆锐律师一人便有《收回会审公廨问题》、《为撤销领事裁判权告国人》、《特种治外法权》等演说和文章传世。上海律师公会还曾派遣陈霆锐、董康、李祖虞、赵锡恩等赴京敦促政府采取行动,江庸律师还留驻北京,就近交涉。[14]武汉律师施洋亦是社会运动中的佼佼者。他在武汉执业的短短几年时间,便先后组织过支援五四学生运动的集会和请愿,开展过普及教育的平民教育运动,主张联省自治,甚至一度以湖北各界联合会的名义宣布驱逐湖北督军王占元,成立湖北自治政府。他还长期致力于工人运动,在湖北乃至全国的工人运动中都是重要领袖,他推动成立了粤汉铁路职工联合会、湖北全省工团联合会等组织,支持和领导粤汉铁路工人罢工运动,甚至最后因声势浩大的“二七”大罢工而遇难。1930年代,在风起云涌的抗日爱国运动中,律师们的作用同样引人注意。因领导救国会运动而被捕的“七君子”中就有四人是律师,其中史良等人发起成立了上海妇女界救国联合会,王造时等发起成立了上海各大学教授救国会,沙千里等发起成立了上海职业界救国会。在全国各界救国联合会中,沈钧儒、王造时、沙千里、史良均被选为常务委员。[15]此外,在民国的女权运动、冤狱赔偿运动、施行宪政运动等社会运动中也均可见到律师群体的身影。

除了法庭内外的“台前表演”,民国律师也很善于运用其丰富的人脉关系,在幕后隐蔽地施力。昔日的同僚,当日的同业,还有同乡、同学等各种“关系”均为民国律师所用,以达致其法律与政治目标。在办理政治案件的过程中,当律师知道难以通过法律手段获得公正审判时,其往往也会动用私谊“活动”。陈延年被捕时正值国民党清党运动的高潮,为了救其脱离险境,吴凯声律师找到在上海法律界声名煊赫的昔日留法同学郑毓秀,请其向逮捕陈延年的闸北区警察局长疏通放人。[16]“七君子”被捕后,他又向时任江苏高等法院院长的同学王思默请求善待七人。[17]同样是“七君子”案中,律师张耀曾深信该案悬于政治而不悬于法律,因此在辩护之余一直通过杜月笙、钱新之、吴铁城等人在国民党高层中游说,寻求转圜。[18]在诉讼之外,民国律师也往往通过私人渠道向政府当局建言。曹汝霖因与袁世凯有私交而得以当面规劝其不要急于称帝。他也向时任司法部次长的故友汪有龄建议改善看守所条件,向时任大理院院长的故友章宗祥建议变通宣判程序,以免农民耽误上诉时效。[19]这些私人渠道的作用是双向的,它们不仅能使律师的意见上达政府,往往也是政府联络律师的桥梁。抗日战争前夕,为了确定国策,蒋介石欲召富有对日外事经验的曹汝霖咨询,便是通过与曹有旧谊的吴鼎昌邀请。[20]在“七君子”案中,杜月笙、钱新之不仅为“七君子”向国民党高层求情,他们也受国民党高层之托向“七君子”游说具结悔罪。[21]总之,这些私谊关系,构成了律师与政府之间的一条隐秘通道。

在民国律师的政治参与中,“入仕为官”也许是最直接的一条道路。清末,当郭嵩焘邀请伍廷芳出任驻英参赞时,伍廷芳鲜有兴趣,其一重要理由便是,在英国律师可以出任“侍郎”、“大御史”等职,绝非参赞、随员可比。[22]到了民国,律师出任要职的情况也同英国一样了。伍廷芳本人便在民国政府中执掌外交、司法多年。吴经熊告别律务后担任立法院立法委员,起草了著名的“吴氏宪草”,[23]后又出任驻罗马教廷公使。前述郑毓秀、王思默、魏道明也都是在结束律务后出任司法、行政要职。“七君子”获释后,沈钧儒、史良均加入了国民政府主导的国民参政会。曾有学者认为七君子的被捕“不仅表明了社会组织和社会力量的枯萎和弱化,而且也显示出国家与社会的良性互动已不复存在,各种社会力量渴望政治参与的期待已经落空”[24]但从沈、史等人在国民参政会中的任职来看,当时社会力量并未枯萎,国家与社会的互动亦未停止,只是互动的方式有所改变而已。

以上种种,均表明律师群体是民国历史上影响政治、社会的一支重要力量。他们地位的重要,从民国末年的政治格局中也可见一斑。在超脱党派政治的国民参政会中,江庸入选主席团。在共产党中,董必武、周新民、潘震亚都是律师出身。在民主党派中,沈钧儒、史良等人领导的中国民主同盟举足轻重。1949 年,章士钊、江庸还受李宗仁之托,与颜惠庆组成“上海人民和平代表团”北上向共产党试探和平。1949 年 9 月,中国人民政治协商会议第一届全体会议在北平中南海怀仁堂召开。在这次商讨建国大业的盛会中,有十四位代表都是律师。其中,董必武后来担任中华人民共和国副主席、代主席,沈钧儒后来担任最高人民法院院长、全国政协副主席、全国人大副委员长,史良则出任了新中国的第一任司法部长。[25]

总之,在民国扣人心弦的历史变局之中,律师群体是一股强劲的浪潮,左右着这段历史的走向。要读懂民国,读懂中国近代史,读懂吾国国运的航线，不能不读懂律师。“国士衰时见”，[26]这是章士钊律师在民国乱世中写下的诗句。这也是民国历史上那些为法治、为正义、为人权、为国家的命运和前途而殚精竭虑、劳劳奔走的律师的写照。这些律师的故事虽然已经变得遥远，但是他们的风骨与精神却与法治一起长存。

注释

1. 吴经熊：《超越东西方》，周伟驰译、雷立柏注，社会科学文献出版社2013年版，第66页。

2. 梁启超：《李鸿章传》，中国三峡出版社2009年版，第56页。

3. 曹汝霖：《曹汝霖一生之回忆》，中国大百科全书出版社2009年版，第109页。

4. “奏请专设法律学堂摺（一九〇五年夏）”，载丁俊贤、喻作凤编：《伍廷芳集》（上），中华书局1993年版，第271－272页。

5. “奏诉讼法请先试办摺（一九〇六年四月二十五日）”，载丁俊贤、喻作凤编：《伍廷芳集》（上），中华书局1993年版，第280－281页。

6. “致孙文电（二，一九一二年二月十八日）”，载丁俊贤、喻作凤编：《伍廷芳集》（下），中华书局1993年版，第501页。

7. “北京律师公会会员名簿”，载邱志红：《现代律师的生成与境遇：以民国时期北京律师群体为中心的研究》，社会科学文献出版社2012年版，第56－59页。

8. 中华民国律师公会全国联合会：“简介”，载 http://www.twba.org.tw/cogniz_profile.htm，最后访问于2015年5月7日。

9. “致各会员函（为制止登载近于招揽诉讼之广告或仅以姓名事务所及电话号码登报由）”，载《上海律师公会报告书》1935年第33期，第138页。

10. “呈司法行政部文（为市公安局违法拘禁律师王述樵请呈行政院令市

政府转饬该局移送法院侦查审判由)”,载《上海律师公会报告书》1934 年第 32 期,第 113 页。

11. 艾生:“关于沈钧儒等案”,载《思想月刊》1937 年第 1 卷第 4 期。

12. 杨天宏:“民国时期司法职员的薪俸问题”,载《四川大学学报(哲学社会科学版)》2010 年第 2 期;徐小群:《民国时期的国家与社会:自由职业团体在上海的兴起(1912 - 1937)》,新星出版社 2007 年版,第 54 页、第 58 页;陈同:《近代社会变迁中的上海律师》,上海辞书出版社 2008 年版,第 270 - 271 页。

13. 同上注,陈同书,第 267 - 277 页;并见注 1,吴经熊书,第 105 页。

14. “上海律师公会推江庸君为驻京代表交涉公廨案”,载《法律评论》1924 年第 54 期;陈霆锐:“收回会审公廨问题”,载《东方杂志》1925 年第 22 卷第 14 期。

15. 秦建君:“‘七君子’事件大事记”,载《民国档案》1988 年第 2 期。

16. 马龄国:“陈延年之死——刘方岳、吴凯声营救陈延年纪实”,载《贵阳文史》2002 年第 2 期。

17. 马龄国:“律师三杰——‘七君子’案发时营救活动琐记”,载《民主》1997 年第 2 期。

18. 张耀曾:“求不得斋日记(1936 年 11 月 25 日)”,载杨琥编:《宪政救国之梦:张耀曾先生文存》,法律出版社 2004 年版,第 440 页。

19. 同注 3,曹汝霖书,第 105 - 106 页、第 145 页。

20. 同上注,第 315 页。

21. 同注 15,秦建君文。

22. 丁贤俊、喻作凤:《伍廷芳评传》,人民出版社 2005 年版,第 65 页。

23. 吴经熊:“中华民国宪法草案初稿”,载《法学杂志》1933 年第 6 卷第 5 期。

24. 连连:《萌生:1949 年前的上海中产阶级——一项历史社会学的考

察》,中国大百科全书出版社2009年版,第392页。

25. 流水长:"盛会上的律师:记五十年前参加商讨新中国建国大计的律师们",载《中国律师》1999年第10期。

26. 章士钊:"赠王平秋",载《章士钊诗词集 程潜诗集》,湖南人民出版社2009年版,第64页。

华人律师鼻祖伍廷芳

伍廷芳，一名伍叙，字文爵，号秩庸。他 1842 年出生于新加坡，四岁随父回广东定居，后移居香港。伍廷芳是中国历史上获得律师资格的第一人，被誉为“东亚律师之滥觞”[1]，堪称华人律师的开山鼻祖。在清朝末年，中国尚未建立现代律师制度的时候，他便在英国修习法律，并在香港从事多年律师职业，广泛参与了香港的各种法律和政治事务，后又北上事清。作为中国法律界最早“睁眼看世界”的人，伍廷芳在满清和民国政府历任要职，经历了清末变法、南北议和、二次革命等一系列重大政治事件，处理了一系列重大外交事务，参与主持了中国现代法律制度（包括律师制度）的设计与建立。伍廷芳以其显赫的地位成为清末民初最令人瞩目的法律人，人们亦主要关注他在中央政府的一系列政治参与。然而，香港作为伍廷芳的成长与发迹之地，他于斯生活二十余年，奠定了自己的事业基础，也影响了香港当地的法律和政治格局。他先后成为香港历史上第一个华人大律师、第一个华人太平绅士、第一个华人定例局（即今之立法局）议员。回顾伍廷芳的香港生涯，我们可以了解这位中国最早的国际法律人是如何在这块殖民地上为华人争取权利、获得承认，又是如何面对困局、离港北上的。

伍廷芳肖像,《警务丛刊》1912 年第 24 期

定志向于香港,学法律于英伦

伍廷芳于1855年开始在香港教会学校圣保罗书院就读,学习英文、数学、物理等现代知识。在读书期间,他有感于中国"国势积弱、民智闭塞",[2]于1858年向当时的香港英文报纸《孖剌报》提议,创办中文副刊《中外新报》。这份报纸后来发展成为中国最早的中文日报。[3]伍廷芳当时仍在圣保罗书院学习,但常常利用闲暇时间,为日报翻译、提供了大量的文章,介绍西方社会、政体以及法律制度,十年不辍。[4]此可谓伍廷芳参与香港公共事务的开端。

1862年伍廷芳从圣保罗书院毕业,开始在香港法院担任译员,一干就是十余年。在法院的工作使伍廷芳认识到法律的重要性,港英政府的不公政策也对他产生着强烈的刺激。比如港英政府曾颁布《维持社会秩序及风化条例》,规定港督有权公开招商承晌开赌。伍廷芳上书表示反对,指出奖励赌博为法律所不容。然而他的上书石沉大海,港英政府的政策没有丝毫改变。[5]他逐渐意识到,欲救国图强必须前往英美精研法学,将中国法律典章所不合适者改弦更张。于是,1874年,三十三岁的伍廷芳倾十年积蓄,远赴英伦,进入英国四大律师会馆之一的林肯律师会馆学习法律。[6]经过三年的刻苦学习,伍廷芳通过考核,成为首个拥有英国大律师资格的中国人。

伍廷芳很快就得到清廷外交官员的注意。早在留学的次年,负责监督留美幼童的大臣陈兰彬就曾函请他赴美襄助。后来清廷驻英国公使郭嵩焘又当面邀请他留任使馆翻译、随员。伍廷芳坚辞不就,直言随员月俸不过白银两百两,参赞不过三百,而他担任律师则可月入千元。而且英国律师可升授侍郎、大御史等官职,绝非随员、翻译可比。[7]为表挽留，郭嵩焘特向皇帝奏请授以三等参赞之职，[8]但伍廷芳却因父亲去世返回香港丁忧。

业律师争民权，促平等行公义

1877年2月，伍廷芳返回香港，其后申请在香港执业。同年5月，香港按察司约翰·司马理爵士照准伍廷芳在香港法庭的出庭资格。他表示："我很荣幸授予这项任务……我很高兴一个世界上最聪明的民族有这样一位人物；我很高兴看到一位在圣保罗书院受教育的中国人，曾在巡理厅任职传译员数年，已成为英国律师公会的会员。"[9]

获得出庭资格仅仅3个月后，伍廷芳就受命处理一个国际性的案件。该案发生在福州，当地的美国失业船员薄得冒称美国驻福州领事馆官员，恐吓当地渔民缴纳保护费，引起民怨沸腾。福州地方政府以恐吓与勒索的罪名将薄得逮捕，福州中国贸易委员会代表受害渔民提出控诉。然而，在美领馆的聆讯过程中，针对薄得的指控遭到撤销，薄得被当庭释放。福州中国贸易委员会不服，于是请来伍廷芳代理此案。伍廷芳赶往福建，准备大显身手。但是负责调查此案的美国驻华使馆秘书荷坎比却表示，根据中美之间的条约，美国在中国享有治外法权，针对美国人在中国的犯罪行为，中国无权以中国法律进行惩处，而应由美国领事馆进行审理。这一案件不应被视为法律事件，也不应再以法律程序处理。伍廷芳试图跟荷坎比展开谈判，但遭到拒绝。其后他又试图将原告的申诉信件递交美方，也被拒收。荷坎比不留情面地指出，"我没有收到通知他与这件事有关系，或有权利向我提出任何问题……我不会从他的手中接过那封信，或承认他与这件事有任何关系。"[10]就这样，伍廷芳接手的第一个大案以失败告终。

然而，薄得案只能说是伍廷芳职业生涯中的一个小小的挫折。在这之后，伍廷芳利用自身的律师身份、法律知识与社会地位，屡屡为香港华人争取公义，其中最广为人知的案件当属一件杀人案。该案的被告是一名英国人。一日他酒醉之后在街头游荡，将一名挑着货物的华人撞翻在地。华人要求道歉，英人却口出狂言，不仅拒绝道歉，还说华人咎由自取。华人气愤不已，与之争吵。英人仗着自己人高马大，出手伤人，竟生生将华人打死。该案被诉至法庭，不想英国法官仅草草审理，就将凶手无罪释放。案件结果一出，香港华人社群哗然，纷纷要求严惩罪犯。伍廷芳与判案法官激烈辩论，更向港督轩尼诗力陈法庭判决不公之处。最后，法庭不得不重新审理此案，改判凶手 5 年有期徒刑，并向死者家属支付巨额赔偿。[11]

除了涉入司法个案，伍廷芳还为居港华人努力争取更加有利的政策。当时英国在港秉持“华律治华”的原则，对犯罪的华人保留了大清律例中的残酷刑罚。已经了解西方法治文明的香港华人对此深为不满，长期争取废除这些不人道的刑罚。经过几十年的抗议，港督轩尼诗于 1878 年 5 月决定宣布废除笞刑。这一决定引起香港英人抗议，他们于同年 10 月组织大会，反对港督的决定。伍廷芳与其他几位华人领袖听闻此事，便组织华人参与会议。会议决议保留笞刑，并由港督将这一决议转呈英国殖民大臣。伍廷芳认为此案关系重大，向大会要求重复宣读一次决议，以便为在场华人进行传译。提议遭到大会主席的拒绝，伍廷芳当即率全体华人离场抗议。其后，伍廷芳先后组织 130 余名富裕华人签名请求英皇同意轩尼诗留任下届港督，组织 2000 余名华人签名请求英皇废除笞刑。[12]华人的请愿看起来取得了成效，英国政府同意了轩尼诗的决定。3 年之后，香港定例局又通过法令，将公开笞刑、烙刑和流刑一概废除。[13]

渐成港人领袖，终究入仕北洋

在一系列的公共事件中，伍廷芳作为华人领袖的地位日渐突出，一向以人道主义、自由主义为标榜，倾向增进香港华人权利的港督轩尼诗将伍廷芳视为他可以合作的最佳人选。1878 年 12 月，轩尼诗委任伍廷芳为太平绅士。太平绅士有权维持社区安宁、防止非法刑罚、审理简单案件，由社会贤达担任，或由官员兼任。在香港开埠的四十多年间，一向由洋人担任此职。因此，伍廷芳成为当时香港 40 名太平绅士中唯一的一名华人，开启了华人担任太平绅士的先河。[14]1879 年 1 月，伍廷芳被任命为香港政府公务员的考官，与另外两位英国考官一起负责香港政府公务员的招募和考核。[15]这一系列任命使香港华人大为振奋，华人领袖黄筠堂、冯明珊、梁鹤巢等联名上书举荐伍廷芳担任定例局议员。他们指出，伍廷芳是华人社群中最著名的人物，熟悉英国语言与文学，深知英国法律，与华人团体相处融洽深孚信任，因此有资格在定例局中代表华人利益。[16]定例局是香港的立法机构，有制定法律、管理政府预算之权，是港英当局的核心权力机关。定例局议员的重要性远非太平绅士可比，在此之前也是从无华人出任之先例。1880 年 1 月，定例局议员吉柏因故回国，轩尼诗抓住时机，以总督权力直接公告，暂时委任伍廷芳出任定例局议员。紧接着轩尼诗一面向英皇请求批复，一面向殖民大臣致信举荐。一个月后，英国政府采纳轩尼诗的建议，正式认可了伍廷芳定例局议员的任命。[17]伍廷芳正式打破洋人在定例局的垄断地位。在伍廷芳之后，他在《中外新报》的同事黄胜、他的妻弟何启等华人领袖亦先后继任此职，华人议席遂成定例。

伍廷芳在担任公职之中，继续为香港华人争取权益、谋求平等，

“俨然为华人之代言人。”[18]当时香港拐卖人口、逼良为娼的事件此起彼伏,在香港华人的倡议之下,港府筹设保良局,以打击人口拐卖,保护妇女儿童。伍廷芳以议员之职负责保良局章程的拟定,其后又出任保良局副主席。当时香港华人尚保留了买子承嗣、买女为婢的风俗。而英国法律则禁止买卖人口、组织卖淫、充当奴隶的行为。政府在执行这一法律的过程中往往将华人的上述行为认定为非法,从而造成香港华人与港英政府之间的一大矛盾。伍廷芳从法理出发,本着尊重民俗、民情的原则,向香港政府说明,华人买子承嗣、买女为婢的行为与蓄奴、组织卖淫的行为不同,应当区别看待。通过保良局的工作,政府和华人之间的矛盾得以缓和,非法拐卖人口的行为得到打击,社会治安得到改善,妇女儿童也获得救助。[19]

尽管如此,在殖民地保守的政治环境之中,华人律师伍廷芳想要推动政策的改革仍面临着诸多困难。比如,港英政府为了预防传染病的流行,规定如果没有皇家医院开列的就诊单,人死之后就须由医生解剖尸体,以验明死因。伍廷芳向轩尼诗指出,华人一向信仰中医,往往不会至皇家医生处就诊。而且华人极其重视尸体的完整,为了使死者免受解剖,死者家属大多出钱贿赂皇家医生。伍廷芳批评这一政策既增加华人负累,又导致香港贿赂成风,因此应该承认中医,使华人可以自主选择。[20]然而由于掌有权力的英国人笃信西医,因此即使伍廷芳坚持倡议,甚至发动华人请愿,也无法改变这一政策。[21]尤其在清一色白人的定例局中,伍廷芳孤立无援,难以发挥自己的政治影响力。

客观地讲,伍廷芳在香港政治地位的迅速提升与港督轩尼诗的支持密不可分。他自己也清楚地认识到自己在香港政界继续发展所面临的困难。而且即使有港督的鼎力支持,他依然无法摆脱“透明天花板”的困境。比如他曾经被轩尼诗提议执掌律政司,但终因香港英人的强烈反对而作罢。1882 年,轩尼诗任期届满,离开香港。伍廷芳预见自己在香港难以继续施展拳脚,于是在北洋大臣李鸿章的一再延请之下,乘船北上,驶向擘画中国法制现代化建设的事业新起点。[22]

注释

1. 伍朝枢:《伍秩庸博士哀思录》。

2. 同上注。

3. 戈公振:《中国报学史》,商务印书馆 1927 年版,第 73 页。

4. 伍朝枢:《伍秩庸博士哀思录》。

5. 张礼恒:《从西方到东方:伍廷芳与中国近代社会的演进》,商务印书馆 2002 年版,第 49 页。

6. 同注 1,伍朝枢文。

7. 丁贤俊、喻作凤:《伍廷芳评传》,人民出版社 2005 年版,第 65 页。

8. 郭嵩焘:"保荐伍廷芳折(五月十二日)",载郭嵩焘撰、梁小进主编:《郭嵩焘全集》(第四册),岳麓书社 2012 年版,第 813－814 页。

9. 同注 5,张礼恒书,第 57 页。

10. 王希莲、张礼恒:"伍廷芳任职港府的酸甜苦辣",载《民国春秋》2001 年第 3 期;另见注 5,张礼恒书,第 66－67 页。

11. 陈此:《伍廷芳轶事》,上海宏文图书馆 1925 年版,第 26－27 页。

12. 同注 7,丁贤俊、喻作凤书,第 83－84 页。

13. 参见徐霞辉:"由伍廷芳入立法局看 19 世纪香港华人地位的变迁",载《广州大学学报(综合版)》2001 年第 3 期。

14. 黄森章、邝桂荣:"伍廷芳其人其墓",载《岭南文史》2002 年第 1 期。

15. 同注 13,徐霞辉文。

16. 同注 7,丁贤俊、喻作凤书,第 82 页。

17. 同注 10,王希莲、张礼恒文。

18. 张云樵:《伍廷芳与清末政治改革》,联经出版事业公司1987年版,第61页。

19. 同注7,丁贤俊、喻作凤书,第84页。

20. 同注11,陈此书,第27-28页。

21. 同注10,王希莲、张礼恒文。

22. 孙中山:《伍廷芳墓表》。

伍廷芳与清末民初的外交

鸦片战争之后，中国国门既开，外交诸事难离国际公法，尤其是1958年《天津条约》签订之后，清政府承诺有关中外交涉的条约文字解释歧义盖依英文、法文为准。另一方面，中国对于近代国际法与西方法律却仍是雾里看花，了解西律的华人乃是凤毛麟角，涉外法律之事往往假手外人。比如中国最早的法律译著《万国律例》《万国公法》乃出自美国传教士伯驾、丁韪良之手，中国首任对外全权使节之职更是授给了美国著名律师蒲安臣。在这种情况之下，通晓英美法律，尤以国际法为长[1]的伍廷芳大律师注定会被历史推上中国外交的前台。

任顾问于北洋，谈合约于日本

伍廷芳1877年自英国林肯律师会馆毕业，成为首个获得律师资格的华人。早在伍廷芳留学期间，中国驻美留学监督陈兰彬、驻英公使郭嵩焘就先后邀请他担任副手。由于陈兰彬邀请在前，郭嵩焘还专门上奏，向清廷说明伍廷芳这种法律人才对涉英外交的重要："窃维英人寄迹中华，视他国为多，故其交涉事务，亦倍纷繁，间遇案件，或应由驻扎使臣向其外部辩论，非得熟习英律之员相为赞助，无以中其肯要。"[2]伍廷芳由于父亲逝世，且顾虑薪水、品级过低，拒绝任职，而回香港从事律师职业。在郭嵩焘等人的举荐之下，掌握中国外交大权的洋

1888 年伍廷芳随李鸿章出席天津唐山火车开车典礼,
《天津商业画刊》1932 年第 4 卷第 35 期

务派领袖北洋大臣李鸿章亲自奏报朝廷,希望起用伍廷芳。李鸿章表示,西方各国欺中国不懂西律,每每刁难狡赖,因而亟需伍廷芳这样熟谙西律之人。如遇疑难案件,他可以西律辩论,实现“以彼之矛利彼之盾”。为了解决薪资上的问题,李鸿章指出,伍廷芳在香港做大律师,岁入万余金,如欲留之,必须厚待,建议集南北洋之力,每年付给六千金为酬。[3]在李鸿章的一再敦请之下,伍廷芳于 1882 年北上天津,加入李的幕府。此时伍廷芳并未获得清朝的品级,故外人以北洋法律顾问目之。[4]

作为法律顾问,伍廷芳主要负责进行法律翻译、协助处理外交争端、参与签订对外条约等事务。1885 年,伍廷芳参与中日《天津条约》

的谈判,结识了日本首相伊藤博文。[5]伊藤博文曾经也留学英国,又在德国研究宪法,因此对熟知西方法律的伍廷芳青目有加。这次谈判使伍廷芳与日本政界建立了联系,也为他日后参与一系列对日外交事务埋下了伏笔。次年8月,北洋水师军舰在日本长崎停泊修理。其间海军士兵下船购物,与当地日本巡捕发生冲突,演变成械斗,结果中方死8人,伤42人,日方死2人,伤27人。[6]事发之后,李鸿章震怒,电令驻日公使质问日本政府,要求查办。日方却认为责任全在中方,拒绝道歉和抚恤,甚至表示此事可能引起中日失和。[7]僵局之下,伍廷芳受命研究交涉方案。伍廷芳提交法律意见指出,此次纠纷并无证据证明存在日本官方的主使,因此只能视为地方上发生的一般刑事案件,不应损伤两国友谊。但是根据国际外交习惯,纠纷发生在日本境内,无论由谁挑起,日本政府都应该照会我国使臣,表示慰藉和哀悼。但是日本并无此举,当属失当。在交涉策略上,伍廷芳指出,首先可以由两国派员会审,如结果一致,则可据此解决;如果观点不一,则可由两国政府和使臣会商;如果两国商议不成,则可请第三国熟悉各国刑法的高级官员进行调处。伍廷芳最后指出,如果日本强词夺理,则我国应强硬对待,即使不使用武力,也应撤回驻日使臣,断绝邦交。[8]伍廷芳的意见获得李鸿章的赏识与赞同,中方与日交涉基本按照伍提出的方案开展,由中日两国官员进行会审,并且邀请了在上海执业的英国著名律师担文代理司法程序。在接下来的谈判和辩论过程中,日方伪造证据、故意拖延。因此,中方决定停止会审,并声明此前所议一概作废。[9]日本此时忌惮北洋水师的武力,不敢使局势继续恶化。[10]面对中国的强硬态度,日本主动妥协,承诺赔付中国5万2千元、垫付中方水兵的医疗费用。[11]至此,长崎一案以中国的胜利告终,伍廷芳的法律和外交才干得到充分展示。

1895年，甲午战争中国战败，伍廷芳受命作为头等参赞会同张荫桓、邵友濂两位钦差、美国律师柯士达等人前往日本进行和谈。时迁势易，中国使团再也无法像长崎事件中那般强硬，相反还受到百般刁难与侮辱。中国使团被分在三处居住，均有日本军警监守。使节出入均需报告日方，由日方派兵陪同，书信往来也都被日方拆阅。伍廷芳感觉“直似牢笼”。[12]

中日谈判代表第一次见面时，日方代表伊藤博文就质疑张、邵两位钦差没有获得全权授权。接着中方表示，根据国际公法，中方有权以密电和国内联系，但是日方却屡屡阻挠。伊藤则指责中日尚未宣战之时中国就阻止日本驻华公使拍发密电，因此是中国违反国际法在先，要求中国使团上交密码本，才能同北京电报往来。中国使团不愿泄密，只能作罢。

次日的谈判情况更糟。伊藤再次质疑中国使节的敕书不符合国际公法的格式，没有载明使节权限，因此不与和谈，要求张、邵两位使臣回国。之后更是将中国使臣所呈国书交回，使中国使臣倍感尴尬。然而，与对两位钦差的冷待倨傲不同，伊藤对伍廷芳这位参赞却颇为友善。在拒绝和张、邵谈判之后，伍廷芳被伊藤执手留坐良久。[13]伊藤问道：“你熟谙国际公法，为何你们大臣的敕书却不符合公法格式？”伍廷芳表示敕书颁发时自己不在北京，无法审核。伊藤认为中国并非真心求和，否则不会不授予使臣全权，因此日本也不可能接受谈判。伍廷芳答道，中国确系真心议和，否则不会委派诸多大臣远渡重洋。而且中国使臣既有议和之权，就肯定有权定约画押，日方不应拘泥。伊藤坚持应该按照国际公法办理。就像买东西，只有准备好银两双方才可以交易。全权就是银两，中使没有全权，就不能开始谈判。伍廷芳也用买卖作喻：如果卖东西，就应先告诉对方货物的价值，对方才可以准备银两、商讨价格。现在日本对自己的谈判意向秘而不宣,未免使双方兵事缠绵,劳民伤财。伊藤推说此系国家秘密,只有等中国派遣具有全权的大臣才能告知。最后他明确建议中国应由恭亲王或李鸿章前来议和。[14]

伍廷芳将日方的真实意图传回国内,不久清廷正式任命李鸿章为全权代表,前往日本马关议和。马关一议万般艰难,其间李鸿章甚至遭到日本暴徒枪击,左颊受伤,血染黄衫。李鸿章曾经赋诗:"劳劳车马未离鞍,临事方知一死难。三百年来伤国步,八千里路吊民残。秋风宝剑孤臣泪,落日征旗大将坛。寰海尘氛纷未已,诸君莫作等闲看。"个中辛酸况味,愁苦心绪,流于笔尖。经过近一月的反复磋商,堪称中国近代史上奇耻大辱的《马关条约》终于签订。倍感屈辱的李鸿章甚至发誓终身不履日地。然而,条约的签订并不代表议和的结束,中日双方还需要履行换约的程序。伍廷芳后来不负重托,代表清廷完成了中日停战的这一最后任务,而他本人也得以领钦差全权换约大臣二品顶戴之衔,名列朝班。[15]

任公使于美洲,保华侨反瓜分

随着外交才能的展现,伍廷芳越来越被清廷所倚重。1896 年年底,他被任命为驻美(美国)、日(西班牙)、秘(秘鲁)国公使,正式成为独当一面的外交大员。[16]伍廷芳在这一职务上最值得人称道的是在保护华侨上的努力。当时正值美国排华运动高涨之时,美国国会先后通过《排华法案》、《斯科特法案》和《格里法案》,限制中国劳工入境以及在美华人权利,美国各地排华暴力事件接连不断,中美之间因为华侨问题的纠纷层出不穷。就连伍廷芳本人都亲身经历过美国民众的骚扰。伍廷芳在给美国的照会中曾经指出,自己与另一使臣在纽约乘坐马车时竟有妇孺“随车奔走,放声狂呼,甚至手持泥石杂物向车抛掷”,而沿途却无巡警阻拦。[17]

在此前的几位驻美公使均是进士出身,不知权利为何物,因此在保护华侨方面颇为不力。伍廷芳一改前任作风,甫一到任就开始了保护华侨权利的一系列工作。针对排华法案,他一再照会美国外交部和美国总统,要求美国承认中国驻外领事馆为华侨颁发的“入境许可证”,反对将排华法案的效力延伸至夏威夷和菲律宾等美国的殖民地,并试图阻止美国国会制定新的排华法案。受环境所迫,伍廷芳在这方面的努力收效甚微,但是他一再指出美国政策违反国际公法之处,严正表达了中国对此不公政策的反对立场,赢得了美国政界和公众的尊重,也为日后排华法案的废除制造了舆论声势。

伍廷芳在为华侨个人权益提供帮助上也是不遗余力。他到任不久,新泽西就发生有组织的针对华人的暴力犯罪。匪徒专门凌虐华人,凡经营洗衣业的华人无不受到侵扰。然而当地官员却置若罔闻。即令当地民众要求捉拿凶犯,地方官员仍是一味徇隐。[18]伍廷芳当即照会美国外交部,批评若美国地方官员“有意纵凶,殃害华民,殊于条约之旨有悖,即于贵国律例亦不相符”[19],要求美国设法保护。此案后来在伍廷芳的一再要求之下,始获解决。

除了在美华人屡遭侵犯,华人来美也被刁难。当时不仅华工遭到禁止入境,就连商人、学生等例准来美的“上等体面之人”也往往遭到拘留、侮辱、递解回国,甚至死于监内。[20]仅伍廷芳通过照会向美国陈明遭受不公待遇的个人就包括商人余亚南、谭金培、黄信泉、李煜、何满,学生唐贞、叶华(音译)等。其中何满系澳门葡萄牙籍,持有澳门葡萄牙官员发放的护照,并有美国驻香港总领事的签章。当他抵达旧金山后，美国海关以其护照漏开在澳经商年数，禁止入境，将其拘留，听候递解。不久何满生病，亲友请求允许与其同行的医生前往诊治，遭到美方拒绝。后来何满病势加重，数日之后才得以转移监守，结果仍然不治身亡。[21]受到伍廷芳帮助的学生还有后来在民国时期号称“财神爷”的孔祥熙。当时孔祥熙自华北大学肄业前往美国求学，在美国教习的陪同之下携直隶总督所发的护照抵达旧金山。不料美国海关以其护照不合格式为由拒绝入境，并将遣送回国。案子交至使馆后，伍廷芳当即与美国政府联系，终于促使海关允许孔祥熙入境。[22]伍廷芳对于美国此种苛例颇为不忿，甚至当面诘问美国外交部副部长。他曾威胁，如美国不予改正，则中国也将设立严苛政策对待美商，或者在码头设置木屋，对美国移民羁留查验，甚至提高关税。[23]

民国初年的伍廷芳，《司法公报》1912 年第 1 期

除了保护华侨权益,伍廷芳还提出“门户开放”的思路,影响了美国对华政策[24];在八国联军侵华前后广为斡旋,[25]有利于避免中国遭受瓜分;在美国报刊广发文章,四处演讲,增进了美国民众对中国的了解与好感。[26]这些成果使他赢得了广泛的尊重与认同。孙中山评价伍廷芳“保护华侨,力争国体,庚子义和团事起,周旋坛坫间,多所补救,尤翕然为世所称。”[27]袁世凯亦向朝廷表彰他“悉心筹划,因应得宜,故收效甚巨。”[28]因此,伍廷芳于1902年调任回国四年后,又于1907年被任命为驻美、墨、秘、古四国公使,重新主持美洲外交事务。国人每谓弱国无外交,而伍廷芳则以其法律知识,力争国权,捍卫人权,既在一定程度上挽回了国家的利益,也尽可能地增进了侨民的福利。他使人们意识到,国际法并非空文虚饰,而是真实的可赖之抗拒强权的武器。中国欲立于世界强国之列,熟知国际法律规则的律师群体是必须具备的战略资源。

主外交于民国,护约法下广州

1910年,伍廷芳再次从外交使臣的职位上卸任。此时国内革命形势暗流汹涌,清廷隐然有大厦将倾之感。伍廷芳称病告假,寓居上海,一方面曾经上呈《奏请剪发不易服折》,呼吁清廷进行改革;另一方面又“素不闻革命事,亦不与党人通声气”。[29]1911年10月10日,武昌起义爆发,11月3日,上海光复。为了争取各国支持与同情,树立革命政府的正面形象,上海都督陈其美立即派人到伍廷芳的寓所,请其主持外事。根据上海军政府民政总长李平书的回忆,“清晨,陈君(其美)以军政府照会致余,劝任民政总长,又浼余劝驾伍秩庸先生担任外交。余往晤伍先生,初以年老辞,适温君钦甫至,相与力劝,乃受照会。此一著实为紧要关头，当日若非伍先生出任外交，各领事未必承认，而后日之南北议和、入京任职乃至广东护法，始终不渝，卒以身殉，胥基于此。回想当日情形，可谓先生之风，山高水长；先生之义，与日月争光矣。”[30]伍廷芳在担任外交总长之后，发布《致各友邦请承认中华共和国电》，声明：“中华以革命之艰辛，生产为新国，因得推展其睦谊及福利于寰球，敬敢布告吾文明诸友邦，承认吾中华为共和国。盖诸友邦之俯赐承认，足使敝国遂其以正直之政体，和洽之通商，亲睦之交际为立国之基础，而此后之岁月，得共享平和及愉快之福也”[31]伍廷芳对于革命政府的外交意义十分重大，比如，起初外国领事在公事上只称上海军政府为“乱党”，经过伍廷芳的交涉之后，才改称“革命党”。[32]

此时全国已有十余省宣布独立，但袁世凯所掌握的北洋军队仍然实力强大。南方革命党决定以推举袁世凯为条件，推动袁世凯逼清帝逊位，实现全国统一。伍廷芳被举为南方十一省军民总代表，同袁世凯任命的北方代表唐绍仪进行谈判，史称“南北议和”。议和地点定在上海英租界中，上海军政府本欲派兵保护双方代表，遭到领事团拒绝。但是英国警察却对伍廷芳的汽车和办公地点进行了保护。[33]这也可以看出伍廷芳在外国势力心中的地位。伍、唐会谈共进行五次，但是其间孙中山在南京就任民国临时大总统，使得袁世凯疑心革命党和谈意图，终于免去唐绍仪的代表职务，改为直接同伍廷芳联络。在伍廷芳向袁世凯保证孙中山将在清帝退位后解职，并推袁为总统后，袁世凯加紧逼宫，其手下四十六名北洋将领通电要求清廷接受共和。[34]1912 年 2 月 12 日，清室发布皇帝退位诏书，宣布“定为共和立宪国体”，至此，南北议和的目标达成，中华民国成为中国唯一合法政权。

伍廷芳之墓,《抗战·外交评论》1932 年第 1 卷第 29 期

孙中山担任临时大总统之时，伍廷芳被改任为司法总长，短暂离开外交舞台。1916年，袁世凯称帝失败，恢复共和，他受总统黎元洪的邀请，再次出任外交总长。然而政局动荡，总统黎元洪和国务总理段祺瑞之间政争激烈，引来张勋复辟的政治丑剧。张勋进京后，伍廷芳恐怕外国承认北京伪政府，故携带外交总长印信，迁往上海，通电表示将继续履行职权，要求各国使节勿与北京办理交涉。[35]张勋复辟失败后，北京政府仍由北洋军阀掌控，伍廷芳失望之下继续南行，参加护法军政府。此后，伍廷芳以七十余岁的高龄辗转粤沪，支持孙中山的护法运动，主持外交。他利用在美国的政治资源，为护法军政府争取到关税余款，给予护法运动巨大的财政支持；[36]致电华盛顿会议，为护国军政府的国际承认多方联络。他利用自己的法律和外交才干，为守护约法、重建共和，鞠躬尽瘁。1922年，遭遇陈炯明政变，伍廷芳积劳成疾，竟于广州病逝，享年80岁。[37]

注释

1. 林海："伍廷芳：从林肯律师会馆走出的修律大臣"，载《法律与生活》2013年第7期。

2. 郭嵩焘："保荐伍廷芳折（五月十二日）"，载郭嵩焘撰、梁小进主编：《郭嵩焘全集》（第四册），岳麓书社2012年版，第813－814页。

3. "李鸿章请用伍廷芳函"，载丁俊贤、喻作凤编：《伍廷芳集》（上），中华书局1993年版，第1页。

4. 张礼恒：《从西方到东方：伍廷芳与中国近代社会的演进》，商务印书馆2002年版，第381页。

5. 孔祥吉、［日］村田雄二郎："日本机密档案中的伍廷芳"，载《清史研究》2005年第1期。

6. “长崎兵捕互斗案处理办法”,载丁俊贤、喻作凤编:《伍廷芳集》(上),第2页。

7. 王威彦、王亮编:《清季外交史料》(第68卷),书目文献出版社1987年版,第18页。

8. 同注6,丁俊贤、喻作凤书,第2-3页。

9. 张礼恒:“伍廷芳与中日长崎事件”,载《东岳论丛》2006年第2期。

10. [日]信夫清三郎编:《日本外交史》(上),商务印书馆1980年版,第211页。

11. 同注9,张礼恒文。

12. “致盛宣怀函(1895年2月15日)”,载丁俊贤、喻作凤编:《伍廷芳集》(上),第9页。

13. “与伊藤博文问答(节略)”,载丁俊贤、喻作凤编:《伍廷芳集》(上),第11页。

14. 同上注,第11-13页。

15. “换约证书”,载丁俊贤、喻作凤编:《伍廷芳集》(上),第15页。

16. “致美外部照会(1897年4月27日)”,载丁俊贤、喻作凤编:《伍廷芳集》(上),第26页。

17. “致美外部照会(1897年9月1日)”,载丁俊贤、喻作凤编:《伍廷芳集》(上),第38页。

18. “濮教士来函(1897年7月6日)”,载丁俊贤、喻作凤编:《伍廷芳集》(上),第35页。

19. “致美外部照会(1897年7月7日)”,载丁俊贤、喻作凤编:《伍廷芳集》(上),第34页。

20. “致美外部海约翰照会(1901年12月9日)”,载丁俊贤、喻作凤编:《伍廷芳集》(上),第156页。

21. 同上注。

22. 同上注。

23.“咨呈外务部文(1902 年 3 月 14 日)”,载丁俊贤、喻作凤编:《伍廷芳集》(上),第 166 页。

24.“中美互惠互利”,载丁俊贤、喻作凤编:《伍廷芳集》(上),第 82－93 页。

25.“呼吁公平对待”,“外国人在中国不受欢迎之原因”,“论美国与东方交际事宜”,载丁俊贤、喻作凤编:《伍廷芳集》(上),第 93－99 页、第 100－110 页、第 126－134 页。

26.“孔子的学说”,“美国与中国”,载丁俊贤、喻作凤编:《伍廷芳集》(上),第 111－122 页、第 122－126 页。

27. 孙中山:《伍廷芳墓表》。

28. 转引自丁贤俊、喻作凤:《伍廷芳评传》,人民出版社 2005 年版,第 214 页。

29. 赵尊岳:“惜阴堂辛亥革命记”,载《近代史资料》(总第 51 号),中国社会科学出版社 1983 年第 3 期,第 79 页。

30. 李平书:《且顽老人七十岁自叙》(近代中国史料丛刊续编第五辑),文海出版社,第 466－467 页。

31.“致各友邦请承认中华共和国电”,载丁俊贤、喻作凤编:《伍廷芳集》(上),第 367－368 页。

32. 同注 28,丁贤俊、喻作凤书,第 291－295 页。

33. 同上注,第 289 页。

34.“致孙文、国务各总长、参议院等电 (1912 年 1 月 30 日)”,载丁俊贤、喻作凤编:《伍廷芳集》(上),第 453－454 页 。

35.“复齐耀琳电(1917 年 7 月 10 日)”,载丁俊贤、喻作凤编:《伍廷芳集》(下),第 809 页 。

36. 刘霆:“‘西南关余案’之探析”,载《江苏社会科学》2013 年第 6 期。

37. 同注 27,孙中山文。

伍廷芳与清末民初的司法改革

1901 年，八国联军侵华，北京沦陷，慈禧、光绪西逃，朝廷一片惨淡。《辛丑条约》的签订，使清廷得以苟延残喘，但严苛的条款及其引来的民怨也使清廷陷入了鸦片战争以来最危险的境地。此时，朝堂上下方才惊觉，西方武备、器物均不足恃，救国图存唯有变法一途。洋务重臣李鸿章在遗折中奏言："窃念多难兴邦，殷忧启圣。伏读迭次谕旨，举行新政，力图自强。"同年 10 月，慈禧颁发懿旨，责成臣工"须知国势至此，断非苟且补苴所能挽回厄运。惟有变法自强，为国家安危之命脉，亦即中国民生之转机。"此时，学法律于英国、业律师于香港、任公使于美洲的华人律师鼻祖伍廷芳自然成为设计变法的不二人选。1902 年 5 月，清廷任命伍廷芳为修订法律大臣，与沈家本共同"按照交涉情形，参酌各国法律"，[1]考订现行律例。中国自此拉开了"法制现代化"的序幕。

修订晚清法律，擘画现代司法

当时英、美、日、葡等国支持中国修律，并表示当中国法律制度文明良好之时，则可归还治外法权。[2]为了使新律与世界接轨，夺回治外法权，伍廷芳"延聘东西各国精通法律之博士、律师，以备顾问，复调取留学外国卒业生，从事翻译"。[3]当时翻译了包括德国刑法、日本刑法、俄罗斯刑法、新西兰刑法、日本刑事诉讼法等外国法律，并对这些

伍廷芳及其手迹,《伍廷芳证道学说》

法律开展了比较研究。[4]

对律师出身的伍廷芳而言,司法制度的现代化尤为重要。他以日本为例,指出日本原来使用中国法律,明治维新之后,颁布民事、刑事诉讼法,终于使各国侨民接受管束,收回了治外法权。他继而指出,中国华洋诉讼日益增多,因中国审判制度与外国不同,洋人对中国司法时有歧视。华民又不懂外国法制,总是怀疑审判不公,于是往往引发外交冲突。因此,如果司法制度不变,诉讼法不改,即使实体法全部学习西方,也无济于事。而在具体的司法制度上,中国首先应该取法的就是陪审制度和律师制度。[5]

伍廷芳认为《周礼》中"日讯万民,万民皆曰可杀"的"三刺"之制实是一种陪审制度。法官一人知识有限,应依靠众人,才能明辨真伪。对于那些受贿包庇、舞文诬陷之弊更应据此纠察。所以,他建议先在各省会、巨埠以及会审公堂延访绅商人民,编订名录,试行陪审,其他偏远地方则在教育普及之后全面实行。如此,"庶裁判悉秉公理,轻重胥协舆评,自无枉纵深故之虞矣"。[6]

关于律师制度,伍廷芳指出,当事人在公堂之上往往惶恐,言辞难免有失,因此应由律师来代理一切事宜。这一制度各国俱有。而且国家对于重大案件指定律师,贫民接受法律援助,均有裨益。中国各通商口岸均准外国律师办案,政府亦延聘外国律师作为顾问。可是华人诉讼由外国律师代理并不妥当,外交争端由外国律师交涉更是后果堪虞。因此,他建议各省设立法律学堂,培养律师人才,择"节操端严、法学渊深"[7]之人,毕业后经考试合格,发给文凭。他还认为,培养律师队伍不仅可以于各地处理讼案,也是为国家储备司法官员人才,"国家多一公正之律师,即异日多一习练之承审官也。"[8]英美法系法官多由律师之中遴选,伍廷芳的留学和律师工作经历显然对他的这一思路影响深远。

此外,伍廷芳还数次奏请废除、禁止刑讯逼供。刑讯逼供是中国自古以来的积弊。笞箠、断食、夹指压踝皆为法典所明载的刑讯方法,[9]其他严刑酷法更是史不绝书。比如仅《通考》所载就有:以椽关手足而转之,谓之"凤凰晒翅";以物绊其腰,引枷向前,谓之"驴驹拔橛";其余如以醋灌鼻,以铁箍首而致脑浆迸裂者,不一而足。[10]伍廷芳根据调查,向朝廷揭露,地方上遇有嫌犯"狡供"动辄拷掠,惨不忍睹,"敲扑呼号、血肉横飞"。[11]他首先从功利主义的角度指出,刑讯之下,嫌犯忽而供认,忽而翻供,致使案件久悬不决,影响家庭生计,牵连涉案证人。而且棰楚之下,难免屈打成招。因此,"供以刑求,流弊滋多"。[12]接着,他又从人道主义和无罪推定原则的角度指出,刑讯逼供"最为伤天害理,有悖民牧之义"。[13]人民即使犯罪也应该抱以同情,何况审理未决,是否有罪还未可知,更应谨慎对待。[14]

当时有官员主张,如果骤然禁止刑讯,则犯人无所畏惧,必然不肯如实招供,从而导致案件积压。伍廷芳反问,难道只靠刑讯就能免除积案?从前各省均有积案数年不结,甚至拖累无辜致死,则又如何解释?[15]又有官员主张应等审判、诉讼诸法齐备之后,再禁止刑讯。伍廷芳反驳道,刑讯为各国所笑,中国官员心知肚明。如果明知是错,还不速改,岂不是更使他国窃笑?[16]他还以自己在香港执业的经验为例,说明当时香港法制未备,审判、诉讼均用英法,一切只看证据,不用刑求,案件随讯随结,从无积压,实在无须过虑。[17]

这次修律历时数年,范围深广,废除了凌迟、枭首、刺字等重刑酷法,起草了《大清刑事民事诉讼法》、《大清商律》、《大清新刑律》等新型法律,设计了律师制度、法科教育、监狱制度的蓝本。自隋开皇年间设立的刑部于1906年被改为法部,主管司法行政;法部下设总检察厅,成为最高检察机关;大理寺被改作大理院,成为最高审判机关。近代司法独立、权力分立的原则在中国首次从观念变为制度现实。然而,由于清廷立宪变法之举没有真正满足人民最深切的政治需求,还是于修律数年之后黯然倒台。

力推司法独立,引入陪审团制

伍廷芳与沈家本的努力成果并没有随着清帝的逊位付之东流。民国肇建,"首重法律"[18],伍、沈二人于清末所草拟的立法草案皆得到民国政权的重视,而逐一正式颁行。以禁止刑讯为例,孙中山甫出任临时大总统就发布《通饬禁止刑讯文》,高呼"人权神圣,岂容弁髦"[19],指出"刑罚之目的在维护国权,保护公安,"[20]并且规定"无论行政司法官署,及何种案件,一概不准刑讯。鞫狱当视证据充足与否,不当偏重口供。其从前不法刑具悉令焚毁。仍不时派员巡视,如有不肖官司,日久故智复萌,重煽亡清遗毒者,除褫夺官职外,付所司治以应得之罪。"[21]

辛亥革命之后,寓居上海的伍廷芳先是受上海都督陈其美之邀出任外交总长,待孙中山组阁时旋被任命为司法总长。伍廷芳在此任上的时间并不长久,但他坚定守护和推进司法独立、文明审判的原则,并且为此在民初的两件大案中和陈其美笔墨往来,论争数次。透过这两个案件,我们可以一瞥民初法律人在司法制度建设中的原则和妥协。

1912 年 2 月 4 日,陈其美为"姚荣泽案"致信伍廷芳。信言山阳县革命志士、南社成员周实、阮式二人于武昌起义之后宣布淮安光复。光复大会上清山阳县令姚荣泽匿而不出,阮式责其首鼠两端,严词诘问。后姚荣泽勉强出任司法长官,但实痛恨不已,阴谋报复。一日,姚荣泽命人以议事为由邀周、阮二人前往府学魁星楼下。周阮一到，即被杀害。周中7枪而毙，阮遭剖腹挖心。周实70岁的老父亦被收监。姚见私仇得报，辞去公职。不久，事情败露，姚荣泽外逃被捕。起初孙中山命令江苏都督彻查此案，后因陈其美和南社成员的一再敦请，终将姚押解至沪。[22]

陈其美因死者乃革命志士，又是会党同志，因此义愤填膺，向孙中山和伍廷芳表示："今民国方新，岂容此民贼汉奸，戴反正之假面具，以报其私仇？杀我同志，其美不能不为同人昭雪，粉身碎骨，有所不辞。"[23]而伍廷芳则认为，民国方新，应当文明审判，此案严重，尤当周详。他计划派遣精通中外法律的专家审理此案，并且安排陪审员，允许双方延请律师，允许公众旁听审，以此展示民国司法气象。[24]陈、伍双方在立场和观念上已经存在冲突，在接下来的审判中，双方更是围绕法官、律师等事展开反复较量。

2月29日，陈其美突然单方面委任军法司总长蔡寅担任姚案临时庭长，与留日法律学士金泯澜同为"民国代表"。[25]伍廷芳看出陈其美越权委任法官之意，当即回信指出，所有裁判支配之权均在司法部，法官和陪审员的委任亦由司法部决定。对于陈其美的提议，伍廷芳以委任蔡、金为民国代表之句"语意尚未明了"[26]为由委婉拒绝，又明确表示委任毕业于英国的陈贻范为裁判所所长，蔡寅和同样毕业于英国的丁榕为副。[27]不料陈其美仍旧坚持蔡寅出任临时庭长，并借口报纸已经刊登，意图造成先斩后奏之实。[28]伍廷芳想出一个两全之策，即取消正副所长之名，一概以裁判官相称，但法官席位以陈居中，蔡左丁右。[29]陈其美不愿久延时日，随即表示位置安排无甚轩轾，可以遵命。[30]这一回合，看起来是伍廷芳做出了妥协，但按英美法系传统，法官座次居中间者则为首席。他力争使陈贻范座位居中，目的仍是保证他的首席地位。

为了给留英的陈贻范争取首席,伍廷芳曾提出姚荣泽可能希望聘请外国律师,对此法庭应该允许。[31]这一提议立即引起了陈其美的反对。他表示,一方面本案两造均为华人,裁判地点亦在华界,不涉外人。另一方面各国均规定外国人不得为本国律师,因此不应遽然允许外国律师出庭。此案应当"稍示限制,以重法权"。[32]伍廷芳指出此案比较特殊,因为中外皆知,且有外国人出庭作证。审判虽在华界,但却毗邻租界,颇为外国人瞩目。而且此案是中国首次以文明办法审理之案,正可向外国人展示中国法律之进步,以此为日后中国律师到租界办案张本。因此,此案可以作为例外处理,以后不许引为成例,则不致轻失法权。[33]陈其美此时举起爱国主义的大旗质问伍廷芳:"假设同样情形,外国法院可会允许中国律师出庭辩护?"他还认为此次让步必被外人所引,导致丧失主权,贻人口实,他与伍廷芳都将"为众矢之的,后悔何及"。[34]面对质问,伍廷芳草就一封数千言的长信,试图消除陈其美的疑虑。伍廷芳指出:其一,中国律师并非不可到外国法庭辩护,比如其子伍朝枢以及丁榕都有在英国的出庭资格。其二,中国数千年无辩护之成例,中国法学尚属幼稚,合格律师尚属少数,准许外国律师出庭,使我国律师与之辩护,将有助于我国律师进益、法学发展。其三,中国租界之内设有外国法庭才是真正大辱,不解决根本问题,却于外国律师出庭这一问题反复纠结,意义不大。何况此前上海闸北法庭审理的"乔大案"已准许外国律师辩护,算有先例。最后伍廷芳还搬出自己作为法律人的知识权威,表示自己充任律师多年,又主持外交游历各国,可以保证此种安排绝对不会导致主权丧失,请陈其美不必过虑。[35]

伍氏长信并没说服陈其美,陈其美反而语出揶揄,回信说伍廷芳是"斤斤计较"、"以博虚誉"。[36]伍廷芳对陈的干涉已颇不满,便开始直接指斥陈其美的真实意图。他表示陈其美早在要求转解姚荣泽的电文中就已含有原告的性质,语意之间已经认定姚的罪名成立。此种有罪推定必定对被告不利。而且根据三权分立的理论,有关裁判之事本不归陈管。之前承认他所指派的法官,就已是通融。如果事事干涉,司法部岂非形同虚设?最后,伍廷芳不耐烦地写道,“来书尚多枝节之词,非此案范围,不必深辩,以后亦不必再辩。”[37]此时已到开庭的前一天,陈其美接信后便也不再论辩具体问题,只说民国初创,司法机关并不完全,一切事宜只能通融云云,[38]丝毫不为放弃干涉松口。不知是幸或不幸,姚荣泽最终并未聘请外国律师,使得伍、陈两位的激烈辩论只是流于笔谈。我们无法揣测,如果裁判所真需要对此作出判断,最后将会出现什么结果。但是这次论战,着实为我们呈现了民国初年革命者与法律人之间的价值冲突。

经过司法部和沪军都督府近一个月的往返交涉,姚案于3月23日在南京公开审理。按照伍廷芳亲自设计的审判流程,秘书官首先宣读了罪状,并责问被告是否认罪。姚自称无罪后,陪审员即被带入落座,接受戒誓。接着由原告律师林行规(伦敦大学法学学士,英国大律师)陈述具体公诉事由。至3月30日第二次开庭结束,原告方面已经完成对证人的原问、反问和复问。3月31日第三次开庭,被告律师先按程序进行了陈述和盘问。在被告律师完成申辩,原告律师完成法律论告之后,裁判官就全案进行了评论,并且等候陪审团的裁决。此案共有7名陪审员,均是从司法部和沪军都督府各推荐的20名“公正绅士”中,根据公正原则和回避原则遴选出来的。经过退庭商议,陪审团认定姚荣泽谋杀罪名成立。裁判官据此判处被告死刑,3周内执行。[39]

判决作出后,裁判官特别给予被告5分钟的发言时间。被告以“受绅团逼迫,非出己意”[40]哀求从轻发落。陪审团认为“此案发生在光复未定,秩序扰乱之际,与平静之时不同。该犯罪有应得,情尚可原”[41],因此共同表示同情。裁判官当庭允许陪审团禀请大总统施恩减轻。[42]4 月 11 日四名陪审员禀请施恩后,袁世凯果然依临时约法第四十条,对姚荣泽实行特赦,免以死刑。

回顾此案,伍廷芳参照英美审判程序,一板一眼地将陪审团、交叉盘问等制度运用于审判之中,展示了民国司法现代化的成果,也使此案成为中国司法史上的一大标本。值得注意的是,由于姚荣泽最后逃脱死刑,伍廷芳坚持程序正义的做法反而引起革命党人万般不满,报纸舆论对伍廷芳大肆攻讦。伍廷芳也对陈其美等革命党人以权压法、破坏程序的做法倍感失望。

陈其美肖像,《中国革命记》1912 年第 29 期

激辩上海都督，抗议以权压法

姚案开审不久，伍、陈之间又因“宋汉章案”爆发另一次激烈争论。事情的起因是陈其美屡向中国银行上海分行经理宋汉章要求借款支持革命，但屡遭拒绝。一怒之下，陈以“侵蚀国款，妨害饷项，致金融奇紧，有碍民国进行”[43]为由，派兵将其逮捕。伍廷芳获悉此事后，立即致信陈其美询问详情。此次伍廷芳已没有好言相劝的耐心，径直批评派兵逮捕是“藐视司法，侵越权限”，[44]“迹近蹂躏民权，又反夫法律之原则，”[45]不将罪状告知而采取突然诱捕更是“强盗之行为”。[46]他指责陈其美欲盖弥彰，横暴手段，彰于天下，[47]并严肃警告：“此民权恢复之时，万不容再有丝毫专制事实存留于天壤。如有悍然为之而不顾者，无论勋劳如何，资望如何，均当视为人民之公敌。”[48]末了，伍廷芳犹以满清故事相警：政权滥用，效尤者众，都督滥捕人民，总统亦可滥捕都督。专制时代督抚大臣遭廷杖、腰斩之事何难再现。“即不为全国计，曷并不为一身及子孙计耶？”[49]

后来陈其美在各方压力之下，终于将宋汉章释放。然而接连两次法、权之争已使伍廷芳协助革命党建设法治的热情大受打击。伍廷芳自觉“心力交瘁”，[50]遂于当月辞去司法总长之职，归隐官渡庐。在手擘民国法律现代化蓝图之后，伍廷芳转身留下一个黯然的背影。然而，他捍卫法治、保障人权的言论仍然振聋发聩，他改革司法、创设新律的功勋仍然值得纪念。司法现代化之路绝非一条康庄坦途，伍廷芳的际遇至今值得我们玩味。尤为重要的是，吾辈法律人犹需秉持伍氏等前辈的信念与理想，继续前行。

晚年伍廷芳,《心灵》1922 年秋号

注释

1.“奏删除律例内重法摺(一九〇五年四月二十四日)”,载丁俊贤、喻作凤编:《伍廷芳集》(上),中华书局 1993 年版,第 256 页。

2. 同上注,第 257 页。

3. 同上注,第 256 页。

4. 同上注。

5.“奏诉讼法请先试办摺(一九〇六年四月二十五日)”,载丁俊贤、喻作凤编:《伍廷芳集》(上),第 280 页。

6. 同上注,第 279-280 页。

7. 同上注,第 280 页。

8. 同上注,第 281 页。

9. 沈家本:《历代刑法考》(上),商务印书馆 2011 年版,第 456-463 页。

10. 同上注,第 467 页。

11. "奏核议恤刑狱各条摺(一九〇五年夏)",载丁俊贤、喻作凤编:《伍廷芳集》(上),第 261 页。

12. 同上注,第 263 页。

13. 同上注,第 261 页。

14. 同上注。

15. 同上注,第 269-270 页。

16. 同上注,第 269-270 页。

17. 同上注,第 271 页。

18.《孙中山全集》(第 2 卷),中华书局 1981 年版,第 14 页。

19. "通饬禁止刑讯文",载经世文社编:《民国经世文编(内政·外交)》(近代中国史料丛刊第五十辑),文海出版社,第 1992 页。

20. 同上注,第 1991 页。

21. 同上注,第 1992 页。

22. "附陈其美为姚案来文(二月初四)",载佚名编:《伍先生(秩庸)公牍》(近代中国史料丛刊第十六辑),文海出版社,第 50-53 页。

23. 同上注,第 53 页。

24. "呈南京孙总统文(二月十八)",载佚名编:《伍先生(秩庸)公牍》,第 53 页。

25. "附护军都督来书(二月二十九)",载佚名编:《伍先生(秩庸)公牍》,第 55 页。

26. "复沪军都督书(三月二日)",载佚名编:《伍先生(秩庸)公牍》,第 57 页。

27. 同上注，第 56 页。

28. "附护军都督来书（三月四日）"，载佚名编：《伍先生（秩庸）公牍》，第 57－58 页。

29. "再复沪军都督书（三月七日）"，载佚名编：《伍先生（秩庸）公牍》，第 59 页。

30. " 附沪军都督来书（三月八日）"，载佚名编：《伍先生（秩庸）公牍》，第 62 页。

31. 同注 29，佚名书，第 59 页。

32. 同注 30，佚名书，第 60－61 页。

33. "三复沪军都督来书（三月十一日）"，载佚名编：《伍先生（秩庸）公牍》，第 63 页。

34. "附沪军都督来书（三月十五日）"，载佚名编：《伍先生（秩庸）公牍》，第 69 页。

35. "四复沪军都督书（三月十九日）"，载佚名编：《伍先生（秩庸）公牍》，第 69－74 页。

36. "附沪军都督来书（三月二十一日）"，载佚名编：《伍先生（秩庸）公牍》，第 75 页。

37. "五复沪军都督书（三月二十二日）"，载佚名编：《伍先生（秩庸）公牍》，第 79 页。

38. "附护军都督来书（三月二十三日）"，载佚名编：《伍先生（秩庸）公牍》，第 79 页。

39. 杨大春："论辛亥革命时期中国刑事审判制度的革新——以姚荣泽案为例"，载《苏州大学学报（哲学社会科学版）》2001 年第 4 期。

40. "温宗尧代呈袁总统文（四月十一日）"，载佚名编：《伍先生（秩庸）公牍》，第 80 页。

41. 同上注。

42. 同上注。

43. "附沪军都督来书(三月二十八日)",载佚名编:《伍先生(秩庸)公牍》,第 86 页。

44. "咨沪军都督文(三月二十七日)",载佚名编:《伍先生(秩庸)公牍》,第 85 页。

45. "复沪军都督文(四月五日)",载佚名编:《伍先生(秩庸)公牍》,第 101 页。

46. 同上注,第 102 页。

47. "致陈其美书(一九一二年四月二十五日)",载丁俊贤、喻作凤编:《伍廷芳集》(下),第 525 页。

48. 同注 45,佚名书,第 100 页。

49. 同上注,第 103 页。

50. "复袁世凯电(一九一二年四月十三日)",载丁俊贤、喻作凤编:《伍廷芳集》(下),第 521 页。

中华民国“一号”律师

曹汝霖因是五四运动中“火烧赵家楼”一事的主角而众所周知。曹汝霖在其前半生曾先后担任过清政府的外务部左侍郎，北洋政府的外交总长、交通总长和财政总长。尤其是因他在北洋时期主理外交事务期间涉入诸多政治和外交的敏感事务，所以在历史中曹汝霖主要是以政治人物的形象存在的。然而，作为清末日本政法留学生的曹汝霖，事实上还有另一重身份，那便是律师，而且还是领有民国“第一号”律师证书的律师。

渡东洋习法律，辞高官业律师

曹汝霖 1877 年出生于上海一个书香门第。25 岁时曹汝霖有感于日本明治维新之后社会、政治进步神速，且日本留学费用较低、免于考试，说服家中售卖田产筹集学费四百余元，与吴振麟一起东渡日本求学。在日期间，他先就读于早稻田大学，后于法科闻名的中央大学学习法律，于 28 岁时毕业。[1]

学成归国之后，曹汝霖以保和殿殿试第二名的成绩被授予进士，其后开始在商务部和外务部任职，亦算“官运亨通”。辛亥革命之后，袁世凯就任第二届临时大总统，曹汝霖便在总统府秘书厅工作。一日，曹汝霖在秘书厅办事，发现总统办公桌上有一封没有封套的信件，信中露出朱芾煌的字样。朱芾煌与袁世凯长子袁克定来往密切，又是南北议和中的重要人物。曹汝霖出于好奇，便随手拆阅。只见信中写道，新政府成立在即，有三人不可用，即赵秉钧、乌珍及曹汝霖。信上亦有袁世凯的批复。袁道，赵秉钧"不能不用"，乌珍"现时不可少"，曹汝霖"不想入政府"。曹汝霖认为这是袁世凯暗示不会启用自己之举，便于第二天辞职。[2]

1912年司法部成立，颁布了《律师暂行章程》，规定法庭诉讼可以聘请律师，而在外国大学或专门学校修习法律三年以上且有毕业文凭者可免试申请律师资格。[3]赋闲在家的曹汝霖为了解决生计和扶养家人，便决定申请成为执业律师。或许为表示对这位前任侍郎和总统秘书的尊重，司法部将第一号律师证书颁给了曹汝霖。[4]从此，他开始在松树胡同家中开展律师业务，成为一名"下海律师"。

作为前清高官，曹汝霖在司法界人脉深厚。当时他的密友章宗祥担任民国司法案件终审机关大理院的院长，其他诸如余戟门、林行规、姚次之等好友也都身居司法要职。曹汝霖回忆，他为了避嫌，在担任律师期间，绝少与这些好友往来，即使偶尔见面也绝对不谈诉讼事务。在他的印象中，北洋时期的法官清廉自好、慎重审案、勤奋办公，而绝对不闻受贿之事。[5]因此，曹汝霖在律师界的声誉主要还是通过扎实的专业功底和良好的案件效果逐步建立起来的。

曹汝霖在担任律师之初，律师制度也是刚刚建立，人民对于律师认识不深，因此客户不多，他也只是照章收取公费，酬劳多少悉听当事人之便。后来有一个案件，根据事实应当判处死刑，但是法

曹汝霖肖像

律又没有明文规定,因此情况比较特殊。该案初审根据事实判决死罪,二审维持原判,被告最后上告到大理院,并且延请曹汝霖担任辩护律师。曹汝霖根据“法无明文规定不为罪”的原则拟定了上诉词,结果大理院据此撤销原判,改判无罪。案子改判后,被告全家老小来到曹汝霖事务所中磕头致谢。曹汝霖见他们贫困,因此并没收取费用。[6]从这之后,人们知道律师在诉讼中的重要地位,曹汝霖的名声也在北京市民间流传开来。

办奇案传声名,倡人道树新风

民国时出版的司法文书辑录《刀笔菁华》曾收录曹汝霖代理的两个案件。其一是周姓姐妹案。这一案件的当事人是宝山某镇的周姓两姐妹。周姓姐妹生得标致动人,却又天性风骚,平日里就喜和村里的无赖厮混。一日傍晚,她们在田里干活,遇到一个店里的学徒路过,便上前勾引,三人席地交欢。学徒恣情不休,竟然死在二女怀中。二女当下手足无措,呆若木鸡。正好镇中警察路过此地,将两姐妹当场逮捕。当地审判厅以周氏姐妹奸非致人死亡判刑,唯因其贪欢误杀而减等治罪。当时曹汝霖在当地游览,听闻此案,忍不住感叹:“难道这里就没有懂法之人吗?”当地人闻言,纷纷诘问为何。曹汝霖道,周氏姐妹不应受此刑罚。于是他在周氏姐妹亲戚的请求下,代理此案,上诉至江苏高等法院。曹汝霖在辩护词中指出,学徒因与周氏姐妹交欢而死,这是事实,无可辩驳。但本案的关键之处在于,学徒是否是在周氏姐妹的强迫之下而与她们发生的性行为。假如并不存在强迫行为,而是他们双方自愿,则周氏姐妹不应承担刑事责任。判断犯罪的成立与否,需研究犯罪者是否具有犯罪的能力。如果没有犯罪能力,则即使存在犯罪的嫌疑,也不能强加罪状。周氏姐妹均为弱质女子,既没有“强迫求奸”的能力,也没有致人死地的要素。如果学徒真不愿意,周氏姐妹又怎能强迫,又岂会致其死亡呢?如果学徒是自愿相欢,贪欲而死,则是咎由自取,报有应受。而且,刑法并无对女性强奸男性的明文规定,因此初审法官比拟刑法中男性强奸女性致死的条文,而任意援引的做法也是为法不容的。江苏省高等法院收到辩护状后,无法定夺,电请大理院和总检察厅批复,最后遵照大理院的批复对周氏姐妹宣告无罪。[7]

其二是段升携带烟土案。这一案件的当事人段升在天津车站被警察搜出烟土两百余斤。经讯问后段升供出,这批烟土是受某伟人之托携带 100 斤,受某伟人之妾所托携带 50 斤,受某参谋长之托携带 50 斤。审判厅认为段升以帮助他人吸食鸦片为业,且已经供认不讳,根据刑法第 266 条,判处段升帮助某伟人吸食鸦片,科徒刑 10 个月,罚金 1000 元;帮助某伟人之妾及参谋长吸食鸦片,各科徒刑 10 个月,罚金 1000 元。三罪并罚,处以徒刑 2 年零 5 个月,并处罚金 2900 元。段升家属请求曹汝霖为其辩护。曹汝霖指出原判科刑不当、违背立法原意。他在辩护状中指出,原判因段升受三人之托,而将其携带烟土的行为认定为三个犯罪,根据这一逻辑,如果他为一百个人携带烟土,岂不是连终身监禁都不够罚?而那些私卖烟土的人,每天的顾客都无可胜计,对他们岂不是要判处无数的帮助吸食鸦片罪?因此,原判科刑不当。此外,刑法第 266 条对这一犯罪的处罚规定是处以三等至五等徒刑,并处 1000 元以下罚金。因此,本案处刑不应超过三等以上徒刑,罚金不应超过 1000 元。而原判判处段升 2 年零 5 个月徒刑,罚金 2900 元。段升无力缴纳全部罚金,未能缴纳的罚金依据“每元改科一天”的原则改科徒刑,总共算起来要承担 13 年的徒刑。这已经属于刑法中的一等徒刑，超过了刑法第 266 条规定的限制，违背了立法的本意。因此，曹汝霖主张撤销原判。当时检察官起而反对，表示目前国家严厉禁烟，不能宽纵，虽然原判似乎过重，但大总统一再申令从严办理，因此原判亦不为过，应该维持。曹汝霖当场反驳道，命令不能改变法律，大总统虽有尊荣，也没有改变法律的权力。审判厅是法院，应尊重法律的规定，而不是像行政官员那样惟命是从。在曹汝霖的力辩之下，法官当庭改判段升徒刑 10 个月，罚金 1000 元。[8]

除了担任刑事案件中的辩护人，曹汝霖也担任民事案件中的代理人。事实上，在曹汝霖代理的众多案件中，最广为人知的也恰恰是一件“诡异”的离婚案。因为这个案件的当事人双方一个是清末出宫的老太监，一个是红遍秦淮的名妓女；而作为婚姻家事案件，其本身又涉及伦理、道德、个人自由、社会秩序等众多敏感议题。因此，在民国新法肇建的历史背景之下，这个案子不仅获得了社会公众的关注，也牵动着广大法律人的神经。

这个案件的起因是，清末太监张静轩出宫后，经媒人介绍，看上了曾经名动江苏的名妓程月贞。在跟程母达成协议，支付 300 两银子和代偿程母所有债务之后，张静轩将程月贞娶进了门。程月贞嫁入张家之后，才知道张静轩已娶有一妻，自己身份尴尬不已。程月贞曾是风月场中的红人，广受怜爱，因此颇有一些性子。而张静轩刚刚出宫，自己在宫中逆来顺受几十年，自然想在自己家中作威作福，在自己老婆身上找回尊严，因此对程月贞动辄打骂。两人的关系在连番的打骂与顶撞之中越闹越僵，加之民国以后男女平等、妇女解放等观念逐渐流行，程月贞终于有一日不堪忍受，携带金银细软逃出家门。张静轩发现人财两失，连忙派人查找。程月贞恐惧张静轩不肯离婚、索要财物，因此聘请了曹汝霖，一纸诉状告到法庭，请求判决离婚。[9]

曹汝霖指出,张静轩身为太监而娶妻子,有伤风化、有违人道;暴虐成性、动辄殴打,侵犯人权;已娶老妻、又娶少妻,涉嫌重婚。种种理由,都应支持程月贞离婚。张静轩自知理亏,同意离婚,但要求程月贞返还300两价银、程母债务,以及她离家时所携带的财物。曹汝霖反驳道,人身不是所有权的标的物,人口买卖前清就已禁止,何况民国?程月贞离婚与否与身价银没有关系。代偿程母债务是张静轩本人自愿,而且两人婚后财产为共同所有,相关债权和债务关系已经消灭,所以也不应归还。至于程月贞出走时所带的财物,有相当部分是程月贞自己的衣物和首饰,也不应该全部归还。曹汝霖还进一步指出,婚姻关系涉及公益,财产关系是私权,若以债务之纠纷而约束离婚之自由,是以私权损害公益,实与共和国体制以及民国法律精神相违背。[10]

曹汝霖在此案中引用人道、自由、公益等现代法律理念,展示了现代的法律原则和民国新法的风貌。审理此案的推事林鼎章虽未留学海外,但也毕业于京师法律学堂,是首批在国内接受正规现代法律教育的新派法官之一,在判决中接受了曹汝霖的绝大部分代理意见。此案一结,曹汝霖在京城律师界更是成为引领浪潮一般的人物。

四卷本的《刀笔菁华》,曹汝霖两案收录在第四卷《律师诉状》

屡促制度改革，蒙召放弃律务

除了代理案件，曹汝霖也利用律师身份和个人私谊推动民国司法制度的进步。比如他在询问当事人的过程中发现地方看守所由于是旧造，逼仄污秽，环境比清末新建的监狱相比恶劣不少。他认为看守所关押未决犯，监狱关押已决犯，看守所理应条件更好，而现实情况相反，有欠公道。因此他向时任司法部次长的好友汪有龄建议对看守所条件加以改善。[11]

另有一次，曹汝霖前往保定开庭，在旅馆中发现张灯结彩，大书“欢迎曹大律师”，过会又有二十多名乡民跪在中庭，说求大律师伸冤。原来乡民跟他人产生纠纷，告到法院，法官判决后他们又认为法院判决不公。但他们忙于农事，错过上诉时效，被高等法院拒绝上诉。他们以为律师就是以前的巡按，因此想请曹汝霖伸冤。曹汝霖一方面劝慰乡民，一方面也表示自己并非法官，对此事并没有把握。回京后，曹汝霖向大理院院长章宗祥建议，乡民不懂法律，容易错过时效，可以在法官宣判后便高声向当事人说明如果不服，应在法定期间内上诉，否则不能上诉；如果当堂申诉不服，也可记录在案，算作上诉，以后再补递上诉状，这样算是一个变通之法。后来大理院果然照曹汝霖的办法命令各级法院照办。[12]

曹汝霖执律师业一年有余，因政府缺少对日外交人才，袁世凯再三召见曹汝霖，表示延揽。曹、袁二人的几次对话也颇有趣味。袁世凯劝曹汝霖说：“何必做律师，律师不是等于以前的讼师吗？”曹汝霖说：“律师与讼师，绝对不同，律师根据法律，保障人权，讼师则歪曲事实，于中取利。”[13]袁世凯明言想要曹汝霖担任外交部次长，代理部务。曹汝霖婉拒道：“我家贫亲老，现做律师还够浇裹，且我闲散已久，譬如驾车之马，放野久了,怕难就范。”袁问:“你做律师,月入几何?”曹答:“不能预定,因我不计报酬,月只可2000元左右。”这一收入显然大大高于外交次长所可支取的薪资,因为根据当时发布的《中央行政官官俸法》,外交部总长月薪一般只有1000元,而次长月薪一般只有600元。[14](也许考虑到曹汝霖收入的巨大落差,他履新外交部后袁世凯每月特发津贴1000元,等同总长待遇。)因此袁世凯沉吟许久,忽然严肃地说:“你们年轻人,不应只图安乐,正应该替国家效力……你回去再想想,国家用人之际,不应自甘退诿,我明天即发表命令了。”[15]

曹汝霖虽然再三推却,终究拗不过袁世凯的坚持,放弃了律师职业,再次步入政坛。而他必然预想不到,短短6年之后,他将因为这次履职被举国斥为卖国贼而终身受辱。相比之下,他在律师界从业不足2年,却包办了大理院大部分的上诉案件,维护民权、声张正义,无论在民间还是在律师界中都算不甚辱民国“第一号”律师之名。曹先生恐怕无法设想如果自己一直从事律师职业会在历史上留下怎样的印记,但我们后世读者却可在钩沉这一段段历史碎片之余,品读曹汝霖这一政治人物的隐秘侧面,以及民国初年律师界的点点滴滴。

注释

1. 曹汝霖:《曹汝霖一生之回忆》,中国大百科全书出版社2009年版,第16-17页。

2. 同上注,第104页。

3.《律师暂行章程》(中华民国元年九月十六日元年叁字第七十四号),第四条。

4. 同注1,曹汝霖书,第104页。

5. 同上注,第104-105页。

6. 同上注,第 105 页。

7. 襟霞阁主编:《刀笔菁华》(第四册),上海中央书店 1934 年版,第1-2页。

8. 同上注,第 3-5 页。

9. 老何:“太监妓女闹离婚”,载《文史博览》2012 年第 3 期。

10. 车吉心编:《民国野史》(卷五),泰山出版社 2000 年版,第471-474页。

11. 同注 1,曹汝霖书,第 105 页。

12. 同上注,第 105-106 页。

13. 同上注,第 109 页。

14. “中央行政官官俸法”,载《东方杂志》第 9 卷第 6 号。

15. 同注 1,曹汝霖书,第 111 页。

曹汝霖的三次"陛见"

曹汝霖早年留学日本，先后就读于早稻田大学和中央大学，攻读法律。毕业之后，他又和范源濂在日本创办速成法政班，聘请法政学校校长梅谦次郎博士等日本法学家向中国留学生教授刑法、民法、宪法等科目，几年之内培养留日法科学生数以万计。[1]这段经历为曹汝霖同日本尤其是日本法政界结下了深厚的渊源。回国之后，不论是在前清商务部、外务部，还是在民国外交部、财政部任职，抑或是卸任公职担任律师，曹汝霖的事业主线基本不离日本与法政这两个关键词。近代中国在内政上，宪政、法治一向是国之根本；在外交上，对日关系则长期是重中之重。曹汝霖恰恰在这两个方面均有见地。因此，无论是晚清朝廷的慈禧太后、北洋政府的袁世凯大总统，还是南京国民政府的蒋介石委员长，均就法政或外交问题跟曹汝霖进行过对话。通过观察曹汝霖在晚清和民国三次"陛见"中国最高领袖的经历，我们可以一观这位活跃在清末民初政坛上的法律人对国家的前途有着怎样的思考，又是怎样试图用自己的智识影响最高决策者对国是的判断。通过比较这三次"君臣"对话的细节，我们也可以揣摩中国最高统治者的统治权威和政治生态在历次革命冲击下所发生的微妙变化。

觐见光绪慈禧，力倡立宪国会

曹汝霖面见慈禧和光绪是在日俄战争之后。他因东三省总督徐世昌的推荐，受到帝、后的召见。在陛见的前一天，时任军机大臣的袁世凯电召曹汝霖一见，专门告诉他应怎样进殿、怎样跪对等种种礼仪。当时袁世凯还建议他去琉璃厂购买一双护膝，以免久跪腿麻，起立不便。可见琼瑶小说《还珠格格》中所载“跪得容易”乃非空想。

陛见当天，黎明时分，曹汝霖便赶到颐和园外朝房等候。与他一同等候召见的还有当时的政治明星，即将外放广西巡抚的张鸣岐。天刚破晓，帝、后开始召见大臣。先是军机大臣，再是张鸣岐，最后是曹汝霖。随后，曹汝霖在太监的引导之下，进入宫门，至仁寿殿。只见殿内太监迅速掀起殿门内垂着的棉门帘，又迅速放下。就在这一启一落之间，曹汝霖闪身进入殿内。曹汝霖回忆道，幸有袁世凯提前提醒，否则如果举止稍慢，导致一脚在外、一脚在内，或者官帽花翎倾斜，都是失仪。进入殿中，曹汝霖发现偌大殿堂一片漆黑，只有御案上有两点烛光摇摇曳曳。御案下面是一排军机拜垫，专给大臣跪奏所用。曹汝霖于是跪在垫下，脱去官帽，花翎朝上，不叩头，静等问话。一切动作皆如袁世凯所教，不敢多做一分，也不敢少做一分。

光绪和慈禧都在，但整个谈话却主要是由慈禧主导的。光绪除了在最开始问了一下他当差几年之外，就不再说话。当时《辛丑条约》新订，举国发愤，朝廷内外均以立宪、变法为救国图强之要途，朝廷也派了五大臣出国考察宪政。慈禧知道曹汝霖是在日本学法律，于是整场对话都与日本宪政有关。慈禧先问：“日本的宪法是什么宗旨？”，曹汝霖答道：“日本派伊藤博文到欧洲各国考察宪法，因德国宪法君权较重，

慈禧肖像

故日本宪法的宗旨取法德国。"又问:"日本国会议员怎样选举?"答道:"他们国会分上下两院,上议院又名贵族院,议员按照定额,由日皇于皇族功臣、硕儒、大实业家中钦定。下议院则按各省定额,由各省人民票选,得票多者获选。"慈禧又就日本议会政党情况提问,尤其对国会中党派吵闹之事表示不解。曹汝霖回答,党派之间常有争辩是因为政见不同,但是临到大事,皇室已定国策,党派之间就会团结起来。他特别举了对俄开战的例子。起初日本国会两党对于开战事宜争论激烈,但御前会议中天皇决定宣战,两党便迅速一致团结主战。这句话深深挑动了慈禧的神经,她不禁用手轻拍御案,叹道:"唉! 中国坏就坏在不能团结!"曹汝霖此时不紧不慢地开始了对立宪的鼓吹,说道:"依臣愚见,若立了宪法,开了国会,中国即能团结。"慈禧一听,备感诧异,"怎么着,有了宪法国会,就可团结吗?"她高声问道。曹汝霖连忙展开自己的论述,回答:"臣以为,团结要有一个中心,立了宪,上下都应照着宪法行事,这就是立法的中心。开了国会,人民有选举权,选出的议员都是有才能为人民所信服的人,这就是领导的中心。政府总理的任命办法规定于宪法,总理大臣有一切行政权柄,即为行政的中心。总理大臣不能违背宪法,若有违宪之事,则国会可以弹劾,朝廷可以罢免,另选总理。这个办法各国通行,政府和国会相互为用、和衷共济,就能上下团结。所以立了宪,开了国会,为团结的中心,行政也可顺利进行了。"慈禧听罢,若有所思,沉吟许久。曹汝霖还想有所陈述,但光绪见慈禧久未问话,便示意曹退下。后来曹汝霖对这次陛见的感受回忆认为,慈禧对于立宪问题一再详询,说明她对立宪似有兴趣,头脑也并非顽固,只是可惜平时无人以各国新政向她灌输陈奏。[2]这次奏对之后,清廷继续推进立宪,各地谘议局纷纷设立,《钦定宪法大纲》亦得颁布。只是立宪变法的步调终究没有达到民众的期许,没有跑赢革命党的步伐。几年之后,武昌城中一声炮响,清廷以立宪自救的最后尝试也成泡影。

入府见袁世凯,恳切劝莫称帝

辛亥革命之后,南北议和,袁世凯当上大总统。曹汝霖作为袁世凯的故人,在从事一年律师职业以后又被揽入内阁,担任外交次长。他面见袁世凯次数很多,本文仅选取袁世凯称帝前夜的一次略加描述。当时随着时局的演变、袁世凯个人野心的膨胀,以及身边各种野心家的鼓动,袁世凯称帝之心逐渐昭彰。曹汝霖对此事有所耳闻,也甚为担忧。刚好家中老父做寿,袁世凯赠送彩金,他便借谢寿之名,前往总统府中打探、劝谏。

袁世凯肖像,《东方杂志》1916年第13卷第7期

民国肇建,实行共和,凡旧朝君臣之礼均为废止,民主、平等的新气象还是颇有几分。比如民国元年的元旦,曹汝霖与其他同僚前往总统府贺年时便发现府中接待没有仪式,各来贺之人也都获得了接见。比起前清的朝廷,民国的总统府少了很多森严的仪轨。这次"陛见",曹汝霖也不再像在颐和园那样拘谨不堪。他在短暂寒暄之后,马上直入正题,直言外界对帝制问题议论不一,现在称帝,为时过早。他说自己受袁知

遇之恩，因此并不反对，但现在内有国民党反对，外有日本觊觎，实非合宜时机。不若等到欧战结束，国外无干涉之忧，国内上下团结之时，再行改制。袁世凯听了此话，沉默良久方答：“我本无此意，你看历代王朝，有几个得到好结果的，我即年老不足惜，独不为子孙想吗？外人如问及此事，你应当为我辩白。”[3]曹汝霖信以为真，连道这是英明之见，国家之福。曹汝霖后来果为袁世凯辩白，称他无称帝之心，反而遭到他人讥讽，说他太过忠厚老实。其实曹汝霖之所以相信袁世凯的话，是因为他觉得当时袁的地位已经非常尊崇，在实质上跟帝制没多大区别，但真要改制，则得不偿失。他以为足智多谋如袁者，当然不会做这种傻事。[4]（其实当时就连袁世凯的次子袁克文也劝诫其父不要称帝，在诗文中写道“绝怜高处多风雨，莫到琼楼最上层。”）可惜，他不知道人对权力的欲望永远不会有所止息。阿克顿勋爵曾经说过，“权力导致腐败，绝对的权力绝对导致腐败。”用在袁世凯身上，这句话或者可以改为，“权力使人疯狂，绝对的权力绝对使人疯狂。”

后来袁世凯令唐在礼身着军服将各省民众及名士劝进的名册给曹汝霖阅看，曹方恍然大悟，袁世凯称帝之事已成定局。只是袁与曹都想不到，这新建的洪宪帝国仅存80余日就会轰然倒塌。就在袁世凯退位前几日，曹汝霖还曾前往探望这位病榻之上的“皇帝”。当他看到袁世凯颓然、沮丧之态，想起当时袁命他阅看劝进名册时的气派，顿有隔世之感。而行将就木的袁世凯恐怕直到此时才会理解数月前曹汝霖劝诫之言的深意。

蒋介石亲召见,曹汝霖主抗战

袁世凯死后,曹汝霖继续在北洋政府中任职,后因巴黎和会失败,“五四运动”中他被视为是亲日派领袖而被举国痛骂,从此离开政坛。时至1937年,卢沟桥事变爆发,蒋介石在庐山开会部署对日战略,听闻曹汝霖寓居上海,便令曾经留学日本、任教于北京法政学堂的吴鼎昌致信邀请曹来庐山一见。出于对曹的尊重,吴鼎昌的信写得极客气,并未强求,只道“君如有意,可嘱新之(即钱新之,也曾留学日本,是曹的老部下)陪同,挈眷来此避暑,借图良晤。”[5]曹汝霖接信后,便在钱新之、梁鸿志等人的陪同下,携夫人一起坐轮船赶往庐山。

曹汝霖到庐山后跟蒋介石先见了一面,但只是短暂寒暄,并未深聊。小住数日后,蒋介石邀请众人午餐。曹汝霖到时,蒋已先到,约他在别室单独谈话。曹汝霖回忆蒋介石“精神充沛、态度从容,没有自尊自大之意,却又诚恳亲近之感。”[6]两人坐定后,蒋介石开门见山,问曹对日本战事的看法。曹汝霖认为目前日本政局已受军人左右,和平解决之途无望,中国绝对不能和谈,只有抗战到底。曹又说,中日军力悬殊,独力支撑殊为不易。战事必会持久,外援必不可少。随着日本南侵,英美殖民利益受损,必会干涉,届时局势就会发生改变。美国尊重民意,因此抗日宣传不仅要针对美国政府,也要重视民间。当美国明白日本的野心,就会断绝对日贸易,援助中国抗日。对于中国目前来说,最要紧的在于坚守防线,不再失地,等待时机。如果中国坚决抗战、团结一致,则最终能够取得胜利。整个谈话,蒋介石并未说话,只是偶尔点头,直到曹汝霖讲完了,他才连说意见很好。所以曹汝霖认为蒋介石当时其实心中已有定计，只是听听其他人的想法而已。[7]后来蒋介石在庐山会议中讲道，“和平不到完全绝望时期，绝不放弃和平；牺牲未到最后关头，绝不轻言牺牲。”又说“临到最后关头，便只有拼全民族的生命，以救国家生存。最后关头一到，我们只有牺牲到底、抗战到底。”[8]我们现已很难判断，蒋介石的这一对日战略是和曹汝霖不谋而合，还是也真的受其影响。但无论怎样，曹汝霖的这番谈话想来还是对于坚定蒋的抗日决心有所贡献的。

蒋曹谈话之后，众人入席就餐。每人面前只有一杯清水，没有备酒，菜肴也很简单。这是军人出身的蒋介石的一贯作风。饭后，众人问曹汝霖，君一向主张亲日，是否违心对蒋表示抗战到底？曹说自己主张亲日，但所亲并非帝国主义之日。现在日本侵华，中日为敌，岂可再讲亲善？曹汝霖的这些言论后来也被证明并非虚词。抗日期间，他久居天津，日、伪数度威逼利诱，他均未接受实质伪职。他曾担任伪华北政府的高等顾问，倒也利用关系暗地救援了不少抗日人士。这也是为何抗战胜利之后蒋介石亲自将曹汝霖排除在汉奸名单之外的原因。

回顾曹汝霖的这三次谈话，都算是利用了自己作为海归法律人的智识、作为律师的辩才向当时的最高统治者提出建言。推动立宪也好，缓改国体也好，持久抗战也好，都是曹汝霖对于中国时局和前途的苦思所得。法律人的思想有时体现于鸿篇巨著之中，有时体现在煌煌辩词之中。而曹汝霖的这三段谈话，无论在当时产生了何种实质的影响，也都值得在历史上留下一点印记。

蒋介石发表庐山谈话,号召抗日

注释

1. 曹汝霖:《曹汝霖一生之回忆》,中国大百科全书出版社2009年版,第25-27页。

2. 同上注,第66-68页。

3. 同上注,第145页。

4. 同上注,第145-146页。

5. 同上注,第315页。

6. 同上注,第316页。

7. 同上注,第316-317页。

8. 蒋介石:《庐山声明》。

五四运动中的辩护律师

出身福州名门，职事不离法政

刘崇佑，字厚诚，号菘山，生于福建福州一个世宦之家。1894 年刘崇佑考中举人，后随崇伟、崇傑等兄弟东渡日本留学，他本人于早稻田大学学习法律。1908 年刘氏兄弟回国后，邀集同样毕业于早稻田大学的林长民等当地郡望创办了福州电气股份有限公司，向福州居民提供电灯照明服务。刘氏兄弟后又经营电话公司，与电气公司共同成为福州现代企业的标志，遂有“电光刘”之称。[1]如今在号为全国十大历史文化名街之一的福州三坊七巷中仍遗有“电光刘”的三处房产。

刘崇佑在家族企业的经营中参与不多，他主要的兴趣乃是法律和政治。他先是出任地方谘议局的副议长，鼓吹立宪，后又捐出祖产作为场地，与林长民兴办私立福建法政学堂。这所学堂发展迅猛，仅仅经过五个春秋，便在 1916 年全国专门以上学校成绩展览会中跻身全国法政学校中的前五，成为全国私立法政学堂的魁首。这所学校培养了众多的法律人才，该校学生也屡屡成为五四运动以来历次学生爱国运动的领袖。[2]

武昌首义成功，福建谘议局主张福建光复，刘崇佑担任福建都督府民政总长，其后又入京担任北京临时参议院议员和国会众议院议

刘崇佑与家人合影,后排立者左五为刘崇佑

员。他协助汤化龙等人组建的进步党,成为国会中与国民党旗鼓相当、势均力敌的一支重要力量。刘崇佑热心党务,是汤化龙的至交与股肱。由于他恒居寡出但又喜人就谈,所以进步党员常聚于其寓,共商政事。时人记载刘崇佑"性切直,同人行为有不检者,恒面纠不少贷,于汤先生责备尤严。"[3]有一次,汤化龙在家与人打牌,忽然刘崇佑来电。汤牌兴正浓,便让仆从佯称自己不在家中。后来刘崇佑得知此事,颇为生气。汤化龙前往刘府两度拜谒,均不获见。直到第三次,刘始让人开门延客。此事亦传为一时笑谈。[4]

1916年,刘崇佑开始从事律师业务。由于与进步党的渊源,刘崇佑一直都在进步党机关报《晨钟报》(即后来之《晨报》)首版的广告栏上刊登广告启事,并且一度将事务所移设北京丞相胡同的晨钟报社之中。[5]1917年,刘崇佑因对政局诡谲"痛心失望",辞去议席。[6]后来更因汤化龙的遇刺而对政界灰心,[7]从此心无旁骛地以律师为业。

巴黎和会失败,五四运动爆发

1918 年 11 月 11 日,第一次世界大战以协约国的胜利宣告结束。中国作为协约国的一员举国欢腾,庆祝胜利。不久,中国外交使团应邀前往巴黎,参加善后的和会。刘崇佑之弟崇傑亦以中国代表团专门委员之职与此盛事。民众对此次和会期望颇高,以为可以收回德国在华权益。然而,随着和会的进行,国民的这种期望逐渐破灭。

1919 年 4 月下旬,有关巴黎和会将把德国在鲁利益转交日本的消息不胫而走。身在巴黎的进步党领袖梁启超传电回国:“闻将以青岛直接交日本,因日使力争结果。”[8]5 月 1 日,《中国日报》刊载的中国代表团电文亦显示中日此前有关山东问题的换文对其争取权益不利。国内舆论哗然,愤怒的情绪在学生之间迅速蔓延,并将矛头对准政府

胶澳商埠地方审判厅及检察厅,《接收青岛纪念写真》1924 年 4 月

北京临时参议院开会摄影，《中华杂志》1914 年第 1 卷第 10 期

参议院议场之摄影，《中华杂志》1914 年第 1 卷第 11 期

高官中的“卖国贼”。5月3日晚，北京高校学生代表在北大法科大礼堂开会议定第二日举行游行示威，抗议政府外交政策。当时北大法科学生谢绍敏还当众咬破手指，撕开衣襟，血书“还我青岛”四个大字。[9]

5月4日，学生游行队伍按计划前往使馆区，试图向外国使节呈交说帖。但由于当天是周日，各国使节均不在署，东交民巷的巡捕又对学生进行拦阻，所以学生的愤怒更被激发。[10]其实学生之中早有秘密团体筹划以暴力手段制裁亲日官员。他们以匡互生、罗章龙等人为首，准备充分。根据罗章龙的回忆：

> 经过商量研究，确定宋天放、吴慎恭等去探查卖国贼的住宅，查明行动的门路、进出的路线；另外，易克嶷、刘澄宇等想办法认识曹汝霖、陆宗舆、章宗祥等人的面貌……我们就派人到照相馆去对号。这些准备工作都是事先完成的。[11]

对此计划，绝大部分游行学生事前并不知道。此时游行受阻，罗、匡等人便正好鼓动并带领学生队伍转向曹汝霖的住宅“赵家楼”进发。

政府已知学生行动，并未强力压制。为了保护曹汝霖，警察厅派了三四十名警察前往曹家，同时命令“文明对待”学生。曹汝霖当时正在院内和父亲说话，不久听见门外呐喊之声，并见白旗招展。突然有一石块飞入，差点击中曹父，两人当即进屋躲避。曹汝林与章宗祥都是留日学习法律，来往密切，当日章宗祥亦在曹宅。两人便分别藏匿于隔间和锅炉房中。[12]很快，罗章龙、匡互生等学生从事先探明的窗子爬入曹府。罗章龙对院内情形的描述是：

> 当时，院子里站着一排军警，都上着刺刀。我们在外面的同

> 学,不断地喊口号,有的还用砖头、大石砸门,其势甚为汹涌。警察未奉上级命令,不敢擅自开枪,也不敢随便乱动。我们进去的人,有的去给警察作解释,宣传爱国反日。有几人乘其不备,将大铁门打开,人流像潮水一样涌进来。[13]

关于警察的装备,曹汝霖与罗章龙的回忆略有不同。曹曾在回忆录中抱怨前来保护的警察连警棍亦未配备。[14]但可以确认的一点是,曹府内的警察对于学生的活动并未出手阻止。人群的愤怒躁动和警察的袖手旁观让潜伏的暴力因子愈发喷涌。由于没有找到曹、章等人,于是学生开始放火泄愤。[15]躲在锅炉房的章宗祥得知起火,便欲出逃,被学生遇见。学生见他穿着礼服,以为是曹汝霖,便以铁杆击头。后来章宗祥躲入曹府门外的皮蛋店内,又被另一批学生寻见。匡互生对此回忆道:

> 大家就拉住他两只脚从那间黑暗屋里倒着拖到皮蛋店的门口,同声地问他是什么人,他总是绝对地不作声,大家耐不过,就各用那手中所持长不满尺的小旗杆向着他的面孔上乱打横敲,而那些手中没有武器的学生就只得权借皮蛋作武器向被打的人的头上打中了几十百把个皮蛋,于是死不作声的被打的头上只见满面的鲜血和那塞满了耳目口鼻的皮蛋汁了。[16]

因学生伤人放火,警察总监吴炳湘和步兵统领李昌泰忙带军警前来镇压。吴、李抵达时,学生早已四散,仅余下围观者几十余人。结果有 32 名学生被押送警察厅,其中仅有几位是参与"火烧赵家楼"的学生领袖。[17]

虽然学生因暴力行为受到批评,但大部分公共舆论还是倾向于支持释放被捕学生。教育部长傅增湘以及涉事的大学校长们纷纷采取行动营救被捕学生。上海律师公会对学生表示声援,北京律师公会则决议对被捕学生尽义务辩护。(有意思的是,该公会还要求公会律师不能接受曾同为公会会员的曹汝霖的聘请)[18]林长民连同王宠惠(美国耶鲁大学法学博士,前外交总长、司法总长)、汪大燮(前代理国务总理)以政府要员的身份,向警察厅具书保释学生。曹汝霖本人向当局表示,被捕学生多系盲从,不必为难。[19]被打成脑震荡的章宗祥也托妻子致信国务院,请求释放学生。

中国列席巴黎和会三代表(陆征祥、王正廷、顾维钧),
《青年进步》1919 年第 21 期

在巨大的社会压力和政府内部争取之下,北洋政府于 5 月 7 日将被捕学生全部释放。经过全国学生、商界和劳工界的进一步抗议,五四运动基本达到了学生的目标。6 月 9 日，内阁接受曹、章、陆三人的辞职。6 月 13 日，内阁总理兼内务总长钱能训辞职下台。6 月 28 日，巴黎的中国代表团正式在对德合约上拒绝签字。7 月，蔡元培复任北大校长。同月 22 日，中华民国学生联合会宣告学潮结束。[20]

北大学生互控，菘山情动法庭

五四运动以政府向学生的妥协告终，但是政府内部也有势力试图击破学生的阵营。7 月 16 日，几位安福系政客在政闻社举办宴会，邀请部分北大学生，试图收买。被收买的学生约定次日上午在北大法科大礼堂商议行动计划。消息走漏后，北大学生鲁士毅、王文彬等人带领数百名支持五四运动的学生赶往礼堂，冲进会场，将许有益、俞忠奎等五名学生扣留下来。鲁、王等人对五名学生进行了审问，并且让其签录了承认勾结安福系的口供。为表惩罚，许、俞等人后被关于北大理科楼的一个房间之中，直到当晚由警察放出。次日，被关学生向警察厅控告鲁、王等人“伤害并私擅逮捕监禁”。[21]警察厅遂将涉事学生 11 人逮捕。同时，鲁、王等人亦以“侮辱罪”控告许、俞等 4 人。8 月，北京地方检察厅分别以“伤害及私擅监禁罪”和“侮辱罪”对鲁、王和许、俞等两批涉案学生提起公诉，时称“北大学生互控”案。[22]

刘崇佑闻知此案，毅然挺身，担任鲁士毅等 11 名学生的辩护律师，出庭声辩。8 月 21 日该案开庭审理，旁听之位座无虚席。当时社会舆论对鲁、王等人颇多同情，旁听者亦多趁休庭时间向鲁、王等被告招手慰问，而对许、俞一方则鲜有问津。[23]刘崇佑对爱国学生恐陷牢狱痛心不已，惜才之心，溢于言表。他向法庭恳切地指出，这些学生接受学校多年教育栽培，均系人才。虽然可能存在缺点，但也不掩其发奋爱国的热情与赤诚。刑罚并非一种教育手段，国家如果真的有意教导学生，应当使学生安心学习，于校受教，而非置之囹圄。他更不无悲怆地叹惋："乃不幸此超然政界之教育一再波及，今日遂不得不迁连沦没于浑流之中。年少学生方自以为保吾读书之地，无任外界侵犯，是乃天职，而不知所谓'国法'者即将俟隙而随其后"。[24]

刘崇佑的辩护"激昂悲惨"、"沉痛精彩"，引得法庭之内一片唏嘘。[25]整个审判历时 8 个小时方才退庭。8 月 26 日，法庭作出判决。鲁、王一方 11 人中，鲁士毅、倪品贞伤害罪和共犯私擅监禁罪成立，王文彬、刘翰章、谢绍敏、陈邦济共犯私擅监禁罪成立，其余学生宣告无罪；许、俞一方 4 人则侮辱罪均告成立。在判刑方面，有罪的学生分别被判处从拘役到徒刑 4 个月不等的刑罚，但是获徒刑者均得缓刑，判拘役者则以未决期内的羁押日数进行抵扣或亦判缓刑，所以全部学生皆得释放。[26]这也可算是法庭接受了刘崇佑使学生早日返校就学的主张。

京津再起波澜，接连援救学生

五四运动以后，学生救亡图存的热情持续高涨。1919 年年底，在福州的抵制日货集会上，日本领事馆派人打死打伤学生多人，造成"福州惨案"。闽案一发，举国震动，反日情绪再度被推向高潮。天津学生成立学生联合会，声援福建，抵制日货。1920 年 1 月 29 日，学联组织天津数千名学生包围直隶省公署进行请愿，求见直隶省长曹锐。周恩来、郭隆真等 4 人被举为学生代表，进入署内。谁知甫一入内，即遭逮捕。在关押近半年以后，检察厅对周恩来等人以"骚扰罪"提起公诉。学联聘请刘崇佑担任律师，刘接信后果断赴津辩护。经过 3 日的公开审判，法庭认定周恩来等人罪名成立，判处有期徒刑 2 个月，并处罚金。但是,由于未决期间羁押日数已超过刑期,周恩来等人得以当庭释放。获得自由的周恩来、郭隆真等赴法进行勤工俭学,刘崇佑又赠周500元川资,其后更每月汇款资助,经年未断。[27]

同年2月4日,北京学生于天安门广场集会,反对政府同日本直接交涉山东问题。北洋政府出动军警,逮捕在场学生40人,后由检察厅以学生"胁迫政府"、"抗拒解散"之"骚扰罪"提起公诉。刘崇佑再次挺身而出,为被捕学生进行辩护。

刘崇佑指出,学生集会演讲目的只在唤醒民众,解决外交。山东前途危机万分,而只有学生在此呼号,实为国人可惭之处。学潮的兴起源自外交危机,只要政府顺应民意即可平息学潮,又何须以刑罚严惩?关于"胁迫政府",刘崇佑认为政府已经拒签对德合约,自然不应直接同日交涉山东问题。学生唤醒民众是为政府之后盾和奥援,绝非胁迫。关于"抗拒解散",刘崇佑认为学生平日演讲,警察只是林立旁听,并未禁止。军警并未明确下达解散之命令,而且即使口头下令,人多纷杂,命令亦难妥善传达。况且军警将学生包围于内,即使学生想散亦不可得,何谈"抗拒"?在犯罪主体方面,刘崇佑质疑,当时军警是在黑夜中施行抓捕,随意截留,对于是否便是犯罪之人实难分辨。若不论犯罪事实,而仅以是否被捕作为区分犯罪与否的标准,则放眼各国法庭皆不能进行如此论断。[28]

最后,刘崇佑总结本案:"既无犯罪之事实,而又非犯罪之人,牵强迁就,姑以成狱。是此40人者,徒为填案塞责之牺牲。何得以其为学生而遂有此例外之办法?该生等无辜囚系,为日已多,事迹昭然,无可枉陷。状维贵厅秉至尊之法权,予天下以公,是则非唯被告各该生之幸也。"[29]

北京大学学生请愿,《图画时报》1925 年第 252 期

作为一场旷日持久、影响深远的政治运动,五四运动多被人们进行政治解读,五四运动期间各个案件的处理也多体现了政治上的博弈。然而,五四运动,尤其是其间各案也不乏法律层面之意义。对于学生行为是否违法,如何处置,对于法律人而言,可以被视为不同法价值之间如何冲突与整合的问题。在"火烧赵家楼"发生之后,梁漱溟曾经表示:"纵然是国民公众的举动,也不能横行,不管不顾。决不能说我们所做的都对,就犯法也可以。"[30]当然,为学生辩护之声亦不在少数。刘崇佑所代理的案件,情节上绝无"火烧赵家楼"之极端与暴力,因此在是否构成犯罪的问题上也就更加难以分辨。刘崇佑的辩词无疑为有关这一法律难题的争论贡献了论点。而他在五四运动前后为爱国学生屡施援助的急公好义,也实在体现了他"律师当仗人间义"的人生信条。

注释

1. 陈美者:“坊巷的光辉——福州‘电光刘’散记”,载《闽都文化》2014 年第 6 期。

2. 陈庆华:“私立福建学院的历史贡献”,载《福建政法管理干部学院学报》2007 年第 4 期;谷桂秀:“刘崇佑与清末民初中国政治”,载《福建省社会主义学院学报》2000 年第 2 期。

3. 刘以芬:《民国政史拾遗》(近代中国史料丛刊第六十八辑),文海出版社,第 41 页。

4. 同上注。

5. “律师刘崇佑事务所迁移广告”,载《晨钟报》1916 年 9 月 16 日。

6. “国会中稳健派议员纷纷辞职”,载《晨钟报》1917 年 6 月 2 日。

7. 同注 3,刘以芬书,第 42 页。

8. 转引自[美]周策纵:《五四运动史》,陈永明等译,岳麓书社 1999 年版,第 132 页。

9. 同上,周策纵书,第 144 页。

10. 孙伏园:“回忆五四当年”,载中国科学院历史研究所第三所编:《五四运动回忆录》,中华书局 1959 年版,第 48 页。

11. 罗章龙:《椿园载记》,生活·读书·新知三联书店 1984 年版,第 41 页。

12. 曹汝霖:《曹汝霖一生之回忆》,中国大百科全书出版社 2009 年版,第 206 页。

13. 同注 11,罗章龙书,第 42 页。

14. 同注 12,曹汝霖书,第 206 页。

15. 胡传胜:“‘五四’事件中暴力行为再反思”,载《开放时代》2010 年第 8 期。

16. 匡互生:“五四运动纪实”,载中国社会科学院近代史研究所近代史资料编辑组编:《五四爱国运动》(上),中国社会科学出版社 1979 年版,第 495 页。

17. 同注 8,周策纵书,第 165 页。

18. 陈平原、夏晓红编:《触摸历史:五四人物与现代中国》,广州出版社 2009 年版,第 276 页。

19. 同注 12,曹汝霖书,第 208 页。

20. 同注 8,周策纵书,第 241 页。

21. 许指严编:《民国十周纪事本末》(近代中国史料丛刊续编第八十辑),文海出版社,第 526 页。

22. 同上注。

23. 冰心:"二十一日听审的感想",载《冰心全集》(第 1 卷),海峡文艺出版社 1994 年版,第 4 页。

24. 同注 18,陈平原、夏晓红书,第 278 页。

25. 同注 23,冰心书,第 3 -4 页。

26. 同注 21,许指严书,第 526 页。

27. 李卫南:"曾是道义肩担人:记爱国民主人士刘崇佑律师二三事",载《福建统一战线》2000 年第 5 期。

28. 高绍先:"五四运动时期的一篇辩护词",载《法学杂志》1982 年第 6 期。

29. 同上注。

30. 转引自董彦斌:"作为法律事件的'五四'",载《读书》2009 年第 5 期。

“侮辱总统”案与民国的言论自由

民国律师界风云际会，藏龙卧虎，留名青史、闻名宇内的大律师不知几何。在这些风流人物之中，也大有泯然于史书者。但这些被人遗忘的律师并非全是庸庸无名、碌碌无为之辈。律师操持法律重器，他们的工作往往可能关涉当事人的身家性命或自由权利。所以，对于律师而言，即使隐蔽在故纸堆最深处中，但有一纸状词令人击节，但有一个讼案使人纪念，他（她）在法律史上就不应遭到抹杀与遗忘。民国上海律师林百架似正是这样一等人物。时人后辈鲜少关于林律师的回忆传记，他本人的笔墨文章亦散落而难以寻觅。笔者搜罗许久，方才找到有关林律师生平故事的一鳞半爪。

根据有限的史料，林百架曾于 1920 年作为上海租界部分华人商号的律师出庭于会审公廨，为其反对增税、拒绝纳捐的行为进行辩护。此案之中，林百架主张不纳捐不应为犯罪，英美皆是如此，请求法庭展缓处理。此议遭到主审法官拒绝后，林百架辞去辩护律师一职。该案终以“被告临讯不到，判令照章交付”的缺席判决败诉。[1]

也正是这位林律师，代理了民国历史上赫赫有名的上海《民国日报》“侮辱大总统”一案。此案是民国有关言论自由的经典案例，与历史上著名的《纽约时报》诉沙利文案有异曲同工之妙。沙利文案涉及的乃是对蒙哥马利市警察的名誉损害，而本案则事关中华民国大总统以及众多内阁官员的名誉。沙利文案划定了美国媒体批评公众人物的法律边界,而本案则为民国报界批评政府官员的勇气提供了判例上的支持。从这个角度来说,将上海《民国日报》案称为"民国司法史"上的沙利文案亦不牵强。

民初报业沉浮,言论自由荣枯

民国初年,共和、民主、自由等概念在民间迅速传播,与此相应,各种政治党派及其赖以发声的报纸也是迅速成长,整个报界一片繁荣景象。仅武昌起义半年之内,全国报纸就从10年前的一百多种,一跃而增至近500种之多。[2]在此过程中,亦不乏法律人投身报业。比如,一度在各通讯社中执牛耳的东京通讯社就是由邵飘萍和东京政法学校的3位学生共同创办的。曾有"国民党最有力的机关报"之誉的武汉《民国日报》旗下亦有法界名宿。著名的国际法学家、曾任武汉大学校长的周鲠生,曾任武汉大学法学院院长的皮宗石当年皆系该报的主办人。北京《中华新报》社长则是曾经担任司法总长的著名白族律师张耀曾。[3]

民初的报业繁荣,离不开宪法和法律提供的自由空间与权利保护。1912年3月开始实施的《中华民国临时约法》就明确规定人民有言论、著作、刊行之自由。虽然内政部曾经试图通过《民国暂行报律》来限制言论自由,规定:"流言煽惑,关于共和国体有破坏弊害者,除停止其出版外,其发行人编辑人并坐以应得之罪。调查失实,污损个人名誉者,被污毁人得要求其更正。要求更正而不履行时,经被污毁人提起诉讼时,得酌量科罚。"[4]但这些规定一经公布即遭到出版界的广泛反对。该律公布仅数日,孙中山便以临时大总统的身份下发《令内务部取消暂行报律文》,否决了这一法律。孙中山声言:"该部所布暂行报律,虽出补偏救弊之苦心,实昧先后缓急之要序。使议者疑满清钳制舆论之恶政,复见于今,甚无谓也。”对于内务部以“暂行”为借口,权宜制定出版规范的做法,孙中山也提出明确的批评,重申“民国一切法律,皆当由参议院议决宣布,乃为有效”[5],指出“该部所布暂行报律既未经参议院议决,自无法律之效力,不得以暂行二字谓可从权办理。”[6]

好景不长,随着袁世凯就任总统、密谋称帝,政府对新闻和言论的管制日渐严格。北洋政府采用“胡萝卜加大棒”的政策,一方面创办《亚细亚报》《神州日报》等喉舌报纸,并以津贴、赠款等形式对其他报纸进行收买,以操纵舆论;[7]另一方面又通过制定《报纸条例》等法律规范禁止刊载“妨害治安”的文章,剪除异见。报馆被查封,报馆工作人员被讯问、逮捕甚至枪杀的情况亦是时有发生。

在宋教仁遇刺后,国民党武力倒袁,同时发动舆论攻势。袁世凯政府为了肃清报界反对力量,于 1913 年发动清洗运动,将国民党系报纸尽皆查封,对藏身于租界中无法查封的报纸进行禁售围剿。至该年年底,全国继续运营的报馆已不足 140 家,整个报业风雨飘摇,时谓“癸丑报灾”。

上海《民国日报》正是在这一背景之下,于 1916 年由国民党元老陈其美筹办,在上海租界内建立起来,专以鼓吹共和,发扬民治。该报发刊词曾大声疾呼:“专制无不乱之国,篡逆无不诛之罪,苟安非自卫之计,姑息非行义之道。”[8]该报总编叶楚伧、经理邵力子均为南社的领军人物,文字激烈有如剑戟。邵力子早年办报时就曾有“予将手执斑管以经营八表兮,用求坚鼎而复我金瓯;彼邦人父老有以教予小子兮,同协而力以扼此横流”的豪言。[9]此时他带着《民国日报》一路披荆斩棘,终在报界占据了一席之地,甚至使其副刊《觉悟》得以跻身民国四大副刊之列。

日报刊登戏文，嘲讽安福政权

《民国日报》“侮辱大总统”案发生于1919年。其创办人陈其美已于3年前遇刺身亡，指使枪杀陈其美的幕后元凶袁世凯亦黄袍梦碎，身死国灭。此时掌握民国政权的乃是以段祺瑞为首的皖系军阀。他们不仅掌控内阁行政大权，还控制了国会，包办选举。由于皖系集团以北京安福胡同内安福俱乐部为联络、聚会之处，故时人皆亦“安福系”称之。当时巴黎和会新败，举国痛恨，把持政权的安福系自然也成为众矢之的。邵力子便在《民国日报》撰文抨击：“就事实上讲，这个政府本来就是非法组织，什么都受安福派的支配。这把戏的两个重要角儿，一个内务朱深（注：时任司法总长兼内务总长），是著名的法妖，小徐（注：指徐树铮）一手提拔起来，安福派常想推他坐内阁总理交椅；一个农商田文烈，安福派说他是‘北洋耆宿’。……至于那非法国会，本来是安福派拿金钱一手造成，他们自己互争权利，或者再分党派，到那敲剥商民、摧残实业的时候，什么人都是一样。”[10]

邵力子的抨击虽然直白，但并未给《民国日报》带来麻烦。真正使其惹上词讼的，却是一篇名为《安福世系表之说明》的戏谑之作。这篇文章，以“戏说”的形式，编制了一张安福系要人的“家谱”。家谱的谱主乃是皖系第一干将，后来带兵收复外蒙古的徐树铮，也即邵文中的“小徐”。小徐之父，便是掌握政府实权的安福系首脑段祺瑞。作者认为安福系依靠日本势力，媚日售权，故又将“日本人”列为小徐之祖。其他政府要员如倪嗣冲、曾毓隽被列为兄、弟，朱深、王揖唐、梁鸿志、靳云鹏等被列为子、孙。最令人拍案叫绝的是，作者竟将堂堂民国大总统、北洋元老徐世昌(即“老徐”)列为小徐的私生子。这是因为徐世昌之任大总统,乃是安福系控制国会包办选举的结果,所以作者戏言其“犹非正式结婚所生之子,则为私生子”。[11]

此文一出,上至总统下至阁员,各色高官均受人谑笑。虽系调侃,但如此尖酸程度,对于素以文治长者著称的民国元首徐世昌而言,岂能忍受?文中所涉其他官员也莫不恼怒羞愤,恨不能将报馆查封、主编治罪为快。所幸《民国日报》注册于租界之中,受到洋人保护,民国政府鞭长莫及。于是,民国法制史上颇具戏剧性的一幕出现了。民国政府聘请外国律师将本国公民告上了位于本国境内的由外国人主持审理的会审公廨法庭。

邵力子(左)、叶楚伧(右)肖像,《国民日报国庆图画特刊》1928 年

政府控诉日报,律师捍卫自由

这并非是中国政府第一次在会审公廨起诉本国报纸。清朝末年,由著名律师章士钊担任主笔的《苏报》就曾被清政府起诉过。在该案

中,被清政府认为“造言污毁皇室,妨碍国家安宁”[12]的被告章炳麟和邹容被分别判以3年和2年的徒刑。民国时期,袁世凯政府亦曾以伪造电报、诋毁政府、扰乱民心之由,将《中华民报》诉至会审公廨。该报律师辩称“报纸有言论自由之权,政府政治不良,报纸有直接监督之职……中华民国无取缔报纸之律。”[13]后以法庭判决民报主办人邓家彦监禁半年,罚款500元告终。虽然相比清廷和民国政府所欲的严惩而言,上述两案皆获轻判,但涉案被告终究未免牢狱之灾。安福系兴此讼事,目的也在使《民国日报》查封,邵、叶二人判刑。因此,《民国日报》以及邵、叶两位主事之人的命运令人悬心。

代表民国政府起诉《民国日报》的乃是意大利籍律师穆安素,而代表邵、叶出庭与穆安素对垒的则是律师林百架。开庭时乃是10月上旬,暑气未消。穆安素在潮热的公廨法庭中呈上《民国日报》所刊“世系表”,控诉该报侮辱民国大总统及在职官员,要求追究主事者邵、叶二人的责任。林百架律师水来土掩,娓娓道来,从三个方面为《民国日报》展开声辩。他首先指出,《中华民国约法》第5条第4款规定,“人民于法律范围内,有言论、著作、刊行及集会、结社之自由。”在报刊上发表文章批评政府,乃是宪法所承认和保护的言论自由和公民权利。此项自由,应予保障。接着,他又揪着原告在证据和程序上的瑕疵,指出本案原告是民国政府相关官员,北京方面应该派员出庭。但是北京方面却未有官员到庭,而仅有代理律师出席,且不能举出充分证据,证明诽谤侮辱的事实存在。因此原告所控不能成立。林百架的这一论点道破了安福系官员在法庭审判前的傲慢与心虚。最后,林百架重申总编叶楚伧的观点,表示被告的文字只是以文字游戏的形式对政府的政策进行善意的批评,当为法律所许可。而且此文的目的,以及报纸刊发此文的目的乃是为了中国建设良好的政府,使中华得以振兴独立，并无侮辱之意义。[14]

穆安素对林百架的反驳不以为然，坚持认为，“此项文字，足以使人民讥笑大总统与在职官员，非但侮辱之日引起人民之轻视及本人之羞耻，而且遗毒久远。”[15]据此，他请求法庭考虑此文所侮辱的人物地位，所采用的侮辱方法等体现的恶劣程度和恶劣后果。为了说服法庭重判，他还指责《民国日报》妄图躲避于租界之内，逃避刊登侮辱性文字的责任。邵、叶两人，均受过高等教育，对于此侮辱性文字的发表是明知故犯。因此，他们罪责难逃，理当严惩。

双方辩论已毕，审理此案的英、中法官经过短暂合议，很快做出了判决。判决结果既没有支持穆安素严惩的要求，也没有接受林百架无罪的主张。会审公廨认为《民国日报》确系侮辱了大总统和在职官员，但仅判罚邵、叶两人各100元。本来势在必得要将《民国日报》施以重创的穆安素对此结果大为不满，咆哮公堂。林百架对于穆安素的情急之言泰然反驳，法官也对穆藐视法庭的行为表示警告。败诉的邵、叶二人却是欣欣然地出了法庭，交了罚款。

回顾此案，安福要员们赢了官司，却尽显睚眦必报的小人之心，以及对《民国日报》无从下手、无可奈何的狼狈之态。终究是输了面子，失了体面，个中痛苦恐怕也只有像曾文正公说的“好汉打脱牙和血吞”了。反观《民国日报》，虽然败诉，但是报馆毫发无伤，主事二人仅遭象征性罚款，不仅算得全身而退，甚至成为报界英雄，颇有凯旋之姿。经此一案，林百架的辩护被传为美谈，那篇《安福世系表之说明》更是广为流传，阅读之人，十倍于前。不能不说是剧情反转，令人解颐。百年之后，曾经把持朝政、炙手可热的安福系早已没入黄土，烟消云散，而林百架律师在法庭上为言论自由所做的声辩却仍流传于世，当年的戏说也仍惹人哂笑。这不正是此案发人深省之处吗？

注释

1. 彭南生:“抗捐与争权:市民权运动与上海马路商界联合会的兴起”,载《汉江论坛》2009 年第 5 期。

2. 方汉奇:《中国近代报刊史》,山西人民出版社 1981 年版,第 676 页。

3. 同上注,第 680 页、第 694 - 695 页、第 713 页。

4. “民国暂行报律”,载张静庐辑注:《中国近代出版史料初编》,上海书店出版社 2003 年版,第 325 页。

5. 同上注,第 324 页。

6. 同上注,第 325 页。

7. 同注 2,方汉奇书,第 716 - 717 页。

8. “发刊词”,载《民国日报》1916 年 1 月 22 日。

9. 朱顺佐:《邵力子》,花山文艺出版社 1997 年版,第 48 页。

10. “的确是安福派的把戏”(原载《民国日报》1919 年 8 月 11 日),载傅学文编:《邵力子文集》(上),中华书局 1985 年版,第 144 页。

11. 陆茂清:“民国时期轰动全国的‘侮辱大总统案’”,载《档案春秋》2006 年第 8 期。

12. “光绪二十九年闰五月十一日兼湖广总督端方致内阁大学士张之洞电”,引自“苏报鼓吹革命清方档案”,载中国史学会编:《辛亥革命》(第一册),上海人民出版社 1957 年版,第 451 页。

13. “中华民报判决案”,载《民强报》1913 年 8 月 24 日。

14. 同注 11,陆茂清文。

15. 同上注。

烈士律师与民国工运

施洋，字伯高，1889 年生于湖北竹山县的一个山村。他幼时家贫，半工半读。年 18，娶郭秀兰，得其力助，求学于郧阳农业学堂蚕科。1910 年，施洋以第一名的成绩从农业学堂毕业，辛亥革命后返乡创办国民学校，自任校长，并且创办县农务会。1914 年，他赴武昌求学，先就读于警察学校，次年考入武昌法政专门学校法律科。[1]当时施洋家境仍然困难，需靠售卖绿松石补贴生计。[2]虽然条件艰苦，但其却取得甲等第一名的毕业成绩。1918 年，施洋呈请取得律师证书，并在湖北高等审判厅登录。[3]他在武夏地方审判厅管辖区域内执行律师职务，先后设律师事务所于武昌抚院街和汉口皮业巷 5 号。[4]

支持爱国运动，追求地方自治

施洋执业不久就遇上了五四运动的爆发。在他的提议之下，武夏律师公会通电支持学生运动。1919 年 6 月 1 日，湖北督军王占元派遣军警封锁声援五四运动的武昌高校，逮捕学生数十人，殴伤武昌高师学生陈开泰等十余人，酿成“六一惨案”。6 月 3 日，武昌游行学生再次遭到镇压，同日，施洋召开武夏律师公会紧急会议，提议救援学生、惩治凶犯、呈请法庭公诉。为了哀悼各地遇难学生，武汉学生联合会

施洋肖像

等团体在汉口宁波球场召开追悼大会,施洋代表律师公会到场发言。[5] 6 月 10 日,汉口商界罢市抗议。6 月 13 日,“六一惨案”中被捕学生获得释放,涉案的警务处长、保安队长相继去职。

同年 7 月,为了汇聚爱国力量,武夏律师公会、武汉学生联合会联络武汉工、农、学、商团体发起设立“湖北各界联合会”,施洋当选该会副会长。不久,施洋率商民代表陈玉卿、学生代表肖骥等人组成请愿团,赴京请愿,力争国权。请愿受阻后,施洋旋至上海,组织成立“全国各界联合会”,出任该会评议长。居沪四月,施洋“评时议事,整理文电,做了大量工作。”[6]

在这一系列的活动中,施洋意识到“现在我国的弊端,最大的莫过于教育未能普及,实业未能振兴”。[7]于是,他返回武汉,和恽代英等人力促湖北平民教育社的成立。施洋作为总务主任,为平民教育社的发展做出很多努力。在施洋等人的主持下,平民教育社在武汉创办了 7 所平民学校,提供免费教育,并且带动多个社会团体投入其中。[8]施洋还与林育南、恽代英共同创办《武汉星期评论》、《平民教育》一报一刊,引介外国先进思想,提倡文化革命,宣传平民教育。[9]这些工作在武汉地区掀起了平民教育的一个高潮。

施洋认为救国图强的另一条道路是“联省自治”。他甚至提出:“非宣布自主实行自治不足以救危亡解纠纷。”[10]这与他的平民思想也相互映照,因为他所追求的“联省自治”正是“平民自治”。为此,施洋发起成立“湖北自治筹备会”,法律、商业和学界人士纷纷加入,自治运动在湖北渐成气候,也越来越遭到督军王占元的嫉恨。1921 年 6 月,王占元所部在武昌发生哗变,城内一片狼藉,烟火四起。在此紧张局势之下,施洋以湖北各界联合会的名义连发通电,宣布驱王自治。由于力量不够,施洋等人决议寻求外援,先后前往洛阳、长沙,向军阀吴佩孚、赵恒惕求援。7月22日，施洋等人在长沙成立湖北自治政府，制定湖北省自治临时约法，施洋被选为省总监和省务院秘书。[11]

在施洋等人的一再敦请、活动之下，湖南、四川相继派兵入鄂。施洋亲赴前线，与湘鄂联军一路北上，连战连捷。8月11日，王占元仓皇出逃。然而，吴佩孚却趁火打劫，与萧耀南等部攻击湘鄂联军，甚至掘开武昌金口长堤。在直系军阀的强大攻势下，湘军方面被迫停战撤退，湖北自治政府宣告解散。[12]北洋政府任命吴佩孚为两湖检阅使，萧耀南继任湖北督军，湖北自治运动的果实被吴、萧窃取。施洋不禁悲叹："驱去一虎，又来二狼。"[13]此时他还不能预料的是，自己也将命丧"二狼"之手。

坚信劳工神圣，甘为劳工律师

施洋本人出身贫苦，执律师业后也不忘扶助贫弱，尤其对广大劳工的权利，更是不遗余力地加以维护。林育南对施洋曾有如此评价：

> 这个贫寒的律师，他并不以谋衣食为急务，贫苦的人有事找他，他是非常乐于帮助的。他为他们奔走，不辞劳瘁，他不独不要丝毫的报酬，而且反以所有者接济他们。"贫民的拥护者"，"劳工的律师"，他的声名因之渐渐洋溢于武汉了。……他的名望显著，在同业中，居重要的位置，而他的收入亦颇丰厚。然而他仍是一贫如洗，并且负债，因为他的收入之款不自存积，专为这些找他的穷人和奔走社会运动而用完了。[14]

1921年，施洋、林育南的推动下，粤汉铁路职工联合会在武昌徐家棚工人夜校宣告成立,施洋受聘为首席顾问和法律代表人。紧接着,联合会发动粤汉铁路工人罢工,施洋起草《改善待遇十五条件》,同粤汉铁路外国总管展开谈判。在工人的坚持之下,他们的要求得到满足,此次罢工取得胜利。[15]

同年 12 月,汉口租界人力车行老板宣布增加车祖。施洋、林育南等人召集人力车夫代表召开会议,决定成立"汉口租界人力车夫工会",开展统一的罢工行动。施洋代表工人提出了承认车夫工会、取消加租议案、降低车租标准三项要求。[16]12 月 7 日,施洋指导车夫工人代表组织的车夫乞丐团,向租界进发。在游行至法租界时,租界巡捕与车夫发生冲突。日渐严重的局势使租界当局不安,于是由武汉商会出面进行调解,劳资双方达成协议,车夫工会得到承认,车租暂时不予增加,并且得以免除 3 日租钱。[17]

1922 年 6 月,施洋在林育南、项英等人的介绍下,加入中国共产党。此后,他接连出任汉阳铁厂、汉口水电公司、大冶铁矿等工会的法律顾问。他还参与策划成立了武汉工团联合会、湖北全省工团联合会。[18]工团联合会的办公地点就设于汉口租界人力车夫工会会所之内,而此会所也是得益于施洋的奔走方才得以建成。[19]

1922 年 9 月,粤汉铁路工人因反对虐待和侮辱爆发第二次工潮。施洋、林育南等人直接担任了此次工潮的领导工作。9 月 9 日,粤汉铁路全线停驶,工厂停工。9 月 10 日,罢工工人遭到军警镇压,发生伤亡和被捕的惨剧。次日,株萍铁路、安源路矿发生罢工,京汉铁路亦有数站工人要求当局做出答复。19 日,武汉工团联合会发出最后通牒。北京政府恐怕事态扩大,命令地方妥善解决,铁路工人的要求得到满足,被捕工人获得释放,死伤工人亦得安置。[20]这次罢工是民国工人运动史上的重要一章,不久,代表全路工人的"粤汉铁路总工会"成立,施洋出任总工会法律顾问,他也愈加遭到当局的猜忌。

京汉工人罢工,酿成二七惨案

受历次工人运动胜利的鼓舞和中共的宣传组织,工会组织在1920年代蓬勃发展。以铁路为例,至1922年京汉、粤汉、株萍等九路就已有工会成员4万余人,[21]其中京汉铁路各站建有“工人俱乐部”16个。1922年4月9日,京汉铁路全路代表在长辛店开会,决定成立总工会。同年8月10日,复召全路代表于郑州开会,拟将总工会设在全路中心之郑州。1923年1日5日,总公会委员长会议决议于2月1日在郑州举行总工会的成立大会,并向工团各界广发邀请。[22]然而,1月25日京汉铁路当局致电吴佩孚,请求禁止该会。吴佩孚遂派员到公会传达禁令。后工人代表前往洛阳交涉,至31日仍未使吴收回成命。[23]

面对禁令,施洋发表演说:

> 工友们,人民有集会、结社的自由,民国的约法上明白规定。我们工人创造的功劳甚大,在人民中占重要地位,为什么不能享受约法上之自由?军阀吴佩孚等野心勃勃,南征北剿,不是依赖我们制造武器及交通运输的工人么?他的生命,他的势力都是建立在我们身上,他不知感恩,反要摧残我们,压迫我们,剥夺我们约法上应有的权利!工友们!这是何等的无理?这种横逆之来,侮辱之来,我们岂能忍受?现在压迫之来,是不可避免的,我们当此大敌在前,当然有进无退、善自防卫。[24]

1月30日,施洋、林育南等武汉工团代表乘车北上,赶赴大会。[25]其他各地如京奉、津浦、道清、正太、京绥、粤汉、陇海各路代表,京汉铁路各分会代表,以及新闻记者和男女学生数百人亦云集郑州。赴洛阳谈判的工人代表回郑后,立即组织全路代表会议,转达吴佩孚严禁开会之意。会场诸位备感气愤,决议一切按原计划进行。[26]

2月1日晨,郑州进入紧急戒严,军警荷枪实弹如临大敌。各界代表则从五洲大旅馆集结出发,"以军乐为前导,所送礼物如牌匾对联等次之,各代表手执各团体名义的红旗,顺序而行"[27],向郑州普乐园剧场进发。就当代表快到会场之时,遭到军队包围和举枪威胁。代表派人与军警交涉达2小时,并无丝毫进展。群情激奋之下,代表们冲破防线,进入会场。在军警的包围之下,大会宣布京汉铁路总工会正式成立,会众大呼:"京汉铁路总工会万岁!劳动阶级胜利万岁!"[28]

当日下午散会之后,代表们返回旅馆,均遭军警监守,甚至连总工会在酒店所订的酒饭亦被禁止出售。[29]在此危难之中,各代表决议从速离开,当晚,施洋等乘车返汉。各地工团致信京汉铁路总工会,表示:"京汉铁路总工会能否健全,实全国工人共同问题。我们希望京汉总工会必能为争自由而取最后奋斗之手段,各工团誓必为实力的后盾。"[30]京汉总工会亦决议于2月4日宣布全路同盟总罢工,并将总工会迁至汉口江岸办公。

2月4日午时,罢工开始。当晚,施洋等人召集湖北省工团联合会商议支持京汉罢工计划。2月6日,万名工人集会于汉口江岸,声援京汉。2月7日,萧耀南部参谋长张厚生派员与总工会方面约定当日下午五点半于江岸工会会所面谈。然而,一场腥风血雨即将袭来。时人记载:

至五点二十分顷,代表等正欲赴会中相候,半途枪声大作,于是流血惨剧开幕！盖他们乃用诱敌之计，以为时期已到，重要人物定皆在是，遂由该参谋长戎装指挥，率领全副武装二营疾驰而至，先将会所包围，开枪环击，计放枪在五排以外。当时有工友数百人在工会门前守候消息，躲避不及，又都赤手空拳，无从抵卫，当被乱枪和马刀击死者有曾玉良等三十二人，残伤者二百余人。[31]

除武汉外，长辛店、郑州亦有工人蒙难，三处中以汉口江岸死难者最众。[32]江岸分会委员长林祥谦被捕后，拒不下令复工，在众工友面前惨遭斩首。[33]此即血染国史的"二七惨案"。

施洋慷慨就义，遗志永不磨灭

2月7日傍晚，施洋忙完公务回到家中。正待用餐，几名军警进来递上一个帖子，说是萧耀南生日，请其赴宴。施妻郭秀兰窥见门口密探四布，情知不妙，便劝施洋逃走。施洋执意不肯，大吼："老子怕死不革命，革命不怕死。"[34]便放下碗筷，前去赴宴。

萧耀南奸计得逞，将施洋解送武昌军务处陆军监狱关押。[35]2月8日，陆军审判处对施洋展开审讯。根据包惠僧的记载，施洋在法庭上提出抗议：

第一，施洋不是军人，不是江洋大盗，本来就没有犯法，即令犯了法，也应该由汉口地方法院审理，湖北督军署的陆军审判处无权审理律师施洋，如果你们一定要审理的话，那么你们就是藐视国法，逾越权限，你们首先就犯了国法，你们就要考虑你们对法律应该负什么责任！第二，施洋是一个文弱书生，用不着脚镣手铐,尤其是这样天字第一号的重脚镣手铐,全世界的文明国家都废除了,你们最好采用文明国家的作风,废除这种落后的刑具,把一个文弱书生关在墙高数丈,重门叠户的监牢里,你们也够威风了,我也够受折磨的了,再加上这样的刑具,你们从天理国法人情各方面考虑一下是否确当?[36]

施洋在狱中被关七日,写下《狱中七日记》。2 月 15 日,农历除夕,施洋未经合法审判,被绑缚洪山脚下,遭两枪而亡,享年 34 岁。据说行刑前执法官问其有无遗嘱,施洋怒道:"我的遗嘱就是不怕人,不怕事,不怕死,堂堂做人,反对强暴,你们杀了一个施洋,还有千万个施洋。"中枪后,他至死犹呼"劳工万岁"。[37]施洋遇害当晚,汉口租界人力车夫公会工人将其尸首收殓至武昌城外的江神庙。[38]后来郭秀兰在中共地下党的帮助下方将其葬于洪山北麓,题碑"施洋先生之墓"。[39]

为躲避迫害,郭秀兰携带幼女,怀着身孕来到上海。2 月 28 日,她致函律师公会,控诉:"查民国商人既有商会,农人亦有农会,教育界人有教育会,今独不许工会成立,野蛮横行,莫此为甚。亡夫为律师,拥护约法,是其职责。既属顾问,责无旁贷,主持正义,安得为之鼓动。"又说:"现在平时无碍行军,亡夫是否有应得之罪,亦应由法律审讯处办。擅假军律,草菅民命。一人受害,固不足惜,窃恐此后恶例一开,为律师者,自身且不能保,安望其能保障民权?抑强扶弱,正义之本,威权或可欺乡愚,而绝不容施之于律师。"[40]

为了表示继承施洋遗志,郭秀兰改名"继烈",并以该名发表《哀告全国同胞书》。书中疾呼:"破坏约法,蹂躏人权,是此并非亡夫之死,实约法之死,实共和之死。亡夫死不足惜,约法死,共和死,凡属国民,无论同情亡夫与否,谁不应顿足而嚎陶,励志而勇进乎?"[41]

施洋就义时遗照,《二七二周纪念册》1925 年 2 月

施洋之死也激励着后人。在他逝世的 2 周年,《民国日报》副刊《觉悟》发表文章,将施洋与德国工运领袖卡尔·李卜克内西律师做比,称其为“被压迫阶级的朋友,劳动界的领袖指导者”,盛赞“他的热血灌溉了‘将来革命’之奇花的种子,他的名字写在世界劳动运动史

上,永永远远不会消灭!”[42]1957 年,董必武为其题诗感怀,此诗如今仍刻于洪山施洋烈士雕像基座之上:

二七工仇血史留,
吴萧遗臭万年秋。
律师应仗人间义,
身殉名存烈士俦。

注释

1. “施伯高年谱”,载《民国日报·觉悟》1924 年第 2 卷第 15 期。

2. 施琳波:“追忆我的外祖父施洋”,载《武汉文史资料》2003 年第 1 期。

3. 石云涛:“为工人权益斗争的‘劳工律师’——记二七大罢工烈士施洋”,载《中国工运》1996 年第 2 期;另见注 1。

4. 包惠僧:《包惠僧回忆录》,人民出版社 1983 年版,第 396 页;另见注 3:石云涛文;同注 2,施琳波文。

5. 同注 3,石云涛文。

6. 同上注。

7. 施洋:“湖北平民教育社发起宣言”,载武汉二七纪念馆编:《施洋纪念文集》,华中师范大学出版社 1988 年版,第 162 页。

8. 成红峰、张继才:“论施洋的爱国主义思想与活动”,载《安康师专学报》2012 年第 13 卷第 4 期。

9. 黄尚文、玉兰花:“林育南与施洋并肩战斗的日子”,载《武汉文史资料》2003 年第 1 期。

10. 施洋:“致湘人泣恳书”,载武汉二七纪念馆编:《施洋纪念文集》,第 178 页。

11. 张继才:“论施洋在联省自治期间的思想与活动”,载《武汉冶金科技大学学报(社会科学版)》1999 年第 1 卷第 1 期。

12. 同上注;另见注 8,成红峰、张继才文。

13. 林育南:“施伯高传”,载武汉二七纪念馆编:《施洋纪念文集》,第 119 页。

14. 同上注,第 104 页。

15. 同注 9,黄尚文、玉兰花文。

16. 同注 13,武汉二七纪念馆书,第 123 页。

17. 同注 9,黄尚文、玉兰花文。

18. 同上注。

19. 同注 13,武汉二七纪念馆书,第 127 页。

20. 同注 9,黄尚文、玉兰花文。

21. “‘二七’前后公会运动略史”,载《上海革命史资料与研究》(第 4 辑),上海古籍出版社 2004 年版,第 537 – 556 页。

22. “二七大屠杀的经过”,载《向导》1923 年第 20 期。

23. 同注 21。

24. 同注 13,武汉二七纪念馆书,第 140 页。

25. 同注 9,黄尚文、玉兰花文。

26. 同注 22。

27. 同上注。

28. 同上注。

29. 同注 21。

30. 同上注。

31. 同注 22。

32. 吴太伯:“‘二七’烈士知多少”,载《北京党史研究》1990 年第 3 期。

33. 同注 21。

34. 施琳波口述、关捷整理:“施家河在流淌——施洋外孙女痛说革命家史”,载《党史纵横》1995 年第 5 期。

35. 同注 1。

36. 同注 4,包惠僧书,第 121 – 122 页。

37. 同注 3,石云涛文。

38. 王飞麟:“律师应仗人间义,身殉名存烈士侍——施洋烈士陵园”,载《长江论坛》2013 年第 2 期。

39. 同注 2,施琳波文。

40. 罗维扬:“施洋烈士夫人郭继烈和她的《哀告全国同胞书》”,载《炎黄春秋》1997 年第 11 期。

41. 同上注。

42. 唐光明:“施洋纪念”,载《民国日报·觉悟》1925 年第 2 卷第 15 期。

“罗文干”案与民国法律人的集体抗争

1923年，一首打油诗流传在中华民国的街头巷尾：“干倒罗文阁已空，一声混蛋滚匆匆。早知王宠难为惠，从此高恩竟不洪。”[1]熟知民国历史的人很容易从中读出机巧所在。这首诗中藏有三个民国法政人物，即罗文干，王宠惠和高恩洪，而它所隐射的故事则是一位财政总长的三次被捕，一批内阁成员的集体辞职，一次总统、总理、国会与军阀的四方角力，以及一场众多法律人拍案而起的奋力抗争。而这一切，都要从这首诗中的主人公罗文干说起。

北京政局诡谲，国会内阁冲突

罗文干肖像，
《司法公报》1926年第223期

罗文干，1888年生于广东番禺。1904年，他留学英国牛津大学，攻读法学，后入四大律师公会之一的“内寺院”修习。[2]1909年，罗文干学成归国，得授法科进士，在广东担任高等审判厅厅长等职。[3]1914年，罗文干调任北京政府总检察厅检察长。在此任上，他经历袁世凯筹备复辟，“筹安会”鼓吹帝制。身处北京的他力主将破坏共和之人予以法办，事情遇阻后,他又挂印南下,其耿介性格,可见一斑。[4]袁世凯死后,他复归中央,于1921年任司法总长,1922年任大理院院长,同年9月被“好人政府”总理王宠惠(美国耶鲁大学法学博士)延揽入阁,授财政总长。[5]

所谓“好人政府”,是指1922年9月由总理王宠惠组建的内阁政府。当时王宠惠、罗文干等人以《我们的政治主张》一文提出“好政府”的主张,王氏内阁遂有此谓。罗文干作为王宠惠的至交好友,也成为好人政府的骨干。

好人政府的上台是政治力量博弈的结果。从1922年7月下旬开始,以总统黎元洪为代表的总统府和众议院议长吴景濂领导的国会便就内阁问题开展了幕后商议。王宠惠还需要获得地方实力派的支持。当时直系当权,而直系中又存在曹锟的津保派和吴佩孚的洛吴派两个分支。王宠惠为了获得吴佩孚的支持,在拟定内阁名单时,每个提名都先电告洛阳,甚至还特地安排了与吴关系密切但缺乏政治资历的高恩洪和孙丹林入阁。另边厢,吴景濂却又与直系军阀之间存有默契,即当时的大总统黎元洪只是一个过渡,曹锟将被扶上总统宝座,而吴景濂则将出任总理组阁。[6]这一政治安排,显然为好人政府的命运蒙上了一层阴影。

更加令人担忧的是,在这种微妙而复杂的政治格局之下,好人政府在一开始就与国会存在不合。好人政府中内务总长孙丹林、交通总长高恩洪两人资历浅薄,不为国会接受。王宠惠在得知国会将否决这两个提名的消息后,便决定不把名单提交国会审核。国会不断致函总统,索取内阁名单,黎元洪却再三推辞。不得已,国会只能转而要求总理去国会接受质询,以加批判,但王宠惠也看出国会意图,从不出席。这种情形导致双方矛盾日深。[7]据好人政府外交总长顾维钧(美国哥伦比亚大学法学博士)的回忆,在一次外交部的宴会上,吴景濂当着四十多名宾客的面质问王宠惠:“你是总理吗?你是什么总理?你对宪法还有丝毫尊重吗?”[8]

好人政府总理王宠惠,《司法公报》1912 年第 1 期

总长深夜被捕,引起朝野震动

随着冲突的升级,事态最终演化为财长罗文干的被捕。吴景濂之所以选择罗文干下手,一则是因为罗文干是好人政府的支柱,地位重要,二则是因为罗吴之间已有冲突,罗文干曾经以国库空虚为由,拒绝拨付预算中本应拨给国会的经费。[9]

当时北洋政府所借欧洲债券陆续到期,欧洲债权人委托华义银行同中国交涉，要求中国或偿还借款，或另发新债。罗文干急于开辟财源使政府度过难关，便未经国会同意而签订了借款合同。合同签订后，华义银行以支票形式支付财政部借款 8 万英镑和手续费 3.5 万英镑。[10]由于罗文干抱恙，所以合同签订是在罗府，支票也在此时给付。吴景濂抓住此事程序上的瑕疵，于 1922 年 11 月 18 日携众议院副议长张伯烈前往总统府，指控罗文干不经国会同意，擅签借款合同，收受银行贿赂，损害国家权益。他们不仅呈上罗文干亲笔签署的借款文件和华义银行支付财政部的支票作为物证，还带来了华义银行买办李品一作为人证。在吴景濂等人的催促和坚持下，黎元洪下令拘捕罗文干。

当晚，罗文干和财政部库藏司司长黄体濂分别在家中被捕，于京师地方检察厅看守所羁留。罗文干被捕时乃系半夜，斯时军警数十人突至其寓，声称总统有事急请入府。罗文干上车后，便被送至警察厅，被羁于一室。作为法律人的警觉让罗文干质问警察：此为何事？若系逮捕，拘票何在，所犯何罪？[11]在场警察无一能答。不久，警察总监亲至，称逮捕系奉总统口谕，为其收受华义银行贿款一事。[12]

罗文干的被捕引起朝野震动。王宠惠、顾维钧和高恩洪等人夤夜往探，欲行保释。罗文干不愿出狱，表示："任意逮捕，任意释放，天下无此便宜之事，今只可径往看守所，非事大白，决不回家。"[13]当其被送至京师地方检察厅时，检察长认为案件毫无头绪，不愿收押，罗文干再三坚持，甚至写下供词，最后方被留宿于检察长办公室。[14]

翌晨，顾维钧入府交涉罗案，见黎元洪、吴景濂以及参议院议长王家襄、卫戍司令王怀庆等人俱在，便开门见山地指责：根据宪法内阁向总统负责，未知会政府、总理或司法总长便逮捕阁员，不仅非法，而且是政府之耻，会造成恶劣的国际影响。[15]同日，王宠惠召开紧急国务会议，批评当局对现任财长，仅以嫌疑，不经阁议，便行逮捕，所行非当。

内阁决议此案应由法庭处理，实则严惩罗氏，虚则反坐吴氏。[16]黎元洪经过权衡，派遣炎威将军金永炎礼请罗文干出监。罗文干执意不肯，直至11月25日才在平政院长汪大燮、税务督办孙宝琦等人的敦请之下，取保候审，移住总统府礼官处。[17]

梁启超得知此案，对其中违法之处心生愤怒，撰文《对于罗文干案国民所应持的正义》，质问警察总监根据何法深夜拿人，黎元洪根据约法何条擅自命人拘捕。他还痛斥吴景濂、张伯烈是盗用国会印信、假借议长名义威逼行政机关的首犯，指责黎元洪系吴、张从犯，听信教唆，乱发命令，主张追究三人“众目昭彰”之罪。[18]

与此同时，围绕罗案的政治博弈正暗流汹涌，并且局势是朝着不利于他的方向发展。11月20日，吴佩孚电责黎元洪下令逮捕罗文干乃违法之举，有意加以维护。同日，众议院却通过决议“咨请政府查办派署财政总长罗文干丧权祸国纳贿渎职一案”，“先将罗文干现职褫夺，后并依法交法庭依法严重办理”。[19]11月23日曹锟致电黎元洪，认为罗文干受贿渎职，丧权辱国，应组织特别法庭，予以严办。[20]其后，直隶省长王承斌发表公电，要求将罗文干转移管辖，公开审判，以正纲纪。[21]其他直系将领纷纷通电响应，吴佩孚不敢违抗，只能通电表示自己与王、罗二人素昧平生，不会曲庇。[22]11月25日，好人政府内阁宣布全体辞职，4日后辞呈被准，罗文干亦被免职。[23]

就在好人政府正式倒台的当日（11月29日），罗文干被检察厅判令收押，被单独羁于看守所中一间小室。[24]虽然政局恶化，再次被拘，但检察官“当时都认为司法独立，应本独立不羁精神，尽其职责”（胡宝麟语），[25]这不能不谓罗氏之幸。经过2个月的调查，检察厅于1923年1月11日出具了长达一万字的《京师地方检察厅侦查罗文干等办理奥国借款展期合同一案不起诉处分书》，认为借款合同诚不得已，收受贿赂查无实据,应当不予起诉。[26]

罗案再起波澜,举国法曹抗议

罗文干当日得返家中,然而吴景濂却未善罢甘休。1923 年 1 月 17 日,众议院再次通过决议,要求法办罗文干。新内阁教育部长彭允彝亦在内阁中提议追查罗案。于是,司法总长程克下达部令,由京师地方检察厅将罗文干、黄体濂再次拘捕。[27]

这次拘捕立即引起了极大反弹。首先是北京大学校长蔡元培认为教育总长彭允彝的提案行实无耻,不愿与之共事,便提出辞呈,并在政府公报发表声明,不能干涉司法独立,蹂躏人权。蒋梦麟、胡适等各教员领导亦以"干涉司法有污教育尊严,教育界不能不自重人格"为由提出辞职。北大学生 2700 余人集会声讨彭允彝"摧残教育,干涉司法",请求国会否决彭案、政府罢免彭职。[28]法律界的声讨之声更是席卷各地。修订法律馆总裁江庸发表通电"司法总长破坏法令,司法独立绝望,法律徒存具文, 何必从事修订",提出辞职。[29]其后,修订法律馆自副总裁以下陆续跟随,整个部门除一人外竟全部辞职。[30]东三省特别法院电告司法部、大理院、总检察厅、律师公会等,批评罗案缺乏合法告诉人,不容再议;纵有新证,也应依法处置,不能命令再议;再行羁押,破坏法权,危害司法独立。直隶、湖北、安徽、河南、山东、江西等地云起响应。[31]上海律师公会电请北京同业予以调查。[32]甚至连京师高等检察厅也对京师地方检察厅的做法进行诘问。[33]

对此,司法总长程克不为所动,严厉打压异见。他先是调换京师高等和地方检察厅的检察长以及原来主办罗案的检察人员,接着又将东三省特别法院院长李家鳌以及湖北、直隶两省的司法官员进行撤换。此举引起各地司法机关的强烈不满，东三省特别法院法官宣布全体辞职，并且以《临时约法》“法官在任中，不得减俸或转职，非依法律受刑罚宣告，或应免职之惩戒处分，不得解职”的规定抵制部令。[34]

在此情况之下，检察厅久查不决，将罗文干羁押数月方以“伪造文书、诈欺取财”的罪名起诉至京师地方审判厅。[35]此案由检察官杨绳藻公诉，刑事第一庭审判长李受益、推事吴廷桢、吴奉璋审理。为罗文干辩护的则是前国会议员刘崇佑律师。

刘崇佑首先从程序上辩称起诉于法不合。他认为总统黎元洪除了发布拘捕命令之外，再无其他行动，不能构成本案的告诉人；国务院既非告诉人，便无理由声请撤销地方检察厅的不起诉决定；撤销不起诉决定的命令既不合法，检察官所提起的公诉便属非法，法庭应当不予受理。接着，他又就犯罪的实体问题进行辩护。有关伪造公文书罪，刘崇佑辩称展期合同未经阁议是因罗文干认为此系财政部职内之事，无需交议，何况对此并无明文规定，不属违规；纵使应议未议，也属手续问题，仅负行政责任，不能成立刑事犯罪；而且罗文干在签约之前已将此事咨呈总理批准，事后也在公府会餐席上向内阁成员报告，不可谓擅自签约。有关诈欺取财罪，罗文干被指收受的八万英镑已交付交通部和中国银行，已经查明，不属贿款。检察官还提到了损失国家财产罪的问题，对此刘崇佑辩称，该罪以“图利自己或第三人或图害国家公署背其职务损害国家财产”为构成要件，罗文干展期借款时国家财政濒于破产、历年欠债，不借新款能否避免损失值得研究；至于图利自己或第三人，或图害国家等项均无证据证明，不能推定有罪。[36]

经过审理，刘崇佑有关起诉非法的意见未被接受，但有关犯罪实体问题的意见则得到了支持，法庭于1923年6月29日作出判决，以其“或行为不能成立犯罪，或犯罪嫌疑不能证明”，[37]判令罗文干无罪。

一个有意思的情节是，根据顾维钧的回忆，罗文干遭到公诉期间北京政坛再起波澜，黎元洪总统下野离京，曹锟派人延请顾维钧入阁出任外交总长。顾维钧坚持在罗文干案解决之前拒不就任。于是吴景濂、程克等人向顾维钧保证会使罗得释。顾维钧主张应由司法总长下令撤销公诉。吴景濂便要程克照此执行，程亦表示没有问题。顾维钧在获此承诺后，同意就职。[38]然而实际的情形是，罗案的公诉并未撤销，而是由法庭照常审理，并由法庭宣告无罪。而且，就在罗文干被判无罪出狱不久，京师地方检察厅就立即声请抗告，将罗再次收押。罗文干真正获得自由的时候乃是1924年的2月，地方检察厅向高等审判厅撤销上诉，而此时距他首次被捕已经一载有余了。

总长三入囚室，记录种种情形

罗文干以总长之尊三入囚室，也获得了从当局者的视角观察、反思中国司法的机会。后来他发表《身受之司法滋味》一文，详细记述了自己被捕、被囚的经历与感受。其中他在移羁普通囚室期间的回忆当是我们了解民国看守所情形的一段有趣的材料。当时他已被起诉，地方检察厅下令，认为被独立关押的罗文干饮食起居异乎常人，命将迁入普通囚室。对于普通囚室的情形，他描写道：

> 北京看守所附设于地方检察厅署后，董绥金（康）长司法部，乃建今之看守所，原计划拟容二百五十人，每室容五人，乃今看守人犯已达七百之数。予居录事室旁时，每夜闻隔室所官接收人犯，最少约在五六十人。其中百分之九五，为烟赌小窃轻微犯，而每犯人入狱，无论有罪无罪，大抵最快非一月半月不结。普通亦

在半年以内,甚有三数年者。其未起诉之犯,常川在一百五十人以上。囚犯日积日多,看守所之所政,遂亦受其影响矣。

人数既多,囚室又少,于是十数人住居一室,气味之臭,不言而喻。自二十七年夏薛(笃弼)次长查察后,乃始有浴室,然而每星期只洗一次。每次五十人同浴一池,似此则犯人之不洁,更无待言。囚室每日开两次,以便犯人如厕,狱中曰放茅。每厕设便桶四个,所中厕不过数间,秽气逼人。每晚锁门,狱中称曰上封。犯人便溺亦不得出。此看守所之卫生情形也。(闻新所长已将厕所整顿)

人数既多,管理亦不得不严,管理严则犯人种种无不受干涉。例如放茅,亦限时刻,从旁干涉。所丁之作威福者,甚至殴打人犯者有之,恫喝其小焉者耳。所例每日得放犯人出院外十数分钟,呼吸空气,狱中称曰溜风。然因人多地小,往往有数日不见太阳者。按法律只限于有逃亡情形,或有强暴行为者,始加镣锁,而所中则郎当之声,时时充耳,所中可任意处分。十数人日居一室,既无工作,坐卧不宁,适用监狱最严之管理法,而无监狱之设备,此看守之管理情形也。

人数既多,经费复少,囚犯饭食起居遂苦矣。予十一年一月入狱,时已严冬,而普通囚室,于十二年正月乃于过道中设置火炉二个,所中贫犯,应由所备衣服被褥,其实则有名无实也。被褥铺设,惟于外客参观时有之,客去即撤。所中名为有水厕,其实此水厕亦供外客参观之用。早晨十人同一洗脸盆,漱口水无有也。犯人疾病医药品,有时竟以无经费而不购备,此看守所之经费情形也。[39]

罗文干在普通囚室被囚半月左右,顾维钧便复任外交总长,将其情况向程克说明,便由程克下令准重新优待,但罗文干却不愿搬出,只请准读报、抽烟和写字。再过一月,他便被判无罪出狱。但此时已染肺疾,遂入协和医院疗养。[40]

罗案彻底解决后,罗文干曾于北京执行律师职务,还曾因青岛“华洋诉讼日见纷繁”,决计与朱学曾一起前往青岛执业。[41]但同年7月,他又受教育部之任命,出任俄退还庚款委员会委员,以后历任北京政府的司法总长、外交总长和南京国民政府司法行政部部长、外交部长等职。1934年罗文干告别政坛,于西南联大教授中国法制史。1941年,罗文干因罹患疟疾,病逝广东。[42]

注释

1.“罗文干之风骨”,载许金城辑:《民国野史》(近代中国史料丛刊第九十八辑),文海出版社,第188页。

2. 石建国:“罗文干:曾三度入狱的外交总长”,载《世界知识》2008年第14期。

3. 陶永江、陶仁人:“政海妙人罗文干”,载《钟山风雨》2008年第1期。

4.“罗文干二三事”,载许金城辑:《民国野史》,第185页。

5. 毕连芳:“北洋财长罗文干案”,载《检察风云》2006年第11期。

6.《顾维钧回忆录》(第一分册),中华书局2013年版,第231-233页。

7. 同上注,第233-234页。

8. 同上注,第235页。

9. 同上注,第234页。

10. 同注5,毕连芳文。

11. 同注4,许金城书,第186页。

12. 罗文干:“身受之司法滋味”,载《晨报六周年增刊》1924年第12月期。

13. 同上注。

14. 同上注。

15. 同注6,第239页。

16. 经先静:“内阁、国会与实力派军阀——20世纪20年代罗文干案始末”,载《史学月刊》2004年第4期。

17. 同注12,罗文干文。

18. 梁启超:“对于罗文干案国民所应持的正义”,载《兴华》1922年第19卷第46期。

19. “众议院议长吴景濂等宣布议员余绍琴等提出查办罗文干案并议员李文熙等动议罗文干所订合同声明无效均经大多数可决电(十一月二十三日)”,载《参议院公报》1923年第3期第2册,第41页、第45页。

20. 同注16,经先静文。

21. “天津王省长请将罗文干移转管辖公开审判以正纪纲电(十一月二十五日)”,载《参议院公报》1923年第3期第2册,第53–55页。

22. “洛阳吴巡阅使主张罗文干应受刑事裁判内阁亦当联带负责电(十二月三日)”,载《参议院公报》1923年第3期第3册,第37页。

23. “大总统令(中华民国十一年十一月二十九日):署财政总长罗文干着即免职此令”,载《来复》1922年第232期。

24. 同注12,罗文干文。

25. 周默:“罗文干案:司法界的独立战争”,载《看历史》2011年第5期。

26. 同注16,经先静文。

27. 同注5,毕连芳文。

28. “教部学潮”,载《兴华》1923年第20卷第4期。

29. 同注16,经先静文。

30. 张勤:“法律精英、法律移植和本土化:以民国初期的修订法律馆为例”,载《法学家》2014年第4期。

31. 同注25,周默文。

32. 同注5,毕连芳文。

33. 同注25,周默文。

34. 同注16,经先静文。

35. “罗案判决书”,载《法律评论》1923年第3期。

36. “罗案判决书(续前)”,载《法律评论》1923年第4期。

37. 同上注。

38. 同注6,第246–247页。

39. 同注12,罗文干文。

40. 同上注。

41. “罗文干朱学曾两君将赴青岛充律师”,载《法律评论》1924年第49期。

42. 同注2,石建国文。

律师江庸与朝阳法科

江庸,字翊云,1878年生于四川璧山。江庸出身书香门第,祖、父两辈均学优而仕,为官一方。其父江瀚思想开明,与维新派人物梁启超、杨锐等人过从甚密。1901年江庸参加官派留学,先后就读于日本成城学校和早稻田大学法制经济科。1907年江庸学成归国,先后被授予法政科举人、进士出身。

自归国后,江庸长期任职于司法机关,先后担任清朝京师法政学堂总教习、法律馆专任纂修、大理院推事等职。民国初年,江庸仍然活跃于政治舞台,先后担任大理院推事、司法次长、司法总长等职。1920年至1924年,江庸出任修订法律馆总裁,[1]罗文干(英国大律师资格,后任财政总长、司法总长等职)、杨肇熉(后为上海特区地方法院首任院长)等人均于其手下任事。

1923年,司法总长程克越权下令逮捕前财政总长罗文干,江庸通电全国:"司法总长破坏法令,司法独立绝望。法律徒存具文,何必从事修订,因于本日辞职。"[2]他的辞呈产生连锁反应,最后修订法律馆的工作人员除一人外,全部辞职,成为北洋法律界轰动一时的大事。[3]这并非江庸第一次辞任要职,此前李经羲组阁、张勋复辟召其为司法总长、法部左侍郎等职时,他均避而不就。当冯国璋要其签字赦免张勋复辟的鹰犬张镇芳时,他也以辞任司法总长表达抗议。但这次从修订法律馆离职却意味着江庸对民初政坛的告别。

江庸肖像,《司法公报》1914 年第 2 卷第 4 期

辞任政府要职,成为律师领袖

1924 年,辞去公职的江庸在北京开始执律师业。他在北京乃至全国律师界中都算得上执牛耳者,代理了一系列闻名一时的案件。1930 年代,国画大师张大千差点惹上词讼,便曾求助于江庸。当时张大千于北京举办画展,当地一些画家对其不屑一顾。山水画家谢匋均大婚

时，北京画家徐操绘以仕女图相赠，题字："比翼人兮，姗姗来迟，亦为子衡（即谢匋均）弟催装，此种画法，余合目可为之，而蜀客张某（指张大千）且以知之。玄乎，高人见之岂不冷齿乎。"[4]次年，在中国画学研究会的年度画展上，张大千与工笔画家于非闇合作一图。于非闇绘了一只彩蝶，张大千补绘了一位仕女。张于画上题诗："非闇画蝴蝶，不减马江香。大千补仕女，自比郭清狂。若令徐娘见，吹牛两大王。"诗中马江香、郭清狂均为明清时期知名画家，徐娘本是梁元帝之妃，素有轻薄之名，在此则含暗讽徐操之意。徐操见此画后，愠怒非常，便以相机拍下，直奔律所。他找来蔡礼（北平律师公会副会长）、梁柱两位律师商议此案。江庸与张大千同为蜀人，遂应张之请，为其平息此事。幸而蔡礼认为起诉不妥，徐、张双方只在报纸上展开笔战。此案后来经前教育总长傅增湘、画界泰斗王森然等人调停得以和平解决，反倒成了民国画界的一段笑谈。[5]

江庸也曾代理涉外案件。定居中国的白俄罗斯商人白托也夫生前立有遗嘱：如其妻改嫁或先其去世，则其所有财产改赠养女尼娜。白托也夫死后，其妻并未改嫁，于是继承遗产，并每月拨给尼娜 600 元钱。白托也夫夫人后来亦立遗嘱，表示其死后 10 周年时将把除应付之津贴及遗嘱执行人的报酬外的所有财产捐建慈善院和工艺学校。白托也夫夫人去世后，尼娜主张自己有权继承全部财产，而白托也夫夫人的遗产管理人瓦西列则认为应根据其遗嘱处分遗产。此案从天津地方法院一路诉至最高法院，历时 3 年，其中江庸、戴修瓒与俄国律师列贝林担任了瓦西列二审阶段的代理律师。江庸等人认为：根据俄国法律，收养子女与亲生子女之继承规则完全不同，因此尼娜只能以养女资格主张继承。按照当时中国民法规定，养子且不能继承财产，只有酌给财产的请求权，何况养女？而且任何人对其私产均可用遗嘱进行自由处分,不受任何限制,即使其有亲生子女亦复如是。白托也夫夫人已经立有遗嘱,根据俄国法律当属有效,应予支持。[6]

除了代理案件,江庸也往往在报刊媒体上对当时的重大案件发表评论。1935 年,北平志成中学女体育老师滕爽在宿舍中被人连开 7 枪,当场毙命。凶手甫出校门,即被擒获,竟是一名 24 岁的花样女子,名为刘景桂,乃北华美术专科学校中国画系学生。[7]此案一出,举国哗然,随着审讯的进行与记者的调查,一段三角恋情浮出水面。

原来凶手刘景桂与死者滕爽皆与运动员逯明相恋。逯明与滕爽相识在先,并订有口头婚约。后来两人屡起争执,便将婚约抛诸脑后。逯明继与刘景桂交往,亦订婚约。就当刘氏等待与爱人步入婚姻殿堂的时候,竟然收到逯明的退婚之信。信称二人婚约遭逯父反对,而且二人性格迥异,恐难相处,不如早散。刘氏执意不肯,逯明却径与滕爽成婚。刘氏得知后,愤而欲讼,后经人调处,方以逯明赔偿 600 元而同意销毁婚约。[8]但后来刘氏对逯明旧情难忘,屡屡致以情书。两人于是私相约会,多次偷欢。每次事后,刘氏均对逯明要求结婚,逯明也均应允。一次,两人于北京旅馆私会,临别之时,逯明态度骤变,再次悔婚。刘氏因之恨意爆发,迁怒于滕,购枪杀之。[9]

此案引起众多媒体讨论,很多人对刘景桂抱有同情之心。当时北平妇女各界联合会发表宣言:"刘滕案不但是我们女界的不幸,当然也是现代社会的一个严重问题。这个凶杀的根本起因乃在社会而不在个人。"[10]在这样的背景下,北平地方法院作出一审判决,判令刘景桂杀人及妨害风化罪成立,然情状可悯,以最低刑期判处其有期徒刑 12 年。

判决公布后,江庸即于《法律评论》发表"为刘景桂谋杀案正告检察官"一文。江庸认为,根据刑法,预谋杀人当处死刑,"而此案真相,人所共知，今竟处以最低度之刑，亦若世上豫[预]谋杀人，无如刘景桂之可原，滕爽之该死者，诚令人大惑不解。"[11]他引用《大公报》的社评，批评刘景桂将怨毒集于无辜之滕爽，"一再寻杀，连击7枪，貌似悲壮，情实冷酷。此等凶人，殊不解其可以悲悯者，究其所在，吾人甚恐此项判决，将贻社会以奖励犯罪之恶影响也。"[12]他认为，自民国设立法院以来，在轰动一时的杀人案中，法官处刑失之过轻的，实在没有比此案更严重的了。因此，他向检察官呼吁，对如此不当之判决，如不提起上诉而任其确定，则"我国之检察制度，亦真可以废矣。"[13]此案后来果经抗告，以无期徒刑作为终审判决。

晚年江庸，
《新希望》1949年第1期

江庸对律师界的事务一向热心，也往往被推为律界领袖。1923年，国际律师协会在菲律宾召开大会，江庸认为，中国司法不为外人所信任，国人除自行改良之外，也应进行解释和宣传。"律师皆深知司法甘苦之人，我国律师，关于我国司法之谈话，其信用力当什百于我国政府之布告、报纸之宣传"，[14]此次中外律师之交流，实为中国撤销领事裁判权的先机。因此，江庸在《法律评论》上撰文号召："吾视国际律师协会与我国司法之关系，如是其重；故愿京外律师公会之明星，溽暑遄征，联袂而赴。"[15]1936年，江庸又与陈耀东同受中华民国律师协会之推举，获司法行政部核准，代表中国律师出席于维也纳举行的国际律师协会年会。[16]1920 年代，上海律师公会派员同北京当局交涉收回会审公廨时，江庸被推为驻京代表，负责同北京当局就近交涉。[17]1930 年代震惊全国的“七君子”事件中，江庸也力救同业，出任被捕律师王造时的首席辩护律师。

建设朝阳大学，桃李遍布天下

中国近代法律教育可追溯于 1861 年同文馆“万国公法”课程的开设。1905 年，伍廷芳、沈家本联名奏请设立京师法律学堂，成为吾国设立法律院校之先声，随后各地纷纷设立法政学堂。至 1912 年，全国法政学堂已达 64 所。[18]同年，《法政专门学校规程》颁布，开宗明义地规定：“法政专门学校，以养成法政专门人才为宗旨。”正是在这一背景之下，江庸会集汪有龄等法律界同仁，以北平朝阳门内海运仓为校址，创办私立朝阳大学（后改名私立北平朝阳学院），推汪有龄为首任校长。[19]根据《朝阳大学概览》记载：“本校由前任校长汪子健先生（即汪有龄）暨现任校长江翊云先生纠合同志，捐资创立，于民国二年七月成立，八月举行入学试验，九月开学。翌年五月，经北平前教育部第六号布告正式认可。”[20]江庸后来长期担任朝阳大学（朝阳学院）的董事、校长（院长）之职，亲手打造了这一民国法学教育的重镇。

朝阳法科在办学之初除创校者江庸、汪有龄等人亲自授课外，还延揽了大批法学泰斗。教员中富有实践经验者如前总检察厅检察长朱深、汪爔芝，前大理院推事朱学曾、胡锡安、徐维震等；载誉归国者如英国伦敦大学法学博士郑天锡、美国西北大学法学博士徐恭典、美国耶鲁大学法学博士燕树棠等；还有外国学者如日本法学博士冈田朝太郎、岩谷孙藏，日本早稻田大学讲师巽来次郎等。[21]据不完全统计，

1912－1933 年朝阳法科聘请的专、兼职教员有 327 人之多，其中在日、德、英、美等国留学，获得法学硕士、博士学位者高达 150 人。[22]师资力量不可谓不雄厚。

在课程设置方面，《朝阳大学学则》规定的课程包括宪法、行政法、刑法、民法、商法、刑事诉讼法、民事诉讼法、强制执行法、破产法、法院编制法、国际公法、国际私法、法制史、罗马法、法理学。对于外国法，学生须于德日法或英美法中择一学习；对于外语，则须于英文或德文中择一学习。此外，该《学则》还将诉讼实习作为法科学生的一门必修课。[23]根据 1947 年第一学期的《私立朝阳学院各科系课程一览表》，当时开设的必修课已扩展到公司法、海商法、保险法、票据法、破产法等法学专业课，以及中国通史、世界通史、国文、体育、普通心理学等通识课。此外，学生还可选修经济学、政治学、社会学、监狱学、犯罪心理学以及毕业论文等课程。[24]

在教材上，朝阳法科的教员们往往自编，学生亦自发进行裒集、勘校与注疏。[25]1917 年，朝阳法科印制了首版《朝阳大学讲义》，江庸亲题书名，汪有龄亲撰序言。汪序说明了此讲义编写的原委："朝阳同学蒋铁珍等一百二十九人，既毕业，乃裒集三年来之讲义及闻诸先生之日授者，以为讲义录。"[26]朝阳大学教务长夏勤更在第二版讲义的序言中称赞："本校自创办以来，教科首重法学。凡主讲斯学者，皆当代名流。所授讲义，类网罗欧美鸿喆著述，而撷其菁英，参酌吾国现行法令，以评其得失。学者由此研求，既事半而功倍。政家资为考镜，亦驾轻而就熟。所以嘉惠士林，开拓学圃者，为效尤巨。"[27]对于这些讲义在法律界的影响，朝阳法科毕业生潘久维回忆道："当时人们都知道，母校数十年间的各课讲义价值连城。全国各大学法律院系的师生和各级司法官员大都托人甚至高价争购母校的讲义（包括已经阅读过的旧讲义),都以案头放有朝阳讲义为荣!"[28]

在教学上,朝阳法科要求严格、方法先进。所有学生均被要求备有《六法全书》,随时记诵。[29]学校还常向学生分发各级法院判例,以指导学习。[30]每次上课,皆有教务或事务人员携带学生名册,点名签到。[31]除了提纲式的讲授,朝阳法科也采用英美法学院常用的讨论课(Seminar)、案例教学法等教学方法。发端于美国法学院的法律诊所(当时谓之"法律救助社")亦在该校得以设立。学校还鼓励学生建立法学社团,组织监狱参观、旁听法庭审判、开展模拟法庭等活动。[32]

扎实的教学使朝阳法科成为民国法学院的标杆。1929 年,世界法学会特邀朝阳大学出席大会,江庸作为代表前往。此次会上,各国代表将之谓为"中国最优法校"。[33]朝阳法科素以培养司法官员闻名,亦因其毕业生在司法官考试中的出色表现屡受嘉奖。1918 年司法部嘉令:"此届法官考试,该校毕业各员,取录较多,且占甲等前列者,尤不乏人。"1927 年司法部嘉令:"本部历届考试法官,取录在前者,多属该校学生,此次录取三十九名,就中王材固一名,又以第一人及格。" 1931 年司法行政部批示:"本届法官初试,该学院毕业学生录取,几及三分之一复多,名列前茅,具征成绩优良,良深嘉慰。"[34]朝阳毕业生戴昭回忆:"每逢司法考试,朝大毕业生录取率,为全国各校之冠,分发各级法院任推事检察官者,如过江之鲫。"[35]因此,当时司法界竟有"无朝不成院"、"无朝不开庭"的说法。[36]虽然朝阳学生多任法官,但也不乏操律师业者。1934 年北京律师公会新入会的 80 名律师中有 39 人为朝大毕业生,前述的北平律师公会副会长蔡礼亦是出自朝大。[37]

在培养学生之外,朝阳法科还通过期刊《法律评论》将其影响力辐射到整个法学界。《法律评论》是 1923 年江庸告别政坛后所创办的。他在《发刊词》中指明办刊动机:"吾人无拳无勇,窃不自量,思以言论尽其微薄之力，为司法之一助者此也。”[38]《法律评论》的存在为中国法学界增添了一股新风。1924年，值该刊创办一周年时，江庸总结道："若一新法令颁行，于人民有利害之关系；一新判例发表，于学理有研究之价值，本社则以为推求其利弊，商量其得失，为职志之所在，而不敢安于含默。”[39]这种坚持使其广受欢迎。“京外购阅者，以法官律师为多，而学习法政之学生亦不少，最多朝阳大学，有此种种原因，故销路日形发达。”[40]

在朝阳法科的教学和管理经验使江庸对法律研究和教育有着深刻的洞见。1929年，江庸在《新朝大》发表《今后研究法政应有之努力》，批评“我国近二十年来，言政治法律之学者日众，然皆趋重泰西之说，而于本国政治，每忽焉不讲。国情既异，民俗尤殊，强此就彼，往往有削足适履之虞”，主张亦应重视中国“历代之制度典章，因革损益”。[41]1935年，他以朝阳学院院长的身份在全国司法会议上提出《扩充法律教育案》，倡导取消法律系学生名额限制，择优补助法律院校。[42]

由于朝阳法科为民国法律界培养了众多精英，地位超卓，民国报纸将江庸视为当时法律界中与英美系、日法系鼎足而三的北洋系领袖，更称其“桃李遍天下”。[43]这种资历和地位，使江庸得以律师身份入选国民参政会主席团。1949年，他又受国民政府代总统李宗仁之托，与章士钊、颜惠庆、邵力子北上向中共试探和平之可能。同年秋，他在毛泽东的函请之下，飞赴北京，出任全国人民政治协商会议委员。而朝阳学院则于北平解放后由人民政府接管，改为中国政法大学，次年并入人民大学。江庸以及朝阳师生们，将以另一种方式延续朝阳法科的故事。

注释

1. 江靖：“忆父亲江庸”，载《世纪》2008年第2期。

2. 陶永江、陶仁人:“政海妙人罗文干”,载《钟山风雨》2008年第1期。

3. 张勤:“法律精英、法律移植和本土化:以民国初期的修订法律馆为例”,载《法学家》2014年第4期。

4. 崔普权:“北平画界的一场笔讼风波”,载《北京档案》2013年第3期。

5. 同上注。

6. 裴赞芬、刘韬:“档案记载的民国时期一桩涉外案件”,载《档案天地》2006年第2期。

7. 艾琦:“一起刑事案件引发的讨论”,载《中国档案》2005年第4期。

8. 全国图书馆文献缩微复制中心编:《北平地方法院刑事判决案卷》(上册),全国图书馆文献缩微复制中心2005年版,第3-15页。

9. 全国图书馆文献缩微复制中心编:《北平地方法院刑事判决案卷》(下册),全国图书馆文献缩微复制中心2005年版,第682-683页。

10. 同注7,艾琦文。

11. 江庸:“为刘景桂谋杀案正告检察官”,载《法律评论》1935年第12卷第27期。

12. 同上注。

13. 同上注。

14. 江庸:“敬劝京外律师赴斐律宾国际律师协会”,载《法律评论》1923年第2期。

15. 同上注。

16. “律师协会出席国际律师协会代表报告”,载《法学丛刊》1936年第4卷第8-9期。

17. “上海律师公会推江庸君为驻京代表交涉公廨案”,载《法律评论》1924年第54期。

18. 姚琦:“论清末民初的法政学堂”,载《华东师范大学学报(教育科学版)》2006年第24卷第3期。

19. 于语和、金大宝:“朝阳大学与我国法制近代化论略”,载《安徽大学法律评论》2003 年第 3 卷第 2 期(总第 5 期)。

20. “朝阳大学概览”,转引自李秀清:“品读朝阳”,载《比较法研究》2013 年第 3 期。

21. “至 1933 年曾任朝阳学院法科教员名录”,转引自俞江:“20 世纪 30 年代初的朝阳学院——《朝阳学院概览》笔记”,载《朝阳法律评论》2012 年第 2 期。

22. 邱志红:“朝阳大学法律教育与北京律师的养成”,载《朝阳法律评论》2009 年第 1 期。

23. “朝阳大学学则”,转引自俞江:“20 世纪 30 年代初的朝阳学院——《朝阳学院概览》笔记”,载《朝阳法律评论》2012 年第 2 期。

24. “私立朝阳学院各科系课程一览表(三十六年第 1947 年度第一学期)”,转引自邱志红:“朝阳大学法律教育与北京律师的养成”,载《朝阳法律评论》2009 年第 1 期。

25. 李秀清:“品读朝阳”,载《比较法研究》2013 年第 3 期。

26. 汪有龄:“初版序”,载夏勤、郁嶷合述,王选疏:《法学通论》,民国十六年版。

27. 夏勤:“再版序”,载夏勤、郁嶷合述,王选疏:《法学通论》,民国十六年版。

28. 潘久维:“朝阳——我亲爱的母亲”,载薛君度、熊先觉、徐葵编:《法学摇篮朝阳大学》(增订版),东方出版社 2001 年版,第 384 页。

29. 范平:“朝阳学院复员北平杂忆”,载薛君度、熊先觉、徐葵编:《法学摇篮朝阳大学》(增订版),第 116 页。

30. 张钧、董芳:“朝阳大学与中国近现代法学教育”,载《法学杂志》2004 年第 6 期。

31. 程波:“‘法学津梁’——法学家夏勤与朝阳大学”,载《朝阳法律评论》2009 年第 2 期。

32. 同注 22,邱志红文。

33. 同注25,李秀清文。

34. 俞江:“20世纪30年代初的朝阳学院——《朝阳学院概览》笔记”,载《朝阳法律评论》2012年第2期。

35. 戴昭:“校庆前夕忆往事”,载薛君度、熊先觉、徐葵编:《法学摇篮朝阳大学》(增订版),第292页。

36. 同注19,于语和、金大宝文。

37. 同注22,邱志红文。

38. 江庸:“发刊词”,载《法律评论》1923年创刊号。

39. 江庸:“法律评论周岁志感”,载《法律评论》1924年第53期。

40. 同上注。

41. 江庸:“今后研究法政应有之努力”,载《新朝大》1929年创刊号。

42. 江庸:“扩充法律教育案”,载《法学杂志》1935年第8卷第5期。

43. 侧帽:“江庸桃李遍天下”,载《万象》1946年第3期。

刺客博士女律师的传奇人生

郑毓秀，1891 年生，广东宝安人。郑毓秀曾祖为官，祖父不欲遵循先辈“学而优则仕”的教训，出走家门，经商于港粤之间，积累起巨额财富。郑家祖宅富丽堂皇，民国时期，旅粤西人往往慕名往观。[1]郑家所修绮云书室亦是深圳历史上规模最宏大的私人书室。[2]正是这样一个家庭日后培养出了性格奇崛的郑毓秀。

郑毓秀自小反叛。她幼年时裹足之风仍颇兴盛，而年仅五六岁的她却立抗母命坚拒裹足，使她日后行旅千里成为可能。[3]待其稍长，郑毓秀便随亲人游历香港，后于北京一所女子学校念书。[4]当时郑家给郑毓秀谋定了与两广总督之子的婚约。但当对方催促成婚时，郑毓秀却厌其不学无术、轻鄙女性，而亲自修书悔婚。毁弃婚约在传统中国乃是惊天大事，郑氏双亲备感贻羞，郑毓秀也饱受批评，于是离京赴津躲避人言，于一所美国人主办的学校继续学业。[5]

旅日入同盟会，返京入刺杀团

1907 年，郑毓秀同姐姐赴日留学，崇尚自由的她很快便接受了革命思想，在廖仲恺的介绍之下加入了同盟会。[6]当时同盟会的反清行动除了革命，亦有暗杀。斯时革命志士将暗杀视为革命之序曲。刺杀“五大臣”的吴樾在其遗著《暗杀时代》中写道：“‘今日为我同志诸君

郑毓秀代表中国出席万国女子参政同盟会,
《妇女杂志》1923 年第 9 卷第 6 期

之暗杀时代,他年则为我汉族之革命时代。'欲得他年之果,必种今日之因。"[7]这种甘为薪柴、自燃殉国、以血醒世的烈士情怀激荡在不少革命青年的心中。律师章士钊、学者蔡元培、刘师培、陈独秀等皆曾加入暗杀团体,从事暗杀活动。[8]正是在这种历史的洪流之中,不让须眉的郑毓秀亦拿起枪弹,回到北京参与暗杀。

1909 年年底,汪精卫与黄复生来京筹划刺杀摄政王载沣。郑毓秀接受汪之指导,自天津偷运炸药来京。京畿重地管制甚严,为了完成任务,郑毓秀甚至想出与外国男士同挽而行之法来避人耳目。后来郑屡借省亲之名,以一弱女子之姿态运送炸药往返于京津之间,不期博得了“炸弹女郎”的美誉。[9]

武昌首义后,各地纷纷光复。为了迫使清室主动退位,和平实现南北统一,郑毓秀等人开始筹划对内阁总理大臣袁世凯的刺杀行动。1912 年 1 月 15 日,郑毓秀与其他十几名革命同志集会秘议刺杀袁世凯于其退朝回家的路上。[10]第二日,革命同志分为四组,前三组分别设伏于三一茶叶店楼上、祥宜坊酒楼和东安市场前。郑毓秀与另外两同志为第四组,驾驶马车于东华门、王府井两街之间逡巡。[11]不一时,袁世凯出现在革命党人视野之内,埋伏在茶叶店和酒楼的党人分别掷下炸弹。炸弹只有一颗爆炸,当场炸死袁世凯卫队管带袁金标以及另外一名士兵,炸伤九人。[12]袁世凯受惊疾驰。郑毓秀与另一同志见“袁车狼狈至,突出手枪击之”。[13]可惜连开两枪,均未击中,任务以失败告终。这次的失败使革命党人汲取了教训。不久,郑毓秀便再次参加针对宗社党领袖良弼的刺杀行动。[14]1 月 26 日,良弼命丧炸弹之下。

经过历次的暗杀行动,郑毓秀的处境日益危险。她先是藏身于东交民巷使馆界内,后潜逃回津。[15]在家中,她将自己从事革命活动的秘密告知了母亲。郑母听闻,深受感动。她向郑毓秀感叹女子地位卑下,鼓励她为国效力,促进女权。这席谈话,想必也为郑毓秀日后投身女权运动埋下了伏笔。不久,京畿情形继续恶化,受郑毓秀牵连,其北京亲族不得不回粤避险,郑毓秀本人也逃亡海外。[16]

抗议巴黎和会,荣膺法学博士

1914 年郑毓秀就读法国巴黎大学。郑在法国生活优渥,不仅租住大宅,而且还有管家、厨师等人服侍。加之郑毓秀本身盛名在外,又极好交际,她在巴黎的寓所便成了一批旅法学生的宴聚之地。王宠惠(美国耶鲁大学法学博士,后任外交总长、国务总理等职)、魏道明(法国巴黎大学法学博士,后任司法行政部长、驻美大使等职)等后来民国法律界的风云人物都和郑毓秀过从甚密。

郑毓秀虽身在海外,但对于中国的政治事务仍然十分热心。1919年巴黎和会期间,旅法华侨因反对中国代表团签署承认日本在山东利益的条约,接连向代表团成员请愿、抗议,郑毓秀亦是其中领袖。当时很多法科学生也都积极参与其间。比如巴黎大学法学博士王世杰、戴修骏、陈和铣均是"中国国际和平促进会"的发起人,曾同中国代表团展开会谈。

1919年6月28日是合约签订日。为了阻止签约,6月27日部分旅法学生与侨民包围中国代表团的驻地。他们甚至威胁将"不择手段"以制止代表团签字。傍晚时分,学生和侨民们在花园中遇到正欲外出的使团秘书长岳昭燏。虽然岳一再声明自己并无决策之权,但人群仍然围聚不散,质问为何支持签约。纷乱之际,一名女生用大衣口袋中的手枪抵住岳昭燏,低声威胁如果签约则取其性命。岳仓皇逃回,不敢外出,经代表团成员顾维钧(美国哥伦比亚大学法学博士)多方劝解,方才稍安。这位持枪威胁的女学生不是别人,正是郑毓秀。[17]

多年以后,已经身为驻美大使夫人的郑毓秀在纽约的聚会中追忆往昔,谈到了巴黎和会期间的那段逸事。在座的顾维钧说她当年所持之物必非手枪,应当只是树枝而已。郑笑道:"你猜得很对,可是岳先生当时真吓坏了。我那时站在一旁暗自好笑呢。"[18]

1925年,郑毓秀以《中国宪法运动:比较法的研究》为题提交博士论文,成为中国历史上第一个女法学博士。[19]然而,关于她的博士论文和答辩,却存在一些质疑之声。与郑相熟的凌其翰律师曾指她的博士论文是由王宠惠以英文代笔,再由中国驻法使馆秘书谢东发译为法文。[20]胡适则曾听旁观郑毓秀博士答辩的夏奇峰讲述,郑之答辩,"全不能答,每被问,但能说:'从中国的观点上看,可不是吗?'后来在场的法国人皆匿笑逃出,中国人皆惭愧汗下。论文是亮畴(即王宠惠)做的,谢东发译成法文的。"[21]

尽管论文写作遭到质疑,但在法求学的经历始终是她事业发展中的一笔重要财富,她与法国的缘分也远没有结束。1926 年 9 月 9 日,由于她对中法关系所做的贡献,她受到法国政府的嘉奖,获颁勋章(Legion of Honor,源自拿破仑担任首席执政官时期,用以表彰有功文武官员)。[22]

唯一之女律师,第一位女法官

博士毕业次年,郑毓秀受蔡元培之邀回国。不久,她和博士同学魏道明在上海合办律师事务所。根据当时实行的《律师暂行章程》,律师只能由 20 岁以上的男性国民担任。所以尽管郑毓秀向司法行政部申请了律师执照,也未获批。为了能够执业,她转向上海法租界会审公廨提出申请,终于和吴凯声(法国里昂大学法学博士)一起成为首批获准在法租界会审公廨出庭的中国律师。此前虽然已有法国女律师芙洛娜·罗森堡(Flora Rosenberg)在租界执业,[23]但郑之出任律师,实在是中国女性的第一次。为此,当时报纸盛赞她为"中国第一个而且也是唯一之女律师","故不唯是中国妇女界之新纪元,而亦为法租界之新纪元。"[24]

魏郑联合律师事务所开业之时,他们在霞飞路东华大戏院设宴庆祝。宴会之上名流云集,美驻沪总领事、公共租界和法租界之官员,国内外绅商、报界要人皆来捧场。[25]在宴会上,郑毓秀发表慷慨演说:

> 国人对于女子在法律上之地位,向来漠视,但在国家由人治入法治之际,一国之女子,苟能振作有为,即足证明其国家之人人克尽厥职,百废俱举也。……不仅是克尽女性公民对法律救国事业所应承担的职责,同时也是与男同胞一起谋增高女子在法律上之地位所做的一种努力。[26]

郑毓秀执业后代理的第一个案件是昆仑酿酒公司白兰地商标纠纷案。时论"法租界恶势力犹存时,讼案胜败,多操在外人之手","郑雄言善辩卒告胜诉","由此律务臻臻(蒸蒸)日上,兴隆无替焉。"[27]

当时国民党北伐正盛,上海成为国民党与孙传芳的必争之地。郑毓秀偕同魏道明拾起地下工作的旧业。他们利用律师身份为国民党提供了大量的情报。某次,有二十名国民党员在法租界被捕,即将被移送孙传芳处。郑毓秀紧急赶往请巡捕暂停移送,继而面见法国驻沪领事。在郑毓秀的劝说之下,法国领事下令释放了被捕的国民党员。[28]

不久,上海克复,魏道明被委以司法部主席秘书一职,郑毓秀亦被任命为上海地方审判厅厅长,成为中国第一位女法官。由于郑、魏分别出任公职,他们的律师业务也便到此为止。但他们的个人私谊却愈发密切。1927 年 8 月,魏道明、郑毓秀共结连理,成就了民国司法史上一段"博士伉俪"的佳话。[29]

倡导女权不倦,主张平等不息

郑毓秀从来都以新女性的形象示人,她也不曾忘却母亲当年有关促进女权的嘱托。当时女性杂志《妇女共鸣》创刊时,她特别撰写发刊词《嗟乎,吾国女界沉沦与黑暗之域也》,大声疾呼:"凡我女界,自非本知难行易之训,协力猛晋,以督促当局实行男女平等之政纲不为功。"[30] 1912 年,郑毓秀在天津与友人合办了《女子国学报》,以为女权张目。1920 年,她受吴玉章之请,自法国回,入川倡导男女平等,鼓励女生出国进修。同年底,她携六名四川女生前往法国,并为她们筹集川资。1925 年,郑毓秀出任了北京女子师范大学校长。[31]居沪后她又受上海法政学院董事易培基、王宠惠、郭泰祺(美国宾夕法尼亚大学法学博士)、何世祯(美国密歇根大学法学博士)、杨肇熉(法国巴黎大学法学博士)等学术精英的推荐,出任该院院长,成为中国首个女法学院院长。[32]

1927 年郑毓秀出任上海地方审判厅厅长的决定也与女权有关。当时她本不愿出任司法职务,因法官之职意味着对个人自由的拘束,她也难以实现自身的政治抱负。后来一位老友以激将法,叹息地说她必是认为身为女性难当要职。郑毓秀这样回忆自己的反应:

> 我被气着了。我几乎要倾吐一连串反驳的话,但我感觉到真的证明他的错误的唯一方法是接受那我曾经拒绝的职位。而因此我就成了中国的第一个女法官,这是纯粹为了女性的理由应付男性的挑战和煽动。[33]

1928 年,郑毓秀出任立法委员。在此任上,她曾与史尚宽等人组成民法起草委员会,负责民法典条文的拟定。[34]在立法期间,郑毓秀接受媒体访问表示,广东省通过妇女得任参议员之议案"实为吾国男女平等之第一声",[35]而现在制定民法,虽然她在法国时"对男女平等问题即特别注重,但为慎重起见,尚拟征求吾国各女同志之意见,以为届时之主张。”[36]

抗日战争爆发后,郑毓秀随国府迁渝。1938 年,为了动员妇女支援抗战,宋美龄发起以新生活运动促进总会妇女指导委员会为推动妇女支援抗战的总机构,设立文化事业、儿童保育、生产事业、生活指导、战地服务、乡村服务等部门。郑毓秀毅然参加这一运动,并且当选为常务委员。[37]

抗战胜利,推动行宪又成为一件举国大事。在行宪运动中,郑毓秀撰写长文阐述女性在行宪中的责任:

> 世界上没有一个国家,不经过相当的斗争而后获致立宪政治。世界上也没有一国妇女,不偿付重大代价而后取得参政权利,从人治到法治,不易;从被治到自主,更难。……因此,我们妇女,应为国家和本身光明的前途而加倍庆祝,同时,也应对国家和本身负起双重的责任。[38]

她还特别号召妇女宣扬法治、奠定民主。她说:“民主固可贵,然真要收民主之效,实非循法治之途径不可……我们向来是一个人治的国家,今后欲奠定民主,必须宣扬法治……中国才能成为一个民有、民治、民享的国家。”[39]

1947 年,民国政府任命魏道明为台湾省主席,郑毓秀随夫迁台。不久,魏的职务被陈诚取代,魏氏夫妇离别风雨飘摇的民国政坛,出走美洲。1959 年,郑毓秀在美国的公寓中悄然病逝,这位民国极富传奇色彩的女律师的人生落下帷幕。

协助抗战的红十字会女护士,《抗战摄影集》1937年10月

注释

1. 郑毓秀:"郑毓秀女士自述",郑望芬译,载《生活》1927年第3卷第1期。

2. 深圳市规划国土委、深圳老地名发掘整理工作室:"西乡:巷陌藏历史,书香透百年",载《深圳商报》2011年8月11日。

3. 张玉光:"民国女杰——郑毓秀",载《文史月刊》2006年第4期。

4. 郑毓秀:"郑毓秀女士自述",郑望芬译,载《生活》1927年第3卷第5期、第6期。

5. 郑毓秀:"郑毓秀女士自述",郑望芬译,载《生活》1927年第3卷第8期。

6. 同注3,张玉光文。

7. 张枬、王忍之编:《辛亥革命前十年间时论选集》(第二册·下),生活·

读书·新知三联书店1978年版,第718页。

8. 纪彭:"暗杀:辛亥革命前后刺客列传",载《文史参考》2011年第19期。

9. 方莱:"郑毓秀博士",载《女群》1945年第4期;郑毓秀:"郑毓秀女士自述",郑望芬译,载《生活》1928年第3卷第11期;鸟瞰:"悲壮的'暗杀'时代——辛亥义士档案",载《金山》2011年11月。

10. 胡鄂公:《辛亥革命北方实录》(近代中国史料丛刊第五十三辑),文海出版社,第116页。

11. 同上注。

12. "外城警备管带冯骏英为呈报袁世凯被炸情形察(宣统三年十一月二十八日)",叶志如编选:《一九一二年袁世凯被炸案》,载《历史档案》1983年第3期。

13. 欧阳云:"炸前清袁内阁纪实",载中华民国开国五十年文献编纂委员会编纂:《中华民国开国五十年文献》(第一编第十三册),正中书局1964年版,第721页。

14. 同注3,张玉光文。

15. 郑毓秀:"郑毓秀女士自述",郑望芬译,载《生活》1928年第3卷第11期。

16. 同上注。

17.《顾维钧回忆录》(第一分册),中华书局2013年版,第196页。

18. 同上注。

19. 王伟:《中国近代留洋法学博士考(1905-1950)》,上海人民出版社2011年版,第204页。

20. 同上注,第458页。

21. 同上注,第457页。

22. "Miss Soumay Tcheng Presented with French Decoration", *Weekly News*, 1926, Vol. 675.

23. 卢森堡是于1921年开始在上海执业的，当时《申报》和《北华捷报》均予以赞誉，称其为“公廨女律师出庭之第一人”和“上海首位女律师”。孙慧敏：“民国时期上海的女律师”，载《近代中国妇女史研究》2006年第14期。

24. “女律师在中国出现了”，载《台湾民报》1926年第126号。这里所说“中国第一个也是唯一之女律师”是对华人而言。

25. 马学强：“权力、空间与近代街区内部构造——上海马斯南路街区研究”，载《史林》2012年第5期。

26. “郑毓秀魏道明两律师在东华宴请各界”，载《申报》本埠增刊1926年9月24日。

27. “郑毓秀第一炮旗开得胜”，载《中外春秋》1926年第29期。

28. “郑毓秀自传”，载《台湾春秋》1948年第3期。

29. 同上注。

30. “嗟乎，吾国女界沉沦与黑暗之域也”，载《妇女共鸣》1929年第1期。

31. 同注3，张玉光文。

32. 袁哲：《法学留学生与近代上海（清末－1937年）》，复旦大学2011年博士学位论文。

33. 同注27。

34. 张生、李彤：“民国民法典的编订：政府与法律家的合作”，载《中国社会科学院研究生院学报》2006年第1期。

35. “郑毓秀谈男女平等”，载《法律评论》1928年第6卷第12期。

36. 同上注。

37. 宋青红：“抗战期间‘新运妇指会’组织者群体研究”，载《抗日战争研究》2012年第2期。

38. 郑毓秀：“行宪中妇女运动者的责任”，载《建国月刊》1947年创刊号。

39. 同上注。

当大律师遭遇弹劾

郑毓秀，中国近代史上第一位女法学博士、第一位女律师、第一位女法官、第一位女地方法院院长。这位创造诸多“第一”，引领中国近代女性潮流的法律人在接受赞誉的同时，也饱受非议。在生活用度上，报章批其奢靡：“社会上许多人一月所得，犹不及郑女士一日之费用也。”[1]在感情生活上，关于她与汪兆铭、王宠惠等人的绯闻广为流传，甚至当她与魏道明结婚之时，都有人因其比魏年长而哂笑。对她的外貌体态，记者金雄白曾经记述：“能如此的受到人们的乐与交接，无疑定是辩才无碍、风韵不凡的绝世佳人……一见面，就使我感到了意外，出现在我面前的，形态上已是一个中年妇人，身材既不窈窕，姿容了无美感，肌理又粗黑多痣。”[2]而对她在事业上的强悍，更有报章以“雌老虎”、“垂帘听政”等字眼加以耻笑。[3]凡此种种评头论足、窥私猎奇之说，皆可见这位民国法政精英因其女性身份而遭受歧视之深。

然而，在这种无聊、低俗的风言风语之外，郑毓秀也因其法律职务受到过切实的指控，一次是因涉嫌怠于执行律师职务而被律师公会提付惩戒，一次是因涉嫌侵占舞弊而遭到弹劾与公诉。在这两次危机中，郑毓秀均得从法律上获得胜利，但法律上的定论却难平复舆论中的是非。在这两件公案的背后，我们既可窥见郑毓秀这位法政女杰的另一侧面，也可感知民国律师、法官职业道德、监督与惩戒等问题的一角。

被批怠行职务，面临公会惩戒

1927 年，罗步洲因涉嫌反革命罪遭到控告，并于 1929 年被江苏高等法院判决有罪。罗步洲不服，聘请李时蕊担任上告律师。李时蕊考虑到案情重大，遂介绍负有盛名的郑毓秀给罗步洲。在李时蕊的中介下，郑毓秀加入律师团，并通过李时蕊收讫公费一千洋元。此案审理期间，罗步洲委托李时蕊、伍澄宇律师查阅案卷，发现“并无郑律师片纸只字达到最高法院或高等法院。”[4]后罗步洲两次委托李时蕊向郑毓秀律所索还公费而又未果。

1931 年 7 月，罗步洲致函上海律师公会，指控郑毓秀“既接受委托收受公费，而完全背弃其义务”，“请求退费又置之不理，使当事人受财产之损失”，违反律师章程有关“律师应以诚笃信实行其职务，对于法院或委托人不得有欺罔之行为”、“须以善良管理者之注意义务处理委托事务”的会则。[5]

中年郑毓秀，《台湾春秋》1948 年第 2 期

上海律师公会收到投诉后，授权陈则民、刘祖望、陆家鼒三位律师进行调查。郑毓秀辩称：该案一切进行手续、撰状辩护等事均由李时蕊律师主办，嗣后李时蕊及罗步洲

均未将委任状、辩护状送致,故未在答辩状上署名。[6]至于退还公费一节,李时蕊函索公费时正值郑毓秀生病住院,故未及时回复。而且后来郑毓秀之助理也已电告李时蕊,请其随时持收据前来领款即可。[7]

根据陈则民等人的调查报告、询问笔录三份、证物四件,上海律师公会第 84 次执监会议讨论认为,虽然郑毓秀指出该案由李时蕊主办,但李时蕊与罗步洲均否认有此安排,而郑毓秀则未能举出证据证明这一主张。而且,即使郑毓秀所称属实,“接受委任收受公费之辩护人应根据已经过之接洽负责践行其约定之事务,遇有必要,可随时招邀委任人前来商洽。”律师公会由此认定郑毓秀“不以诚笃信实行其职务,无可讳言”,决定“依据律师章(程)第三十五条第一项将全案卷宗呈送上海地方法院首席检察官,声请将郑毓秀律师提付惩戒”,[8]又依上海律师公会暂行会则第八条第五款将郑毓秀开除会籍,并向上海地方法院、上海特区地方法院、江苏高等法院、江苏高等法院第二分院以及法租界会审公廨呈报。[9]

江苏高等法院首席检察官王思默经过调查,做出了与上海律师公会相反的判断。王思默认为罗步洲案中谁为主办律师一节至关重要。从李时蕊提交的证据——郑毓秀律师公费收据——上看,该收据抬头并未使用打款人罗步洲的抬头,而是李时蕊的抬头,可见此案应为李时蕊律师主办。既然李时蕊是主办律师,则他对于襄助律师应否共同署名签字,具有斟酌决定的权力。如果李时蕊未将诉状及委任状送郑毓秀签字,则不能认定郑毓秀存在怠行职务之责。而且,不论郑毓秀有关案件分工之约的说法是否属实,就投递诉状一事言之,律师意见必须一致。如果各律师未共筹谋而分别撰状,致使陈述不一,产生矛盾,则对当事人反而不利。因此,律师公会对于郑毓秀应单独办理之要求便也失当。关于退还公费的问题,王思默认为郑毓秀已经允许李时蕊持原收据领取款项，因此并不存在财产上的损害。关于“背弃义务”的问题，王思默认为郑毓秀既然仅处于襄助地位，又已和李、罗对该案进行过商讨，“不可谓无法律上相当之贡献”。因此，王思默根据律师章程第三十四条宣示上海律师公会有关郑毓秀案之决议无效。[10]

面对江苏高等法院检察处的宣示，上海律师公会一方面致函各级法院呈报郑毓秀律师“暂准回复会籍”，[11]另一方面又向司法行政部提出抗议。在呈文中，上海律师公会特别坚持律师公会“对于会员中有违反律师章程第十八条之行为，经当事人报告，提付会议，按照会则规定程序，经多数表决”开除会籍之决议当属有效。而江苏高等法院将律师公会合法决议宣示为无效的做法则是“故意蹂躏”法律所赋予律师公会之职权。上海律师公会还特别指出王思默在出任检察官前曾与郑毓秀合组律所，但他不仅未曾回避，反而偏信郑毓秀，“其偏袒违法，实使律师公会无所适从，影响于将来之律师风纪德义者，尤非浅鲜。”[12]

不过上海律师公会的呈文并没有改变本案的处理结果。司法行政部下文裁定：“被呈报退会人尚无背弃职务及欺罔情形，应不受惩戒处分，该律师公会所请纠正之处，可勿庸议。”[13]就这样，郑毓秀怠行职务一案以其胜利告终。

遭受弹劾公诉，案件撤诉了之

1933 年，郑毓秀又被监察院监察委员高友唐弹劾其在上海地方法院审判厅（后改为上海地方法院）厅长任上，同书记官钮传椿、原上海地方法院院长杨肇熉、会计主任郑慧琛（郑毓秀之妹）涉嫌共同舞弊、违法侵占。[14]高友唐还在弹劾案中批评：

> 郑毓秀自卸任后,在沪充当律师,对于词讼案件,一手包办,为所欲为,始则以白为黑,继竟无中生有,民事不能拘押,则以假扣押恐吓之,刑事不问虚实,但有控告,则以拘押恐吓之,均为诈财或胁迫和解之工具,其所诈之财,闻已在数百万元。推检中虽不乏自好之士,稍持正谊,即立予左迁。其无气节者,无不俯首听命,受其指挥,法院一时有"博士电话到,推检吓一跳"之谣,乃纪实也。数年以来,上海人民,因受郑毓秀恶势力所摧残,倾家荡产者若而人,负屈自杀者若而人,社会之道德凌夷,法院之人格扫地,皆郑毓秀杨肇熉等所酿成。[15]

高友唐除了要求对郑毓秀等进行惩戒外,还主张将其"移送法院,从重治罪,追缴侵占各款,以儆奸贪,而平众怒。为国家整纲纪,为法界挽声誉,胥在于斯……"[16]

弹劾文发表次日,郑毓秀、杨肇熉于上海各报刊登启示,表示有关上海地方法院(审判厅)存款侵占之事系书记官鄷权所为,不应以郑毓秀为该案主体。其又主张监察委员之弹劾仅能及于公务员之行为,而对郑毓秀作为律师的非公务员行为之弹劾,"既出范围,又系诬陷。"[17]

中央公务员惩戒委员会对此弹劾审查之后决定,该案刑事部分由最高法院依法审查后再商议行政处分。最高法院命令江宁地方法院检察处对该案进行侦查,并曾票传郑、杨等人到案待审。[18]

1933 年 8 月 30 日,郑毓秀案在江宁地方法院开庭,徐邦志推事、张先信推事、王达温庭长合议审理,以徐邦志居首席。检察官孙伟提出公诉,指出:郑毓秀 1927 年 3 月担任上海地方审判厅厅长时任命钮传椿为书记官兼会计事务,将当事人存交法院之款项陆续支取二万二千五百零二元一角四分四厘,又将该厅在上海中国银行存款洋息一千二百十三元二角九分、银息三十二两九钱九分侵占,未移交后任。同年11月18日,杨肇熉继郑毓秀接任该职(此时已改为上海地方法院,杨为院长),并派郑慧琛出任会计科主任书记官。杨肇熉任内,伙同郑慧琛侵占银行存款利息计洋元三百六十五元一角、银四十八两七钱一分,并在离任交接时将涉及自己及郑毓秀侵占事实的银行存款簿、支票簿一并销毁。据此,检察官认为郑毓秀等"假籍职务上之机会,共同侵占公务上之管有物,依刑法第四十二条实行共犯同法第三百五十七条第一款之罪。"[19]

当时郑毓秀姐妹、杨肇熉皆出国不归,并未到庭,仅钮传椿一人在押。钮传椿本来延聘章士钊、彭望邺两位律师辩护,但其因事未到,改由蒋豪士律师出庭。庭上钮传椿及其律师主张有关会计手续舞弊之事乃由酆权经手,惟其最知悉各项情状,而该人所居难查,因此请求法庭展期,法庭亦表认同。[20]此案后来迁延许久,悬而不决,直到1935年,传出撤销起诉,不了了之。

虽然全身而退,难免舆论谴责

虽然在法律上郑毓秀全身而退,但文人之笔却未放弃对她的围剿猎杀。案件审理期间,《时代公论》便发表文章,对主流媒体在此案上的失声表示困惑:

> 抑以如此案件,舆论界当有一番议论,孰是孰非,倘不能诉之法律,当能求之于社会。谁知除南京的《中央日报》等著社论,《救国日报》偶尔提及外,检阅沪上各大报,均噤若寒蝉,一字不提,而

沪上素以揭人秘密和黑幕的数十家小报,反颠倒是非,大骂高友唐氏弹劾不当,我人深知上海大小报纸,已在金钱和恶势力双重支配之下,舆论之无价值,一至于此,社会之无公论,一至于此。[21]

该文继又批评郑毓秀在法政界之煊赫势力以及为官、为律师之所作为:

始借某元老的力量,取得政治上的实权,自民国政府成立以来,即以一人之身,操纵司法,上至司法院院长,司法部长,皆在其掌握之中,下至法院院长推事书记官,非先得其同意,无从任命。……郑氏之为律师,表面上由公务人员退而为非公务人员,实则在彼任院长期间,仅以司法行政当局及审判者之权威和责任,以操纵诉讼,及为律师后,则兼"辩护权"而有之,举凡原告被告者皆入其彀中;表面上是退,实际上是退而进的。[22]

著名文学家郁达夫也以反讽之语气写就《营救郑毓秀博士的提议》,提出两条营救"被告贪赃枉法的郑博士、杨院长等"的建议:

第一,行政会议开一个会……马上下一个"应毋庸议"行政命令,来取消法律的起诉。不然——第二,请王宠惠、魏道明两博士,组织一调查团,如李顿爵士之调查满洲一样,先来调查事实,然后再据法理来研究应否得罪之类事情。[23]

1935 年郑毓秀案传出撤销起诉的消息后,《上海党声》发表文章叹息:

> 此讯如确，则渐近曙光之中国司法前途，不啻又置一黑暗之阴影……是案检举之初，社会即盛传郑氏多方活动，冀望打销此案；而郑氏一再避匿，屡传不到，尤使其本人情虚畏罪之事实，多以显明之证例；故社会对是案之是非，极望有一明白之解答；乃事隔数年，迄未审讯，忽以撤销二字闻，岂不更滋社会之疑虑耶？[24]

由于并未审结，对于该案之细节亦无可稽查，是非曲直已难判断。从法律上来说，郑毓秀固然留其清白，但当年避匿出国的举动毕竟贻人口实。这一弊案，不仅构成了郑毓秀这一民国女杰的人生阴影，也成为民国司法史上的一大阴影。如果我们本着善意相信郑毓秀的清白、该案处置的公正，那么我们也应追问，是什么造成了社会公众对于官员清白和司法公正的不信任。笔者认为，问题的症结还是在于缺乏民主和法治，政府未受切实的监督，司法亦无独立的权威。在这种大的社会背景之下，当弊案爆发，我们恐怕很难要求一般民众不对涉事的被告进行“有罪推定”。而郑毓秀也就不可避免地成为了那一社会环境下的“受害者”了。

注释

1.“郑毓秀博士之每日用度”，载《摄影画报》1933 年第 9 卷第 8 期。

2. 金雄白：“江山人物”，转引自蔡登山：“探寻胡适日记中的郑毓秀”，载 https://www.baidu.com/link? url = wFznkjAAbr793pB7ah9Mr9bweGaT2cM6xpdAn7v9942_WnFMzejzlnmJYoy_3BSdhRw7XgEKKEMhiPY1pKXub_&wd = &eqid = dd2db90e0000249700000005553e49f6&ie = utf - 8，最后访问于 2015 年 4 月 27 日。

3.“为了‘垂帘听政’的问题，郑毓秀与铁报之讼案——结果：友好调停不了了之”,载《一四七画报》1947 年第 18 卷第 2 期。

4.“致郑毓秀会员函(为函询罗步洲案进行诉讼情形由)”,载《上海律师公会报告书》1931 年第 29 期,第 165 页。

5. 同上注,第 165 – 166 页。

6.“附录郑毓秀会员复函”,载《上海律师公会报告书》1931 年第 29 期,第 166 页。

7. 同上注;另见“本月二十二日下午五时因罗步洲报告郑毓秀怠行职务一案就郑律师处查询情形记载如左”,载《上海律师公会报告书》1931 年第 29 期,第 171 – 172 页。

8.“致上海地方法院函(为请将郑毓秀律师提付惩戒由)”,载《上海律师公会报告书》1931 年第 29 期,第 172 – 173 页。

9.“呈各级法院文(为呈报郑毓秀律师退会由)”,载《上海律师公会报告书》1931 年第 29 期,第 174 页。

10.“江苏高等法院检察处宣示书”,载《上海律师公会报告书》1932 年第 30 期,第 68 – 69 页。

11.“致各级法院函(为呈报郑毓秀律师暂准回复会籍由)”,载《上海律师报告书》1932 年第 30 期,第 70 页。

12.“呈司法行政部文(为呈请纠正江苏高等法院首席检察官之宣示书由)”,载《上海律师公会报告书》第 32 期,第 71 – 72 页。

13.“附录司法行政部第一一三一号批”,载《上海律师公会报告书》1932 年第 30 期,第 73 页。

14.“监察院所公布之郑毓秀违法侵占案”,载《浙江杭鄞金永衢绍律师公会报告录》1933 年第 159 期,第 1938 页。

15. 郁达夫:“营救郑毓秀博士的提议”,载《论语》1933 年第 10 期。

16. 同上注。

17.“郑毓秀案”,载《时代公论》1933 年第 44 期。

18.“郑毓秀等舞弊案已侦查完毕”,载《法律评论》1933 年第 10 卷第 25 期。

19.“郑毓秀案起诉书”,载《法律评论》1933 年第 10 卷第 28 期。

20.“郑毓秀案昨开庭”,载《法治周报》1933 年第 1 卷第 46 期。

21. 同注 17。

22. 同上注。

23. 同注 15,郁达夫文。

24.“郑毓秀案”,载《上海党声》1935 年第 1 卷第 26 期。

租界律师吴凯声的政治案件

吴凯声，号丹农，1900 年出生于江苏宜兴。20 岁毕业自英籍犹太人所主办的上海仓圣明智大学后，吴凯声赴法国留学，并于 1925 年获得里昂大学法学博士学位。其博士论文以曹锟主政时期所颁布的“双十”宪法为研究对象，题为《中国宪法问题：1923 年 10 月 10 日宪法》[1]（一译《中国宪政史》），曾由法国齐亚法律出版社出版。[2]

1926 年春，吴凯声回国，于上海法租界爱多亚路开设律师事务所，成为最早在法租界会审公廨出庭的中国律师之一。（另一人是法国巴黎大学法学博士郑毓秀）不久，由于反对孙传芳在江南地区的割据统治，吴凯声与著名法律人董康、沈钧儒等人组织三省联合会，遭到通缉，浮海赴日。1928 年，国民革命军北伐成功，吴凯声旋于南京国民政府外交部供职，翌年派任国际联盟中国代表团常驻代表兼瑞士特命全权公使。1931 年“九一八”事变后，其于国联揭露日本侵略事实，并且参与了国联派遣国际调查团访华的事宜。此后，吴凯声辞去外交部的职务，重返沪上执业，一度担任上海律师公会候补监察委员。在律师从业与担任公职之余，他还曾受聘为上海法科大学教授和校董，培养了史良、钱剑秋等著名律师。

在上海的十里洋场之中，吴凯声很快便爆得大名。其自谓甫一开业便“引起上海各界人士注意，闻名前来求教、请托者日众，门前车马纷纷，室内坐客常满，业务繁忙几至应接不暇。”[3]律师业务使给他带来巨大的财富，开业短短两年，他便购置房产、配备汽车了。[4]在其律师生涯的第一年，他便代理了一件举国注目的涉外案件。但是，在这个案件中，他却未取分文。

吴凯声着律师法袍肖像，《图画时报》1926 年第 305 期

商贩惨死日轮，义为遗属伸冤

1926年8月4日，上海商贩陈阿堂命毙泊于浦东码头的日轮“万里丸”号。船员声称陈阿堂系于船上行窃被抓，畏罪逃跑，不慎撞击头部而亡。而陈之遗孀则称，陈系上船贩卖货物，遭船员诬窃殴毙。遂具状告诉，请求伸冤。[5]虽然此时实情尚未查清，但是命案蹊跷，又发生于五卅惨案之后，国人对日仇恨尤著，因此媒体广泛报道，国人议论纷纷，皆谓日本水手意欲拖赖货款，将陈殴打致毙，希图毁尸灭迹。[6]

面对扑朔迷离的案情，吴凯声受上海各路商界总联合会之托，与陈霆锐（美国密歇根大学法律博士）、张一鹏（前京师地方检察厅厅长、署理司法总长）等律师共同出任法律顾问，处理此案。吴凯声以律师之职介入调查，两登日轮，三渡黄埔，反复查验。8月15日，吴于市民会上当众面询证人。十日后，证人颜字国的证词见诸报端。颜谓当日于船上亲见陈阿堂与日本船员发生口角，被日人挟入室内，关锁其中。不久，陈被该日人拖出，推入火炉间。斯时陈阿堂头被裹扎，“五官不见，四肢被缚，蜷曲如猪。”[7]数小时后，颜字国未见陈出，恐其不测，便向码头巡警报案。次日清晨，巡捕上船搜查，日人知难掩盖，方才自告火炉间内遗有陈尸。[8]

面对汹涌舆情，日本驻沪总领事矢田派警调查，拘禁嫌犯藤间房太郎、城户库二。吴凯声亦携带证据面见矢田，谴责船员暴行。吴凯声指出，日人残杀华民，宜当交付中国处置，赔偿死者家属，以免影响中日邦交。[9]他还透过报纸分析此案：“按照中国暂行新刑律三三一条，杀人者处死刑、无期徒刑或一等有期徒刑，此案犯罪者，证据确凿，情节重大，处以死刑，犹不为过。”[10]然而，矢田以领事裁判权拒绝将嫌犯交给中方，并以涉嫌一年以上徒刑之案须移送本土法院审理为由，于 8 月 24 日将两犯转解长崎。

虽然陈案在华审理无望，吴凯声还是继续搜集整理相关证据，包括各种照片、票据、信件、证人证言等，编纂了《陈阿堂案报告书》，以期支持控告之用。[11]审理期间，他还专门函寄证据给中国驻长崎领事郭则济，请其呈交日本法庭。[12]驻日华侨联合会代表郝兆光也曾利用吴凯声之材料，向日本华侨讲解此案，以求支持。[13]

12 月 7 日，长崎地方裁判所做出裁决，以“不法监禁”和“伤害致死”罪，分别判处籐间房、城户四年和二年有期徒刑。日本驻沪领事馆亦从民事上判处赔偿三千元。[14]至此，陈案告结。而为此案奔走数月的吴凯声则不仅分文未取，还为办案和安抚陈氏家属支付了三百银元。[15]

不惧白色恐怖，营救陈君延年

1927 年，国民党发起清党运动，滥捕滥杀，国统区一片血雨腥风。此间不仅共产党员，即令国民党中有亲共嫌疑之人亦遭逮捕、处决。就连早已退党、反共坚决的周佛海都因有“红色”嫌疑而遭逮捕，几乎丧命。[16]政治斗争之残酷，毋庸赘言。当时受命在上海主持“清党委员会”的警备司令杨虎更是常常不通过任何审批与通报，径令特务深夜处决“嫌犯”，甚至“姓名罪状概未宣布”。[17]正是在这样的情势之下，中共江苏省委书记、中共创始人陈独秀长子陈延年在上海被捕入狱。

不久，中共透过曾与陈延年同时旅法的刘方岳找到吴凯声寻求帮助。吴动员事务所中的帮办人员四处打探，终于查到闸北区警局抓捕了一名自称“陈友生”的嫌犯。陈友生称系房东伙夫，与警察所查之案无关。然而，吴凯声根据各种线索判断，此人便是陈延年。

吴凯声知道陈延年此时身份尚未暴露,但也深惧夜长梦多。在如此险恶情形之下,法律途径恐难奏效,最好能将此案消弭于无形之中。于是他一方面偷偷贿赂巡警,另一方面又找到当年同在法国留学的郑毓秀律师,请其向闸北区警察局长疏通。[18]郑毓秀曾任上海市政府委员,又与该局长有同乡之谊,所以吴凯声认为如有郑毓秀之翼助,事情必有胜算。

不想当时陈家世交亚东图书馆创始人汪孟邹亦收到陈延年的狱中来信,便请求胡适设法营救。胡适以为国民党中央监察委员吴稚晖曾力助陈延年旅法,如今陈氏出事,必愿相救,于是修书一封,请施援手。吴稚晖一贯支持反共清党,此时知道陈延年被捕,当即致信杨虎。吴信写道:"今日闻尊处捕获陈独秀之子延年……如此巨憝就逮,佩贺之至。"为使延年必获严惩,其更称陈延年"恃智肆恶,过于其父百倍。"[19]

杨虎接信,方知陈延年已经被捕,当下赶去亲自提审。审讯期间,陈延年遭到中共江苏省委秘书长兼宣传部长韩步先指认,罪名坐实,竟遭处决。[20]在此遽然的变故之中,多方营救的吴凯声终究也是无力回天。[21]

吴凯声任驻国际联盟办事处处长兼瑞士公使时在柏林
同中国旅德留学生合影(标记 X 者为吴凯声),《良友》1931 年第 60 期

不负承志母子,驰援"陈赓兄妹"

1933 年 3 月 24 日,中国工农红军第四方面军将领陈赓(化名陈广)与假扮其妹的谭国辅(化名陈藻英)一同被捕于上海"北京大戏院"。3 月 28 日,中华全国总工会宣传部长廖承志与中共党员罗登贤、余文化亦遭逮捕。[22]五人因"涉嫌共产",将并为一案,由江苏高等法院第二分院审理。

由于廖承志系国民党元老廖仲恺、何香凝之子,此案立刻引起广泛关注。中国民权保障同盟主席宋庆龄、蔡元培及何香凝紧急商讨对策,立刻想到了身为同盟法律顾问的吴凯声律师。受宋、何等人之托,同盟总干事杨杏佛连夜拜访吴凯声,请其出任此案辩护律师,营救廖、陈等人。吴凯声慨然受命,并与同所帮办律师陈炳煜、蔡晓白共同分工代理此案。吴本人亲自出任廖承志、陈赓和谭国辅三人辩护律师。

3 月 31 日,法院公开审理廖案。廖家亲属、各界人士纷来旁听,为廖案多方奔走的国民党中央委员柳亚子亦携女儿端坐其中。下午两点,法庭开庭。在一片肃静之中,廖、陈等人被缓缓押上被告席。审理此案的三位推事亦于审判台推事席前站定,其中日本法政大学学士、江苏高等法院第二分院刑庭庭长郁华(诗人郁达夫之兄)居于首席。

审判开始,郁华首先传唤陈赓。吴凯声辩护道,捕房巡捕在"陈赓兄妹"住所中并未搜出任何犯罪证据,无法证明其犯罪事实。法庭不能仅凭挟私报复之人的空口诬告便定其罪。其次,陈赓来沪是为治病,此公民之自由与权利应受法律保护。最后,即使陈赓因爱国之心而有过激之论,也不为罪。因此,陈赓理当无罪释放。

陈赓审毕,廖承志、罗登贤、余文化三人又被传唤。捕房律师甘镜和上海市公安局法律顾问詹纪凤律师分别控告被告三人均为共党,危害民国。甘镜指出,廖承志口供表示自己居住于母亲何香凝处,但是捕房巡警询问何香凝廖承志居住何室时,何竟哑然失答,显系不知。因此,廖承志口供作假,不值采信。接着,检察官方面又将原全国总工会秘书长王其良引作证人。王其良当面指认廖等三人皆系共产党员。

上海市公安局大楼,《警察月刊》1935 年第 3 卷第 8 期

对此指控,吴凯声不无哀痛地说道:“廖公子是先烈仲恺先生之嗣,且仅此一子,自被捕后其母何委员思念心切,以致旧疾复发,昨已昏迷一次,今仍卧床,忍泣以对。党国有殊勋之人,而其后嗣竟遭此牵累,能不痛心?!”[23]此话一出,旁听之人无不恻然。接着,吴凯声又以何香凝之亲笔信说明廖承志确实与其同住,前日巡捕问话,未能回答,系因刺激过甚。对于王其良的指认,吴凯声则表示王、廖之间存在经济纠纷,王之诬告出自私怨,不能采信。何况除王之证词外,更无其他证

据，不应据此定罪。

经过一番辩论，法庭宣布将全案五名被告移交上海市公安局。此前，郁华曾向柳亚子透露，南京方面意图将五人移交军法审判，因此一旦他们被转解南京，则将凶多吉少。柳亚子也已将这一内情转告吴凯声、何香凝二人。[24]为了赶在他们转解南京之前将人救下，吴凯声与柳亚子、吴稚晖火速驱车赶往公安局。[25]虽然吴稚晖素来反共，但廖承志乃其早年革命同志之子，故此次也竭力相救。

吴凯声等径行求见公安局长文鸿恩。[26]吴凯声开门见山地要求根据刑事诉讼法有关被告侦讯完毕可交律师"责付"的规定，将五人"责付"释放。兹事体大，文鸿恩不敢做主。吴稚晖此前已暗中通过文鸿恩胞弟进行说和，[27]此时又重申廖承志乃廖仲恺之子，不带承志回去，他亦不会离开。文鸿恩无奈向上海市长吴铁城请示，吴铁城亦不敢轻言放人。双方往复交涉近三小时，终于在吴稚晖等人的坚持之下，吴铁城求得蒋介石的首肯，方允许将廖承志"责付"释放，而将其他四人继续看押。[28]

吴凯声将廖承志送回何香凝府上时，何香凝道谢不已，之后还绘制《猛虎图》一幅，赞誉吴凯声在法庭之上的威勇。然而吴凯声的辩护却引起吴铁城的不满。廖承志开释两日后，吴凯声于一宴会中偶遇吴铁城。吴铁城质问其为何替共产党辩护。吴凯声道："我不清楚他们是不是共产党。但作为律师，为被告辩护是我的职责。"[29]

廖承志虽然得释，然而同案陈赓等人却于4月1日解送南京。为了营救四人，宋庆龄、蔡元培次日便致电行政院院长汪精卫和司法行政部部长罗文干，力争"由正式法庭审判，勿用军法刑讯，以重民权，而保司法独立。"[30]电文发表后，中国民权保障同盟临时全国执行委员与上海分会开会讨论此案，吴凯声、沈钧儒两位律师以及宋庆龄、杨杏佛、伊罗生被举为代表进京营救。会议同时成立“营救政治犯委员会”,吴凯声、沈钧儒、王造时三位律师均被选为委员。

吴凯声等五位代表抵达南京当天便与汪精卫举行会谈。吴凯声以律师身份向汪指出:“根据我国约法规定,公民有言论、出版、集会、结社的自由,共产党员不应例外。如确有犯法人员,也应送司法机关审讯,不应任意关押,滥施酷刑,以免引起国际指责,也有利于早日收回治外法权。”[31]之后,代表们又探访了缧绁之中的陈赓等人,以防其遭到迫害虐待。

6 月 18 日,杨杏佛被刺杀于法租界中,身中三弹。不久,中国民权保障同盟亦难以为继,解散于无形之间。8 月 29 日,罗登贤被处决于南京雨花台。所幸陈赓曾经救过蒋介石,又是黄埔一期学生,蒋介石不忍骤杀。陈、谭二人得以释放。

为这些政治案件辩护的经历使吴凯声对国民党的统治倍感失望。1949 年,他毅然选择留在大陆。令人唏嘘的是,解放之后的吴凯声未再执业,生活艰辛。1950 年代,因“历史问题”,他被送往大丰农场劳动改造。后来已经成为共和国大将的陈赓视察农场,发现吴凯声的境遇,方才将其释放。[32]文革期间,吴凯声又被批为“历史反革命”。当年为廖承志一案辩护的经历反而成为吴凯声的历史罪状,使其遭到红卫兵的七次盘查,多次殴打,竟致腕骨骨折。[33]愁苦之中的吴凯声以诗为友,其中一首七言绝句字字泣血,至今令人为这位大律师的吊诡命运怅然叹惋:

萧萧雨雪满窗前,
斗室寒寒孰为怜。
三十年来无别物,

只有白发与残篇。[34]

注释

1. 王伟:《中国近代留洋法学博士考:1905－1950》,上海人民出版社2011年版,第206页。

2. 张建智:“吴凯声:叱咤法界的诗人”,载《博览群书》2011年第8期。

3. 吴凯声口述,吴立岚、林淇编撰:《吴凯声博士传记》,香港大地出版印刷公司1993年版,第42页。

4. 同上注。

5. “陈阿唐在日轮受伤身死之相验”,载《申报》1926年8月7日。

6. “陈阿堂案之昨闻”,载《申报》1926年8月10日。

7. “陈阿堂案昨日消息”,载《申报》1926年8月25日。

8. 同上注。

9. 马龄国:“与世纪同步的法学家吴凯声”,载《炎黄春秋》1998年第1期。

10. “陈阿堂案昨日消息”,载《申报》1926年8月19日。

11. “陈阿堂案之积极进行”,载《申报》1926年9月24日。

12. “吴凯声为陈案致鲍振青函”,载《申报》1926年11月16日。

13. 同注9,马龄国文。

14. 彭南生:“对商贩之死的抗争——以1926年“陈阿堂案”为讨论中心”,载《江苏社会科学》2008年第3期。

15. 同注9,马龄国文。

16. “盛衰阅尽话沧桑”,载周佛海:《往矣集》,古今出版社民国三十三年增订版,第54－59页。

17. “呜呼恐怖时代,空前未闻之东南党祸”,载《大公报》1927年4月26日。

18. 马龄国:“陈延年之死——刘方岳、吴凯声营救陈延年纪实”,载《贵阳文史》2002 年第 2 期。

19. “铲除共党巨憝”,载《申报》1927 年 7 月 5 日。

20. 黎显衡、林鸿暖、杨绍练:《陈延年》,广东人民出版社 1985 年版,第 101 – 102 页。

21. 关于陈延年的牺牲时间说法不一。《吴凯声博士回忆录》记载,吴凯声从 7 月 5 日的《申报》上读到吴稚晖致杨虎函,遂与郑毓秀赶往闸北区警察局,欲以重金救出陈延年,后又于军事法庭上为陈力辩一小时。最后陈延年受戮于“七月底的某天”。然而,杨虎 7 月 2 日曾致信吴稚晖,有“巨逆伏法”、“陈逆业经明正典刑”等语,可知最晚于 7 月 2 日,陈延年当已遭处决。(参见“杨虎致吴稚晖函(1927 年 7 月 2 日)”,中国第二历史档案馆:“陈延年同志遇害后杨虎致吴稚晖函”,载《历史档案》1982 年第 4 期)根据此条史料判断,吴凯声对与此事的晚年回忆或不确切。为谨慎计,对《吴凯声博士回忆录》中 7 月 5 号之后营救一节,正文暂不转述。

22. 于曰良:“陈赓南京脱险之谜”,载《钟山风雨》2006 年第 6 期。

23. “法庭上的吴凯声”,载傅国涌编:《追寻律师的传统》,北京联合出版公司 2012 年版,第 164 页。

24. 赵芝铭:“1933,解救廖承志”,载《名人传记》2013 年第 12 期。

25. 吴凯声:“忆往事:一九三三年营救政治犯的一些活动”,载《社会科学》1981 年第 2 期。

26.《吴凯声博士回忆录》记载他们求见的公安局长系其留法同学蔡劲军。但是蔡劲军系 1935 年 8 月方才就任此职,此时的局长当为文鸿恩。吴的回忆恐有误。

27. 薛耕莘口述,王仰清、张鸿奎整理注释:“上海法租界巡捕房与三十年代上海政治(二)”,载《史林》2001 年第 1 期。

28. 亦有说法是何香凝此前已向吴铁城要人,吴铁城在电请蒋介石之后承诺放人。所以 3 月 31 日文鸿恩致电吴铁城后便下令放人。(参见“法庭上的吴凯声”,载傅国涌编:《追寻律师的传统》,第167－168页。)但是根据吴凯声1981年的回忆,当时的交涉长达三小时左右,并且“伪公安局曾用电话与南京联系”,才同意将廖“责付”。(见注25,吴凯声文。)可见吴铁城似未在此次交涉之前便做出放人承诺。何香凝作为国民党元老,在营救廖承志的过程中作用重大,民盟宋庆龄、蔡元培等人的营救活动同样不可轻视。但3月31日警察总局内之现场交涉亦甚为关键。

29. 同注25,吴凯声文。

30. 同注23,傅国诵书,第170页。

31. 同注25,吴凯声文。

32. “我的爷爷吴凯声——吴征先生在中国律师百年回顾与展望高峰论坛的发言”,载http://blog.sina.com.cn/s/blog_53b316df0101a0f9.html,最后访问于2015－4－27。

33. 同注25,吴凯声文。

34. “穷愁诗”,转引自注2,张建智文。

“律协”掌门陈霆锐

陈霆锐肖像，《海上名人传》1930 年 5 月

陈霆锐，1889 年生，江苏吴县人。入读法学院前，他曾为中华书局编辑和梁启超所主办《中华杂志》之副主笔。1917 年陈霆锐入东吴大学法学院求学，毕业后自费前往美国密歇根大学深造，获得法律博士（J. D.）和政治学硕士学位，与之同期毕业者还有东吴大学同学吴经熊、陆鼎揆。[1] 其时报纸记载他“以法律学识负有盛名，于是密歇根母校聘为教授并致送荣誉奖金洋五百元，为当时留学界之异数。”[2] 1922 年，陈霆锐回国，执教于

东吴大学法学院，兼任《申报》特约编辑，并执行律师职务。[3]陈霆锐很快成为上海律师界的翘楚，后来还出任上海租界工部局的华人董事。[4]

呼吁收回法权，跻身公会领袖

陈霆锐执业之初，国内对于收回治外法权的呼声日渐高涨。律师界为此广泛运动，陈霆锐也加入其中。1924年春，他作为上海总商会、律师公会、银行公会等团体的代表，和董康（前大理院院长、司法总长）、李祖虞（前大理院庭长）、赵锡恩三位律师一同进京游说，以促成政府交涉收回会审公廨。[5]1925年，陈霆锐在《法学季刊》发表《为撤销领事裁判权告国人》一文，开宗明义地呼喊："法权者，一国最高主权之主要成分也，不能放弃，亦不容他人之侵犯。放弃者不国，侵犯者非法。故独立自主之国未有不宝贵爱护其法权者也。反之奴隶之国，未有不先丧失其法权者也。"直言"外人在华领判权之存在实为吾国家吾人民无上之耻辱"。[6]

1926年，他在东吴大学发表题为"特种治外法权"的演说，指出治外法权本为外交使节不受外国法律支配之国际间友好互让行为，而在华洋人，不仅外交官员、商人工人，而且流氓盗贼都不受我国法律之管辖，因此当称"特种治外法权"，亦即"领事裁判权"。他认为领事裁判权不仅造成华洋不平等的情况，而且存在"破坏我国主权之完整"、"增进中外之恶感"、"增进外人在华之骄傲态度"、"减低中国人爱国心"、"破坏中国社会之秩序"、"推广鸦片之销售"六大弊端。在华盛顿会议上中国曾经提出撤销领事裁判权的要求，外国决议组织委员会调查中国司法情况。对此，陈霆锐持反对态度，因其认为司法改良并无绝对标准，外方可以此为拖延手段，何况中国法律并无受外国调查之必要。[7]他进而呼吁：

> 我国之撤销领事裁判权,当绝对放弃法律手段,直接汲取政治手段!外人不我同意,尽可自动进行,宣告取消,我华不欲取消领事裁判权则已!苟欲取消,舍此莫由![8]

在这期间,他还代理了一件有关领事裁判权、涉及国格的大案。1926 年 6 月 28 日,前国务总理熊希龄前往上海圆明园路 23 号参加中华民国拒毒会的欢迎茶会。熊希龄刚到院内,几名公共租界洋人警探即前来递上传票,令其前往会审公廨接受调查。原来美国商人怀德控告湖南华昌炼矿公司欠其薪金、借款,要求华昌公司董事熊希龄承担连带责任。不论拒毒会如何交涉,熊希龄仍被当着众宾客的面被带回公廨。在会审公廨中,法官陆仲良、副领事美思询问熊希龄是否为该公司董事。熊希龄表示曾任该职,但告退多年。经此调查,熊希龄交保获释。[9]

熊氏被拘,举国哗然。陈霆锐和外籍律师古沃受聘为其出庭辩护。熊希龄认为公廨对此案并无管辖之权,因此拒不出庭,还写下《对于华昌案之宣言》,表示:“龄所当守者,为中华民国之法,而非该公廨之法,所当服从者,为中华民国之正式司法衙门,而非为在沪领团管辖下非驴非马之司法机关。”[10]此案一出,民众收回领事裁判权的呼声愈加高涨。

经过持久的努力,国民政府代表和英、美、日、挪威、荷兰五国总领事展开数月谈判,《收回上海公共租界会审公廨暂行章程》终于 1926 年 8 月 31 日在上海签订,会审公廨得以收回,上海公共租界改设特区临时法院。为庆祝此事,陈霆锐、董康等人特在上海豫园摆设宴席。[11]而熊希龄案则移交江苏交涉使署华洋上诉处审理,仍由陈霆锐代理。同年底,法庭准许熊氏撤销原案、归还保银的请求。[12]陈霆锐在上海律师界中声望日隆。

1927 年 4 月，北伐军占领上海，上海律师公会在国民党的指示之下进行改组，由原来的会长制改为委员会制。上海律师公会临时会员大会成立“改组上海律师公会筹备委员会”，陈霆锐成为国民党上海特别市党部圈定的 15 名筹备委员之一。[13]陈霆锐自此跻身上海律师公会的领导层。1929 年陈霆锐出任上海律师公会执行委员，1930 年成为候补常务委员，1933 年晋升为常务委员。1933－1934 年间，陈霆锐与沈钧儒、王维桢同为常务委员，主持律师公会的对内管理和对外交涉。[14]在这期间，陈霆锐带领上海律师公会外争律师权益，促进司法公正，内行制度改革，倡议法律援助，成为他律师生涯中值得大书特书的一段历史。

会员涉案被捕，多番联络救援

1930 年轮船招商局总办赵铁桥在上海福州路轮船招商局门前被民国著名杀手、斧头帮帮主王亚樵的手下刺杀身亡。1934 年，王亚樵的得力助手周执章被捕，供出王亚樵之弟王述樵与该案有关，王述樵因而遭到逮捕。王述樵乃上海律师公会成员，王被捕后，该公会候补执行委员唐豪、候补监察委员周是膺等提议讨论。上海律师公会执监

民国“杀手大王”王亚樵

联席会经过讨论,认为赵案已由公共租界工部局侦查,并由第一特区地方法院讯问,经正常司法途径可待水落石出,因此决议不作任何表态,静候司法机关依法处置。

后来,王述樵向公会报告,法租界巡捕受上海市公安局之压力,大量进入其位于租界内的居所搜查,并有传言上海市保安处、公安局等机构计划将其捕至华界,以逼问其兄下落。不久,上海市公安局又忽然向特区法院声请移提王述樵。王亚樵曾经组织刺杀蒋介石、宋子文,素为国民政府嫉恨,上海市公安局的举动让公会担忧情形险恶。于是陈霆锐、沈钧儒、王维桢三位常务委员联名致信上海市政府,表示王述樵"自执行律师职务以来,确系安分守己,不预外事",赵案发生之时,他"尚在学生时代,住校读书,尤与社会各方面不发生关系。"陈霆锐等认为,王述樵与其兄"分居既久,向来行动均各不相谋",纵使其兄有犯罪嫌疑,王述樵本人也"绝无何等罪责可言",不应妄事牵涉,请求免于提移。[15]

经过法庭审理,周执章当庭承认前述供词乃刑讯逼供所成,对王述樵乃是诬攀。可是上海市公安局又引用涉嫌刺杀宋子文被捕的龙林、唐明二人的口供,指出王述樵于宋案亦有嫌疑,要求提移审讯,以三日为期。然而,公安局将王述樵拘禁十余日后仍不送回法院。王述樵所属的上海法大同志会于是向上海律师公会去函,表示:

> 此次(王述樵)无端被诬,妄事牵涉,加以拘押,非但王律师身体自由及其职务大受妨害,而全体会员均有惴惴自危之势。贵会领导群众,主持正义,以彰国家法纪及全体会员法益为前提,应请对于王律师予以法律上之援助,速向司法当局提出抗议。[16]

陈霆锐等接函后，先后呈文司法行政部、上海市政府、上海地方法院，批评上海市公安局违法拘禁，“贻外人以司法黑暗之口实，内则约法精神、司法系统均被蹂躏，予民众以荆天棘地之痛苦”，[17]请求严饬该局即日将王律师移送法院。[18]

上海律师公会的呈文并未发生作用，上海市公安局将王述樵又继续拘禁三十余日。王述樵之妻徐筠轩向公会致以长信，请求援助，并指出宋子文的指示可能对公安局的行动有重大影响。陈霆锐等阅信后，次日即函请宋子文下令释放王述樵，并称宋之指示“一言九鼎，立予平反。”[19]

不知宋子文是对当年遇刺一事余怒未消，有意留难，还是本着事不关己的态度，回函寥寥数语，大意无暇研究案情，来信已转有关部门云云。[20]此事就此停滞，王述樵被继续关押又两月有余。于是陈霆锐等再次致信宋子文，表示安徽合肥县商会、县农会、红十字会等七团体和当地士绅二十人联名保王，证明其与刺宋案件确无牵连，同时又说长期拘禁对王氏经济、精神、名誉影响甚巨，请求宋子文“转知上海市公安局将王述樵即予省释”。[21]

此次宋子文并未回复，于是陈霆锐等再次具信上海市政府，力陈王述樵无辜羁押，“人权失其保障，社会滋为疑问”，将产生不利后果：其一，滥施羁押，乃蔑弃中央法令，将使“民众怀疑政府权威，有政令不出都门之感”；其二，贻洋人以口实，不利政府主张收回租界司法警察权力；其三，违法羁押，给王述樵造成经济、名誉和经济损失，虽然尚无冤狱赔偿法可济，但依民法上海市公安局仍应承担责任，否则“人民生命权利不予保障，尚何以堪？”[22]

维护律师权利,促进司法公正

陈霆锐在维护律师权利、促进司法公正上也是不遗余力。1934年,上海律师公会会员周域律师因马根寿等“共同杀人未遂及妨害秩序”一案受马根寿之妻委托,代为辩护。周域前往上海地方法院看守所接见马根寿时,遭到看守所的拒绝。看守所表示马根寿尚未起诉,不能接见。周域离开后遇见同案律师胡远骏,方知此案已由检察官提起公诉,并且同案被告已经出庭接受讯问。周域当即再往看守所寻求接见,结果仍是被拒。周域怒而向上海律师公会控诉此事。陈霆锐等常务委员在接到周域汇报的当日便向上海地方法院呈文,表示:“案已起诉,辩护律师请求接见羁押被告,按诸刑事诉讼法第一六五条、一七六条之规定并无不合”,并且追问,“上海地方法院看守所依据何项法令拒绝辩护律师行使法律赋予之职权?”[23]

1935年,陈霆锐、沈钧儒、王维桢致信江苏高等法院第三分院,批评上海第二特区地方法院看守所对于律师接见在押人犯管理宽松,准许律师事务所书记随时接见押犯,造成“包揽词讼之地痞亦可假名前往接见”的流弊。陈、沈等人呈文请饬该看守所以后对于律师接见在押人犯,“应以律师本人,并身佩会员证章者始许接见,并准备律师接见簿,凡律师前往请求接见者,均须签名簿内,并记明所接见者之姓名、事由以资查考。”[24]

此外,陈霆锐等还多次以上海律师公会的名义向法院、租界工部局、租界司法顾问处等机构去函反映、批评租界捕房干预律师执行职务[25]、法官违法拒绝律师检阅证据[26],要求纠正开庭时间、革除捕房人员占据律师座席等弊政。[27]

对于涉及司法公正的制度改革,陈霆锐也参与颇多。1934 年立法院开始制定《律师法》,上海律师公会向全体会员发函征询草案意见,更成立了"律师法草案研究委员会",陈霆锐名列其间。其后,他又受上海律师公会执监联席会之推举,同沈钧儒、俞承修一起负责出狱人保护会的组织章程,推动保护出狱人的权益。[28]

1934 年 3 月,陈霆锐、沈钧儒、王维桢以上海律师公会常务委员会的名义,响应中华民国律师协会之决议,向全体会员律师发函,征求其对《贫民法律扶助会暂行规则》的意见。该函表示:"法律关系人能尽获法律上之保障,而社会始克有平稳安固之进展。"[29]次年 1 月,上海律师公会正式成立上海律师公会附设贫民法律扶助会,任务包括:"为贫民解释疑问;为贫民证明法律关系;为贫民办理有正当理由之诉讼事务。"[30]同月,陈霆锐等呈文江苏高等法院、上海地方法院等相关法院,函请批准备案。[31]自此,上海律师公会的法律援助制度正式建立起来。

1937 年"八一三"事变以后,陈霆锐离开上海,继续于重庆执业,并先后担任国民参政员和制宪国民大会代表。1948 年陈霆锐离开大陆,渡海赴台。在台湾时,为了促成东吴大学的复校,陈霆锐多方奔走,终于 1954 年奉准复立东吴法学院并出任院长。陈霆锐退休后赴美定居,晚年仍旧回台从事律师事务,1976 年逝世于斯。[32]

注释

1. 王伟:《中国近代留洋法学博士考(1905 - 1950)》,上海人民出版社 2011 年版,第 70 页。

2. "陈霆锐先生小传",载《海上名人传》1930 年 5 月。

3. 同上注。

4. "陈霆锐江一平两君被选为上海工部局华董",载《老少年》1933 年第 10

卷第3期。

5. 陈霆锐:“收回会审公廨问题”,载《东方杂志》1925年第22卷第14期。

6. 陈霆锐:“为撤销领事裁判权告国人”,载《法学季刊》1925年第2卷第6期。

7. 陈霆锐演说、薛文雄笔记:“特种治外法权”,载《新东吴》1926年第1卷第3-4期。

8. 同上注。

9. 郦千明:“熊希龄拘传案始末”,载《检察风云》2011年第7期。

10. 同上注。

11. 赵晋卿:“收回会审公廨交涉的经过”,载《20世纪上海文史资料文库》(10),上海书店出版社1999年版,第72页。

12. 同注9,郦千明文。

13. “中国国民党上海特别市党部来函”,载《上海律师公会报告书》1927年改组期,第1页。

14. 张丽艳:《通往职业化之路:民国时期上海律师研究(1912-1937)》,华东师范大学2003年博士学位论文。

15. “致上海市政府函(为函陈王述樵律师与乃兄亚樵之政治嫌疑并无关系请免移提由)”,载《上海律师公会报告书》1934年第32期,第110-112页。

16. “呈司法行政部文(为市公安局违法拘禁律师王述樵请呈行政院令市政府转饬该局移送法院侦查审判由)”,载《上海律师公会报告书》1934年第32期,第113页。

17. 同上注,第114页。

18. 同上注;另见“致上海市政府、上海地方法院函(为市公安局违法拘禁律师王述樵请饬该局依法送由法院侦查审判由)”,载《上海律师公会报告书》1934年第32期,第115页。

19. “致宋子文部长函(为请释放王述樵律师由)”,载《上海律师公会报告书》1934 年第 32 期，第 121 页。

20.“附录宋部长子文覆函”，载《上海律师公会报告书》1934 年第 32 期，第 121 页。

21.“致宋子文先生函（为请转知市公安局省释王述樵由）”，载《上海律师公会报告书》1934 年第 32 期，第 122 页。

22.“致上海市政府函（为请饬知公安局对王述樵案迅速依法办理由）”，载《上海律师公会报告书》1934 年第 32 期，第 123 页。

23.“呈上海地方法院（为呈请查复看守所拒绝接见已经起诉在押被告之理由）”，载《上海律师公会报告书》1934 年第 32 期，第 233 页。

24.“呈江苏高等法院第三分院文（为请转饬上海第二特院对于律师接见人犯应以律师本人为限由）”，载《上海律师公会报告书》1935 年第 33 期，第 233 页。

25.“致法租界司法顾问处函（为函请查复捕房干预律师执务由）”，载《上海律师公会报告书》1934 年第 32 期，第 138 – 139 页。

26.“致江苏高等法院第三分院函（为函请查明纠正周蕴辉庭长之违法滥权由）”，载《上海律师公会报告书》1934 年第 32 期，第 164 – 165 页。

27.“致上海第二特區地方法院呈（为呈请纠正开庭时间及捕房人员占据律师座席由）”，载《上海律师公会报告书》1934 年第 32 期，第 220 – 221 页。

28.“上海律师公会纪事”，载《上海律师公会报告书》1936 年第 34 期，第 32 页。

29.“致各会员函（为检送贫民法律扶助会暂行规则征求意见由）”，载《上海律师公会报告书》1934 年第 32 期，第 238 页。

30.“律师公会附设贫民法律扶助会暂行规则”，载《上海律师公会报告书》1935 年第 33 期，第 78 页。

31.“呈各法院文（为呈报附设贫民法律扶助会成立由）”，载《上海律师公会报告书》1935 年第 33 期，第 77 页。

32. 同注 1，王伟书，第 71 页。

民国亦有死磕派

近几年"死磕派"成为了法律人群体经常谈到的话题。据"死磕派"首创者杨学林律师的说法,"死磕"一词最早起源于 2011 年的"北海案"。在声援该案过程中,当迟夙生律师看到有不少律师因提供援助而遭到围攻殴打时,叹道:"得死磕"。[1]从此,在代理案件过程中不妥协、硬碰硬,甚至激烈地主张权利、反对不公的律师被称为"死磕派"。当然"死磕派"这一概念本身含糊不清、难以界定,但往往人们将律师

吴迈肖像,《国货评论刊》1929 年第 2 卷第 8 期

在会见、调查以及庭审过程中激烈的坚持与抗议谓之“死磕”。从这个角度来说，在民国律师界就曾经活跃着一位以“不怕苦、不怕死、不做官、不荐官”[2]四不主义为标榜的死磕派律师。那便是人称“火镖律师”或“吴大炮”的吴迈。

揶揄日本领事，面斥蒋委员长

吴迈，字良翰，毕业于江西法政学校，曾经担任南昌审判厅和汉口审判厅推事。1926年，他在汉口开设律师事务所，开始了职业律师的生涯。吴迈的“大炮”、“火镖”之谓来自他的火爆性格和直率脾气。五卅惨案之后，吴迈四处演讲主张废除领事裁判权。一次，他到江西演讲，日本领事和野清请其入领事馆一叙。和野清开始用英文谈话，吴迈说自己只懂“大中华民族的话”。和野清便改用中文寒暄，吴迈又直言不必客气，但要其就取消不平等条约和撤销领事裁判权表态。和野清被逼无奈，只得说：“我们敝国的撤销领事裁判权，是化（花）了三十二年才成功的，因此，第一，贵国的时期没有到，第二，贵国的法院不普及，第三，贵国的法官不廉洁，第四，贵国的军人不守法，所以办不到。”吴迈一听，连声辩驳：“第一，中国自鸦片战争起，领事裁判权已有七十余年，中法之战、中日之战，五四运动、五卅惨案，俱是反抗表现。第二，中国法院非常普及，而且，即使不普及也与侨民无关，因为侨民本就不该深入内地。第三，中国人口众多，没有贪官诚难实现，贵国也并非没有贪官的丑闻。第四，中国军人的确不守法，但相比贵国军人上侵内阁，下压民众，也是小巫见大巫了。”其后，他又赠诗一首，将中国比作猛虎，将日本比作猎人，讽喻日本侵略中国是“猎夫何乃愚，休矣速改弦。执迷如不悟，终将遭噬吞。”时人皆谓吴迈过于勇猛，恐引起外交争端,所幸和野清非但未恼,反而称是。[3]

1930年代,他不忿国人抵抗日本侵略不力,每每在演讲中有惊人之语。一次,吴迈在复旦大学演讲,他上台第一句便是对着台下的学生说道:"中国人都是不抵抗的乌龟,人民是乌龟,在座的诸位都是乌龟。"学生一听,怒气陡涨,哗然欲围殴。此时,他大声叫道:"诸位不要暴动,我骂了你们全是乌龟,你们晓得愤怒,这正就是你们的不肯做乌龟,不肯不抵抗,你们真正是热血的抗日青年,我所崇拜的人物呢!"[4]"九一八"事变,张学良率军撤退,吴迈愤怒已极,他在演讲中厉声呵斥:

> 但是张学良的无抵抗主义真是奇哉怪也,他有的是很大的兵工厂,几百万的精兵和很多的枪炮飞机,很可以做边防御敌之用,可是他却忍心让几千万的同胞徒手待毙,照法律上说,他是边防总司令,他不抵抗,他是军人,应该军法从事而枪毙!
>
> 中国的法律是白纸上黑字,今天公布,明天公布,都只是用在老百姓的头上,有了枪弹的人士不受法律管束的!要是中国真正有了军法,那末张学良是军人,他就不该惩罚吗?哼,不,他该枪毙![5]

最令"吴大炮"声名大振的一次,是其和蒋介石的一次公开争论。1928年5月,日军进攻济南,屠杀中国军民,是为"济南事件"。斯时国民党中央常委会开会讨论此事,吴迈得知后,以社会贤达的身份获得嘉宾证进入会场。在会场中,吴迈手执孙中山的著作,指斥蒋介石对日军的屠杀抵抗不力,将三民主义抛诸脑后。面对这个"不速之客",蒋介石一方面为自己的决策进行辩解,另一方面也批评吴迈擅闯会场,扰乱秩序,耽误议程。会场中的其他代表也纷纷指责吴迈没有资格在会中发言。吴迈怒而反问:我身为国民党老党员,难道党员没有资格指出其他党员的过失?我身为中华民国公民,难道公民没有资格鞭策呼吁抗日救国?我身为国家的主人翁,难道主人翁没有资格批评人民的公仆?之后,警察以其擅闯会议、扰乱国是,将其逮捕。

次日,吴迈在狱中修书一封,呈给蒋介石。吴迈在信中据理力争,言辞犀利,不仅对自己被非法收押表达不满,也对政府违反法治、侵犯人权的做法提出了严厉批评。他在信中写道,"查国府颁布之法律,明文规定在押候审公民必须在二十四小时内移送法院审讯,不得逾期。今迈在羁已二日,超限一倍,留案不传,实属公然践踏法治精神。试问,在堂堂京畿重地,尚有此违反法律之事发生,然则地方乡镇直可视法律如废纸。以国家中枢要员如主席,率先破坏法纪,然则下级小吏,将视小民生命如草芥。对法律之师如吴迈,竟敢如此肆意施为,其余小民百姓之人身安全,不言可知矣。所云六法全书,除供民家塞酱油瓶口外,还有何用?"[6]吴迈之信,不知当年蒋介石是否亲自读过又作何感想,但此信之义正词严,至今读来仍如金石相击,字字铿锵。吴迈这次被捕后,各地舆论纷表同情,社会各界尽力营救,南京当局不久就在压力之下将其释放。

死磕办案被打,律师公会声援

吴迈不仅在政治立场上敢于死磕,作为律师,他为当事人权利而死磕的事例更加突出,虽然他也因为自己的死磕而蒙受侵害。1932 年 3 月 12 日,吴迈受上海中学校长郑通和之托,担任上海中等学校联合会法律顾问,前往上海市公安局保释因参加抗日救亡活动而被捕的康定夏等三名学生,并调阅案卷。警察局以案件尚处于侦查阶段,律师无权介入为由,拒绝了吴迈阅卷和保释的要求。吴迈坚持阅卷,继而抢夺卷宗,强行查阅。在场的上海市公安局第三科科长吴源恶语相向,出言辱骂,两人发生激烈争吵。突然吴源掌掴吴迈面部,并且唤来丁璿等警员对吴迈进行群殴,致其晕倒在地。

吴迈醒后遭到禁锢四日之久,却未移交法庭。吴迈不愿遭受非法拘禁,怒而责难,又被警察以扁担和门板等硬物"再三施以酷刑,至于昏厥多次"、"体无完肤"。[7]上海市公安局因吴迈伤重,难以处置,便以有通缉令为由,将吴迈押送至南京卫戍司令部。幸而卫戍长官将其释放。吴迈获释后,即刻向上海地方法院提起了诉讼,同时向上海律师公会反映情况、请求援助。

此前,吴迈也曾同上海律师公会死磕过一次。那是1929年,吴迈和谭毅公律师代表上海律师公会前往南京参加全国律师协会大会。会上吴迈在未经上海律师公会同意的情况下,就以上海律师公会的名义,联合其他两县律师公会向全国律师协会提交了有关"摒除嗜好、研究党义、参加革命、提倡侠义"的提案。上海律师公会得知此事后,向全国律师公会发函要求撤回提案。[8]吴迈对上海律师公会的决定不满,于是以个人名义向司法行政部抗议上海律师公会干涉会员提案权利。上海律师公会也针锋相对地向司法行政部呈文,指责吴迈"假名乱法,怙过强辩,恳请斥究,以儆狂妄"。[9]此事从此成为吴迈与上海律师公会之间的一段公案。

尽管有此不快之事,上海律师公会还是向吴迈提供了有力的援助。上海律师公会于当年的春季会员大会上,选定吴经熊、沈钧儒、俞钟骆、单毓华、伍守恭、秦联奎、潘震亚七名律师作为吴迈的援助律师,共同负责对吴迈案的法律救济事宜。[10]这一援助律师团阵容强大,不乏精英。七名律师之中,吴经熊、伍守恭二人是留美律师,沈钧儒、单毓华是留日律师,秦联奎是上海律师公会的创始人之一,曾任上海律师公会候补常务委员。

上海律师公会在调查吴迈律师被捕及刑讯一案后,向上海地方法院检察处发函,指陈涉事的上海市公安局第三科科长吴源、看守所所长王国帧、局长温应星等人违反法律,对吴迈非法拘禁、非法殴打,构成渎职伤害、妨害自由和诬告等罪。该函还指出,上海市公安局"历来行使司法警察权力往往超越常轨,予犯罪嫌疑人以法定限制之外,羁留及非法刑伤,甚且因而毙命。"[11]律师公会会员在职务上往往有所闻见,只因没有确凿证据,又顾忌对收回治外法权运动的影响,故没有公开表态。但此次是律师公会会员在依法执行职务之时,身受其害。"为了保全法律尊严,维护最低度之一般的人权保障,免除沪上外人之私议",故"集中法界全体力量,以求惩一儆百"。[12]

其后,上海律师公会又向监察院呈文,除了再次指控温应星、吴源、王国帧等人的犯罪事实外,还对上海市市长吴铁城提出了指控。律师公会指出,吴铁城虽非案件直接负责的长官,但他在本案中有挟嫌教唆的嫌疑。而且当吴迈被公安局非法羁押时,上海《申报》报馆经理史量才曾经向吴铁城询问吴迈遭受非法刑求之事,吴铁城当面否认。其后各报纷纷报道此事,吴铁城又视若无睹。这样事前失察,事后包庇,其废弛监督职务,无可辩驳。因此根据《公务员惩戒法》,当先行停止吴铁城职务,以肃官场法纪。[13]

吴迈的被捕和受辱引起了广大民众和社会团体的愤慨,中华民国国民救国会、中国国民拒毒会抗日救国团、国民奋进会、上海中等学校教职员联合会、华侨联合会纷纷致电上海律师公会,要求公会不为威势所迫,督促案件进展,"贯彻到底,以慰众望而保人权"。[14]其中国民救国会和拒毒会抗日救国团等团体还组织“慰劳吴迈律师茶话会”,邀请上海律师公会常务委员出席,讨论援救事项。[15]

在上海律师公会的交涉与民间团体的压力之下,上海地区法院依令将吴迈案移送江苏高等法院,其后又被裁定由江宁地方法院审理。原援助吴迈律师团中七位律师,除单毓华外均非江宁律师公会成员,没有在江宁地方法院的出庭资格,故无法继续代理案件。上海律师公会于是函请江宁律师公会继续为吴迈提供援助。[16]江宁律师公会经过常任评议员会议决议,同意继续援助。[17]

不忿淞沪协定,怒打上海市长

其实除了上述两案,流传于坊间的有关吴迈死磕的轶事还有许多,其中最有名的莫过于“怒打市长吴铁城”一事了。1932 年 5 月 5 日,外交次长郭泰祺等人代表中国政府与日本代表在上海英国领事馆签订了中日《淞沪停战协定》。根据这一协定,中国在事实上承认日军有权驻留吴淞、闸北等地,而中国军队却不能在上海周围驻所设防。由于此前吴迈曾得到上海市市长吴铁城的口头承诺,不会接受“城下之盟”,所以《协定》签订之事一遭披露,吴迈便备感悲愤。后来吴迈率领上海市民、学生数百人游行至上海市市政府,声讨吴铁城。

为平息众怒,吴铁城允许吴迈入内面谈。在市长办公室中,吴迈指责吴铁城食言卖国。吴铁城辩解称,协议的签订是中央的决定,他亦无法抗命。吴迈反讥道,如果中央命令吴铁城以妻女安慰日军以求和平,吴铁城必定抗命,以全家声;然而当下中国东北各同胞姐妹横遭蹂躏者不计其数,而吴铁城却无动于衷,以为无事。因此这不过是轻国耻、重家耻的汉奸行为。吴迈越说越气,突然高喊,汉奸人人可杀,

上海市市长吴铁城,《上海市政府公报》1932 年第 115 期

要与吴铁城同死报国。吴迈捡起茶杯、痰盂等物就向吴铁城砸去,击中他的左肩。在外待命的公安局三科科长听到动静,连忙带人破门而入,制止吴迈,并将其拘捕。吴迈被捕后,各界纷纷营救。在社会压力之下,为免激起民变,吴铁城最后下令释放吴迈,并将涉事科长撤职查办。[18]

对于吴迈这一系列的死磕做法,笔者认为除了有其性格火爆、“狂热”的原因外,更多还是出于民国时期司法环境与政治环境的外在原因。吴迈之所以擅闯国民党中常会,是因为党内党外缺少正常的、有效的民主制度,使得党员和公民的意见无法有效表达和影响决策。吴迈之所以强行调阅案卷、坚持保释学生,很大原因是考虑到上海市公安局久有滥权之名,担心学生蒙受陷害与虐待。其实民国律师之中并非只有吴迈一人死磕,尤其是在一些困难重重的政治性案件,比如“陈独秀”案、“七君子”案中,代理律师往往用尽各种办法,一方面在法庭之内据理力争,另一方面在法庭之外团结社会组织、制造舆论压力。他们之所以这样做,是因为他们知道,在党大于法,官大于法的民国,法庭的判决往往不是单纯的法律裁判,而是一个法律、政治、社会博弈的结果。因此他们不得不通过各种办法为自己的当事人争取更有利的条件,其中“死磕”不过是争取这些条件的一种方法。

笔者无意在此评论吴迈以及其他律师“死磕”是否符合正义的原则,是否能够有效维护权利。笔者的观点是,对于“死磕派”律师这一现象的理解,绝不应仅从律师个人道德、技术、策略、目的等微观层面着手,更应该考察催生这一现象的法律、社会、政治的宏观层面。减少律师通过庭内对抗、庭外炒作的“死磕”来争取权利的最好办法就是促进司法独立、树立法官权威、尊重律师权利、监督警察权力,实现司法程序的公平、公正与公开。当法律和程序成为律师保护当事人权利最有效的武器时,相信所有的律师都会选择法律和程序,而不是“死磕”。

注释

1. 叶竹盛:“死磕派律师”,载《人民文摘》2013 年第 11 期。

2. 吴迈:“抗日救国具体办法”,载《大同附中期刊》1932 年第 40 期。

3. 同上注。

4. 苹末:“满口乌龟的怪律师吴迈”,载《新光》1947 年革新第 12 期。

5. 同注 2,吴迈文。

6. 赵德章:“抗日救亡的‘大炮’——吴迈律师在国难时刻”,载《档案与史学》2001 年第 5 期。

7.“致上海地方法院检察处函(为高发市公安局局长科长员警违法请予严究由)”,载《上海律师公会报告书》1933年第31期,第75-77页。

8.“致中华民国律师协会、吴迈会员函(为撤回吴迈出席代表由)”,载《上海律师公会报告书》1929年第25期,第155页。

9.“呈司法行政部文(为吴迈代表捏词朦控请予批斥由)”,载《上海律师公会报告书》1929年第25期,第153-155页。

10.袁哲:《法学留学生与近代上海:晚清-1937年》,复旦大学2011年博士学位论文。

11. 同注7。

12. 同上注。

13.“呈监察院文(为呈请弹劾吴铁城温应星吴源丁瑢等分别移付惩戒机关先行停职依法惩戒由)”,载《上海律师公会公告书》1933年第31期,第80-82页。

14.“附录中华民国国民救国会代电”,“附录中国国民拒毒会抗日救国团来函”,“附录上海市中等学校教职员联合会、国民奋进会来函”,载《上海律师公会公告书》1933年第31期,第79页。

15.李严成:《民国律师公会研究:1912-1936》,华中师范大学2006年博士学位论文。

16.“致江宁律师公会函”,载《上海律师公会公告书》1933年第31期,第82-83页。

17.“附录江宁律师公会覆函”,载《上海律师公会报告书》1933年第31期,第83页。

18. 同注6,赵德章文。

执业上海的官僚律师

洱海苍山外，斯人不世才。
名言金玉在，多难栋梁摧。
绕室忧无策，衔杯恨未陪。
良医良相尽，此事最堪哀。

张耀曾肖像，《司法公报》1924 年第 109 期

此诗系1938年商务印书馆董事长张元济为民国著名法律人张耀曾所作挽诗。[1]张耀曾,字镕西,1885年出生于大理一个白族诗书世家。因父于京授事,遂生长于斯。张耀曾少时曾求学于京师大学堂,与吴景濂(后任众议院议长)、余棨昌(后任大理院院长)等同窗,[2]后于日本留学七年,毕业于东京帝国大学法科。辛亥革命爆发,受滇督蔡锷之请,张耀曾回国任事,先后担任国会议员、司法总长等职,参与了《中华民国临时约法》《天坛宪法草案》的起草工作。[3]1927年,他离开政坛,后移居沪上,操律师业,直至去世。张耀曾在民初政坛上纵横沉浮,晚年虽处江湖之远亦与国府高层往来不绝,张元济挽诗尾联"良相"之喻故自此出。而"良医"二字,窃以为可算对张耀曾最后十年以法救人、以律扶正的律师生涯之赞。

大理院,《宪法新闻》1913年第3期

大理院开庭式,《宪法新闻》1913 年第 9 期

张耀曾辞庙堂而业律师，去京华而就上海，对他而言，有颇多无奈与辛苦。张氏自命“志在精究天人”，[4]律师经营本为一时之计。其沪上日记以“求不得斋日记”冠名，当时心境可窥一斑。但即使在这无奈与辛苦的年岁里，他依然保持正直真诚、不阿不畏的脾性，体现了一代律师的风骨。

沪上初业律师，勉力渐开局面

1928 年年底，张耀曾来到上海。他之所以离开北平是因为从事政治的时机和时局不佳。“质言之，表面重门户之见，里面重姻亲之私，曾无礼访贤才之真诚。余性迂谨，卅年来只有人求我赞助，决无自行奔走经营之事。在此奔竞倾挤场中，当然不愿参加。”[5]南来的目的是为了开拓律师业务，但是抵沪两个月间，他却一无收获，心里对于执业一事也是颇多顾虑。一则，他认为“此地习气重运用，而不尽讲公道；尚权术，而不悉遵法律。以余之方正无术，未必能迎合世俗，大行其道。”[6]另一方面，在沪开业，需要巨资。经费的短绌也是一大困难。他认为能否筹到款项乃是开业的先决条件。之后在他律师事业的初创时期，经费问题也的确一直是他最大的困扰。

1929 年 1 月 5 日，他托人所借款项五百元收讫。但是他计算沪上月用四百，北平月用两百，自己实难获得如此收入。在平赋闲与在沪奔忙俱是入不敷出，然而为何选择居沪？这是因为在沪尚有可能挣得此资，在平则断无可能。[7]因此，即使“左右思维”，他还是决心开业。

开业第一件事便是寻觅营业之地。起先他于法租界中寻觅数处，无奈价格昂贵，只得怏怏而归。[8]二十天后，他终于找到位于白克路大通里五九四半号的一处居所。该楼“两楼两底，后附小楼两间，中式略参西式,既不华,亦不敞,月租八十七元。”[9]张耀曾“取其可兼住宅与事务所两用,故居之。”[10]他想到自己所余资金在上海仅能敷衍两月,看着新居“四壁萧然,种种不便”,[11]虽然暂安,精神却并不畅快。[12]

之后,为了支付电费、装潢新居,张耀曾屡屡托人四处借款。甚至2月4日他收到上海律师公会的登录公文,知道要交入会费六十元的时候,都“殊觉为难”。[13]2月23日,为了出行便利,张耀曾购洋车一辆。当时沪上法律界声名与张耀曾相当之律师,如陈霆锐、陈则民、吴凯声、江一平等莫不以汽车代步,[14]而张耀曾则无此财力。对此,他回忆自己在1914年担任教职时便已购买了洋车,后来又先后购买马车、汽车。如今重新使用洋车,直如时光倒转,“亦一小沧桑也”。[15]

2月28日,开业后的张耀曾接到第一个案件,在陈霆锐家中与当事人程黄氏商谈至深夜。此案为他带来了第一笔公费,共五百元。[16]3月12日,他将这五百元收入寄回北京以作家用。[17]5月,他同昔日的部下沈钧儒等人合办律师事务所于静安寺路兴和坊一九一二号,[18]7月间又被出任上海市长的故友张群聘为市府顾问。[19]业务的开展逐渐给他带来收入。

1930年1月29日是农历除夕,张耀曾开业已近一年。他核算该年用度,合计支出一万零三百元,收入则仅六千三百八十余元,其中亏空皆靠借贷。[20]在张的用度中,抵沪头两月为房租、电气、家具等便支付两千余元,其后又陆续为起居出行花钱购置不少东西。在律所方面,静安寺路的房租想必他也须承担一份,书记、仆役等人力成本亦不可免。他聘用的书记褚德勤系其故人,家中曾有恩于他,因此除月薪三十五元之外,他还月付津贴十元。[21]此外,张耀曾社交广泛,往来酬酢自始不绝,应酬之资自然不菲。同其交际之人包括陈霆锐、汪有龄等律师好友,吴经熊、钟宏声等法院推事,黄郛、董望翘等政商人物,还有胡适、罗隆基等学界名流。在应酬开销上,他曾于大东酒楼宴请贺其开业的同乡十六人,"力从简约",仍费三十余元,全年支出可见一斑。因此,他也不禁愁苦"沪居以应酬为最难也"。[22]

在该年收入之中,有两千元是云南龙云所赠岁献,八百多元是他在学校授课和担任上海市政府顾问的津贴,全年实际所得的律师公费仅有三千五百余元。[23]1930年代初,上海一般律师每案的诉讼公费大致两三百元,而知名律师则上千元。1930年,叶茀康律师代理一起政治案件,一审至三审共收五千六百元。[24]而同样于1930年自上海特区法院院长任上离职开业的吴经熊在执业的第一个月里便拿到了不少于四万两银子的收入。[25]相较而言,张耀曾开业第一年的收入情况的确尚属平平。

回顾初业律师这一年,张耀曾认为是其生活的转型时期。"从前以政治为生,今则以律师职业为生;从前与一般社会相远,今则置身一般社会中;从前不知生活之艰辛,一任自然,今则不能无谋生之念虑。"[26]经此一年,张耀曾心态逐渐调整,局面日渐打开,经济这一最大难关始得度过。

时刻反省自身,不忿司法黑暗

来沪执业前,张耀曾担心自己"方正无术",不能"大行其道"。但他的才思还是能在法庭上得到施展。1930年2月10日,张耀曾受前广东军政府政务总裁温宗尧之约,赴上海临时法院为之辩护,乃是其第一次出庭。该案27日开审时,张耀曾"辩论从容,声音清晰,颇能动听"[27],法院大体采纳其辩护意见,判决被告无罪,即为张耀曾首胜之案。

同时,他对自己在执业过程中所展现的短处也时刻警醒,自省自励。某次,他偕当事人往汪有龄家中商议和解事项。当时"汪态度汹汹，先发制人，完全不许人讲话。”[28]张耀曾心中怒甚，但恐妨碍达成和解，只能忍而不发。结果达成之协议竟是置其意见于不顾。张耀曾由是反思，失败原因乃系其性格和顺平易，遇人侵凌则难反抗，加之心力迟钝，遇人奇袭则难周旋。次日他于日记中手书“排除一切，独伸己见”[29]八字，以为将来之勉。

张耀曾在执业时“置身一般社会”，耳闻目睹种种司法腐败与弊病，每每遭遇，皆感不忿。比如1930年11月17日，沈钧儒去法租界公堂出庭，返事务所后告诉张耀曾法庭见闻，备言“律师不穿制服，随意发言；法官不问原、被告姓名；判案仍用堂谕，并无判词，法庭秩序甚乱”[30]云云。张耀曾感慨道：“如此法庭仍可存在，吾不知中国司法当局所司何事，更不知中国人民所争何事，何以对公共租界与法租界乃判若天渊耶？”[31]

1931年3月21日，他于特区法院旁听审判，出门时亲见法警向当事人索要小费。当时当事人已经付给五元，法警竟仍嫌不够，大声争论，无甚顾忌。对此，张稍加计算，认为平时法警常向涉案两造索要小费，皆不敢不给，以每案平均索取五元，一日十案计，便可日得五十。庭中诸吏分赃，每人每月可得三百，甚至胜过候补推事之薪俸。[32]

后来，他更在自己办理的案件中亲历腐败。当时他所代理的天南旅社败诉，在执行的过程中被违法查封。为了早日启封营业，张耀曾以相应价值的铺保单向法院提供担保。但是法院的执行推事熊飞却以铺保不实为由，种种留难。当事人指出推事意在索贿，他便委托故人巡捕房侦缉长陆连奎前去询问。后来果然交涉清楚，熊氏欲索五百元。张耀曾又托陆还价，最后以四百元成交。交钱之后，在执行庭上熊氏依然对铺保有所指摘，但经过张耀曾的抗辩，便即不再多言，准予启封。显见便是贿金之效。后来当事人告诉张耀曾，除了执行推事这四百元外，他还向承发吏支付两百，谓是上海通例，不足为怪。张耀曾闻之，“则不知所答，惟浩叹而已。”[33]

同年10月5日，张相时偕乡人包明楼来访。言包氏在火车站被公安局侦缉队逮捕，严刑虐待，勒索钱财，最后交付四千元钱方才释放。张耀曾当日在日记中感叹：“公安局黑暗至此，往日闻之而不敢遽信者，今欲不信不得矣。余向以善美方面看世界，闻人说罪恶弊端，辄谓何至于此，不免忠厚太过。此后应切实注意人类社会之暗黑面。”[34]正是目睹这些黑暗，使他决心与戴修瓒等商议组织法学会，以作学术贡献，兼谋肃清司法弊端。[35]

不悔扶助公义，不畏强权舆论

张耀曾以业律师为服务人民之法，对于贫弱之人，常相济助；而遇强权欺凌，则斗之不惧。1930年5月21日，张耀曾受租界特区地方法院的函约，指定为广东少年胡树蓉行使伪币一案辩护。起初张对此指派颇为厌烦，但后来考虑“为穷人做义务辩护，实律师本分，不可不一为提倡，”遂为之辩，果使之无罪得释。[36]

1931年7月，张耀曾受前司法总长、大理院院长董康律师之请，代理其侄媳江氏一案。江氏此前由董康介绍，同其侄董俞订婚。不想董俞竟于婚前偷偷另娶陆氏。江氏羞愤交加，吐血伤肺。后来江氏请求离婚，要求赔偿。但是董俞却自恃为沪上大状，反复欺凌，致江氏处境悲凉。董康本为江氏约请前大理院庭长，曾办理陆小曼离婚案的李祖虞律师代理，但李氏恐惧董俞凶横，未敢承应。后询陈霆锐，陈亦推脱。张耀曾得知情况后，感叹“律师有拥护人权之责，今有弱女子受凶暴摧残，乃至无人敢为在法律上说话，岂非律师之耻？”[37]便慨然应允，并且不取分文而义务辩护。

开庭前一日，董康与董邦干于张家商议江案对策。董邦干力言董俞凶暴可畏，甚至放话对此案非流血不可，劝张耀曾最好和解。张耀曾并不反对和解，但也坚持须“稍顾公理”。同他协理此案的两位律师顾虑人身安全，张耀曾则劝道：“危险与否，虽不可知，但律师有拥护人权之责，岂能畏彼强御？”[38]后来开庭，果然据理以辩，达半小时。

张耀曾不仅在强权面前不肯低头，面对积毁销骨的社会舆论也无半点妥协。1931 年 10 月，上海第五区警署门口聚集大量反日民众。在纷乱之中发生枪击事件，两人死亡，五人受伤。对此《申报》报道是第五区警署署长游伯麓命令向群众开枪。而游伯麓则表示当时人群呼喊口号，抢夺枪支，甚至试图冲入警署，故命人朝天鸣枪示警，并未击人。他还辩称警枪皆系驳壳枪，而现场发现之子弹则非驳壳枪子弹，存有疑点。[39]

此案一出，群情汹涌。上海邮务、报业、码头等一百五十余个公会的代表集体商议，向市府要求严惩游伯麓。[40]第五区警署甚至发生殴打巡警，抢夺枪械的事件。上海市长张群为息民愤，下令彻查，并将游伯麓停职。此案虽然交给法院审理，尚未结案，但出于维护稳定之目的，国民党方面已欲将游氏作为民愤之标靶，断言“惨案由游伯麓蛮干行为所酿成”，“对于游伯麓依法严办，终必代表民意，坚决进行。”[41]

舆情激愤之下，律师自然不敢轻易接手。张耀曾起初也不愿干犯众怒。但他复认为“律师为罪人辩护，乃属本职，虽罪大恶极，亦须维持公平。会群众浮动，务走极端，倘不为之依法维护，深恐有失公平。故毅然应允，所以表示律师眼中只有法律，虽舆论亦无畏也。”[42]

11 月 10 日，上海地方法院开庭审理游伯麓“义愤杀人”一案，张耀曾与沙训义、朱绍文出庭辩护。四日后，《申报》刊发邮务工会致上海律师公会电文,斥骂张耀曾助桀为虐,间接破坏爱国运动,警告张耀曾等解除代理合同,并要求律师公会给予张耀曾等严处。

张耀曾阅报后"心极愤怒",但也认为"我心无愧,何恤人言"。[43]未免群众不辨是非,发生误会,他又于《申报》登发启事,表明:"游伯麓杀人嫌疑一案,世论虽极纷纭,然未经依法审判前,无论何人不能断为有罪。当进行审理之际,依法辩护期无冤枉,实法律上明白之要求,即为律师不可卸之职责。"他自谓"非为游伯麓一人之私,实欲拥护中华民国之尊严,实践保障人权之职责。"进而提醒民众"法律为国家之纪纲,凡爱国行动,均严守法律范围,否则法纪荡然,国之随亡。"[44]

后来又有公会继续指责,而张耀曾则认为其"言语断道,无可与谈",[45]便不再置言,只是坚持为游辩护。其后更有传言游案开庭之时将有暴动,张耀曾仍是不为所动。对于张耀曾的雪中送炭,游伯麓自然感激不尽。第二年,淞沪会战正酣之际,获释的游伯麓还特往张府致以谢意。[46]

在此之后,张耀曾又先后代理新疆省主席金树仁案、施剑翘刺杀孙传芳案,皆系民国轰动一时之要案、奇案。1936 年 11 月,律师沈钧儒、王造时、沙千里、史良,学者章乃器、李公朴,报人邹韬奋因涉嫌"危害民国罪"被捕,史称"七君子事件"。张耀曾毅然与秦联奎、李肇甫同为沈钧儒辩护。此案历时八月,张耀曾"病体支离",[47]仍然勉力于法律上筹划应对,并且一再透过褚慧僧、杜月笙、张群等人寻求政治解决。其于苏州法庭一辩,"旁听席上掌声雷动,南京政府为之惊慌。"[48]在张耀曾等人的共同努力之下,"七君子"于次年 7 月具保释放。至此,张耀曾律师生涯中最后一件大案落下帷幕。

一年之后,"心力浸[尽]耗"[49]的张耀曾因病故去,形寿五十四岁。其四位孤女的称颂当可作为张耀曾执业十年的总结:"在沪执律师职务,以保障人权、矫正风俗人心为志。遇理曲妄争者,皆婉言规导,虽许以重酬不为;理贫弱之遭凌辱,公费多寡非所计。……热心毅力,承审法官叹为仅有。”[50]

注释

1.“宪法起草委员会祥志”,载《宪法新闻》1913年第12期。

2. 董彦斌:《追寻稳健宪政:民国法律家张耀曾的法政世界》,清华大学出版社2013年版,第16页。

3. 同注1。

4. 张耀曾:“求不得斋日记(1928年7月30日)”,载杨琥编:《宪政救国之梦:张耀曾先生文存》,法律出版社2004年版,第243页。

5. 张耀曾:“求不得斋日记”(1928年12月30日),载杨琥编:《宪政救国之梦:张耀曾先生文存》,第249页。

6. 同上注。

7. 张耀曾:“求不得斋日记(1929年1月21日)”,载杨琥编:《宪政救国之梦:张耀曾先生文存》,第251页。

8. 张耀曾:“求不得斋日记(1929年1月6日)”,载杨琥编:《宪政救国之梦:张耀曾先生文存》,第250页。

9. 张耀曾:“求不得斋日记(1929年1月26日)”,载杨琥编:《宪政救国之梦:张耀曾先生文存》,第254页。

10. 同上注。

11. 同上注。

12. 同上注。

13. 张耀曾:“求不得斋日记(1929年2月4日)”,载杨琥编:《宪政救国之梦:张耀曾先生文存》,第256页。

14. 陈同:《近代社会变迁中的上海律师》,上海辞书出版社2008年版,第

265 页。

15. 张耀曾:“求不得斋日记(1929 年 2 月 23 日)”,载杨琥编:《宪政救国之梦:张耀曾先生文存》,第 259 页。

16. 张耀曾:“求不得斋日记(1929 年 2 月 28 日、3 月 3 日)”,载杨琥编:《宪政救国之梦:张耀曾先生文存》,第 260 页。

17. 张耀曾:“求不得斋日记(1929 年 3 月 12 日)”,载杨琥编:《宪政救国之梦:张耀曾先生文存》,第 261 页。

18. 张耀曾:“求不得斋日记(1929 年 5 月 1 日)”,载杨琥编:《宪政救国之梦:张耀曾先生文存》,第 269 页。

19. 张耀曾:“求不得斋日记(1929 年 7 月 24 日)”,载杨琥编:《宪政救国之梦:张耀曾先生文存》,第 274 页。

20. 张耀曾:“求不得斋日记(1930 年 1 月 29 日)”,载杨琥编:《宪政救国之梦:张耀曾先生文存》,第 280 页。

21. 张耀曾:“求不得斋日记(1929 年 5 月 1 日)”,载杨琥编:《宪政救国之梦:张耀曾先生文存》,第 269 页。

22. 张耀曾:“求不得斋日记(1929 年 3 月 21 日)”,载杨琥编:《宪政救国之梦:张耀曾先生文存》,第 263 页。

23. 同注 20。

24. 同注 14,陈同书,第 263 – 264 页。

25. 吴经熊:《超越东西方:吴经熊自传》,周伟驰译、雷立柏注,社会科学文献出版社 2013 年版,第 105 页。

26. 张耀曾:“求不得斋日记(1929 年 12 月 31 日)”,载杨琥编:《宪政救国之梦:张耀曾先生文存》,第 279 页。

27. 张耀曾:“求不得斋日记(1930 年 2 月 27 日)”,载杨琥编:《宪政救国之梦:张耀曾先生文存》,第 281 页。

28. 张耀曾:“求不得斋日记(1930 年 10 月 27 日)”,载杨琥编:《宪政救国之梦:张耀曾先生文存》,第 288 页。

29. 同上注。

30. 张耀曾:“求不得斋日记(1930 年 11 月 17 日)”,载杨琥编:《宪政救国之梦:张耀曾先生文存》,第 288 - 289 页。

31. 同上注。

32. 张耀曾:“求不得斋日记(1931 年 3 月 21 日)”,载杨琥编:《宪政救国之梦:张耀曾先生文存》,第 293 页。

33. 张耀曾:“求不得斋日记(1931 年 6 月 18 日)”,载杨琥编:《宪政救国之梦:张耀曾先生文存》,第 296 页。

34. 张耀曾:“求不得斋日记(1931 年 10 月 5 日)”,载杨琥编:《宪政救国之梦:张耀曾先生文存》,第 301 页。

35. 张耀曾:“求不得斋日记(1931 年 7 月 12 日)”,载杨琥编:《宪政救国之梦:张耀曾先生文存》,第 297 页。

36. 张耀曾:“求不得斋日记(1930 年 5 月 21 日)”,载杨琥编:《宪政救国之梦:张耀曾先生文存》,第 284 页。

37. 张耀曾:“求不得斋日记(1931 年 7 月 21 日)”,载杨琥编:《宪政救国之梦:张耀曾先生文存》,第 298 页。

38. 张耀曾:“求不得斋日记(1931 年 7 月 20 日)”,载杨琥编:《宪政救国之梦:张耀曾先生文存》,第 297 页。

39. 同注 2,董彦斌书,第 277 - 278 页。

40. 沈以行、姜沛南、郑庆声编:《上海工人运动史》(上卷),辽宁人民出版社 1991 年版,第 553 页。

41. 同注 2,第 278 页。

42. 张耀曾:“求不得斋日记(1931 年 11 月 1 日)”,载杨琥编:《宪政救国之梦:张耀曾先生文存》,第 304 页。

43. 张耀曾:“求不得斋日记(1931 年 11 月 14 日)”,载杨琥编:《宪政救国之梦:张耀曾先生文存》,第 305 页。

44.《申报》1931 年 11 月 16 日。

45. 张耀曾:“求不得斋日记(1931 年 11 月 19 日)”,载杨琥编:《宪政救国之梦:张耀曾先生文存》,第 306 页。

46. 张耀曾:“求不得斋日记(1932 年 2 月 20 日)”,载杨琥编:《宪政救国之梦:张耀曾先生文存》,第 319 页。

47. 张耀曾:“求不得斋日记(1937 年 4 月 4 日)”,载杨琥编:《宪政救国之梦:张耀曾先生文存》,第 444 页。

48. 梁漱溟:“张公耀曾生平及家世——答近代史研究所信底稿”,载杨琥编:《宪政救国之梦:张耀曾先生文存》,第 II 页。

49.“先考镕西府君行述”,载杨琥编:《宪政救国之梦:张耀曾先生文存》,第 510 页。

50. 同上注,第 511 页。

超越东西方的吴经熊

吴经熊，字德生，1899 年生于浙江宁波。他是民国法律界蜚声中外的天主教徒，教名若望(John)。若望·吴这个名字，也随着他在法律和哲学上的杰出贡献而在五洲四洋广为人知。正是这样一位超越东西方的法律人，一生都在追寻这样一个信念："作为一名中国人，我有一个祖国要拯救，我有一群人民要启蒙，我有一个种族要高举，我有一个文明要现代化。"[1]

接受西方教育，结交法学巨擘

吴经熊幼时接受私塾教育，六岁启蒙，学习儒学经典，九岁始学英文，后亦跟随耶稣会神父学习法语。用他的话说："我用英文思想，却用中文感觉，这便是我只写汉诗的原因。有时我也用法文歌唱，用德语开玩笑。"[2]

1916 年，吴经熊入读沪江大学，与徐志摩同窗。本来吴经熊志在科学，但在一次化学实验事故后，他对自己的前程产生疑问。在徐志摩的提议下，他二人前往天津北洋大学学习法科。[3]次年，吴经熊转入在上海成立不久的中国比较法学院(即东吴大学法学院)，注册名为"若望·吴"。[4]

东吴法科此时刚开三届，规模尚小。吴经熊这届学生总共八人，其中包括后来长期担任上海律师公会常务委员、执行委员的陈霆锐和

吴经熊肖像

著名律师陆鼎揆。吴经熊是班上最小的同学,开学之初曾有学长对他惊呼:“看看这些大课本和案例书! 我们每天要读100页! 你这么年轻,怎么跟得上作业?”[5]出人意料的是,在校三年,吴经熊的成绩一直名列前茅。1920年,他以全级唯一的“最优等”毕业生的荣誉获得法学学士学位。[6]在法学院的毕业纪念册中,有关吴经熊的页面如此写道:

> 他经常代表受苦难和受压迫的人民讲话。他与所有邪恶势力为敌。他的人生目标有二:其一,作为一名律师,将中国从目前的水深火热之中拯救出来,并组织一个强有力的政府;其二,作为一名基督徒,将迷茫的犹太教徒转化为信仰上帝,并建立一个新的耶路撒冷。[7]

东吴法学院型式法庭(模拟法庭),《东吴年刊》1929年第1期

吴经熊于东吴大学毕业的同年前往美国密歇根大学法学院攻读法学硕士(LLM)学位。由于所攻读的五门课程均获得"A"的优异成绩,加上他在东吴法学院接受英美法教育的学分获得承认,他最后获得法律博士学位(JD),年仅22岁。在美国的学习经历为吴经熊跻身世界法学名家奠定了基础。

1921年,他在《密歇根法律评论》上发表论文《中国古代法典与其他中国法律及法律思想资料辑录》(Readings from Ancient Chinese Codes and Other Sources of Chinese Law and Legal Ideas),并将之寄给美国最高法院霍姆斯大法官,从此开启了一段在中美法律交流史上被传为佳话的忘年交。当时霍姆斯已是耄耋之年,而吴经熊则未届而立。两人此后通信频繁,从法律、神学到生活、事业无所不谈,直到霍姆斯逝世。

在密歇根大学法学院院长贝茨、国际法教授迪坚逊、法理学教授达克等人的举荐下,吴经熊接受卡内基国际和平基金会的资助前往欧洲访学,[8]师从德国法哲学家施塔姆勒。旅欧期间,吴经熊以法语发表《国际法方法》《成文国际法》和《论自然法》三篇论文,以德语发表《法律哲学中的认识问题》,以英语发表《霍姆斯法官的法律哲学》,引起美、欧一流法律学者的注意和回应。1923年,吴经熊受哈佛大学法学院之邀回到美国,又针对时任哈佛法学院院长庞德的法社会学理论写作了《论庞德的法哲学》一文。[9]这些学术成果后来被收入他的文集《法学论丛》(Judicial Essays and Studies),使吴经熊成为享誉国际的中国法律人。

出任租界推事,公正之名远播

1924 年,吴经熊载誉归国,执教于东吴大学法学院。三年后,他被任命为上海公共租界临时法院推事。他怀着激动的心情向霍姆斯分享这一消息:

> 该法庭可以判决上海一切的国际纠纷,除非被告是条约国公民,即享有治外法权的公民。用别的话说,我将会裁决双方都是中国居民的案子,也可以裁决原告是外国人但被告是中国人的案子,我是一个外国人的总督!我将有大量机会来做法律领域创造性的工作了。我可以试着将中国法律霍姆斯化了!
>
> 这个法庭虽然在级别上低于最高法院,但在利益上和重要性上却甚于后者。事实上,最高法院有两个大法官辞去了那里的工作而加入到前者来。[10]

1929 年,英国人品多起诉华人张聚昌,指其曾将游船交予被告修理,事前约定应以优良洋松及坚木修葺,并使原告满意,而被告所用木料却并未使之满意,因此主张被告违约。吴经熊经过审理认为,该合同中"优良"二字意义含混,概念广泛,不能确指某特定种类之洋松,因此只能作"非恶劣"之解释。被告虽使用普通洋松,但并非劣质品,实已包含于"优良"的概念之中,因此不属违约。至于"满意",吴经熊认为如采严格之解释,则该项约定不啻给予原告一方以"独断的意思",可永不表示"满意"而使被告永远无法履约。因此,严格解释当为无效。"满意"应当解释为客观上之满意而非主观上之满意,也即"如事实上被告之工作就客观已足使原告满意，虽原告主观仍未满意，亦应作满意。”[11]据此，吴经熊判定被告并未违约。[12]

同年，吴经熊审判洋人特瓦雷聚众赌博一案。在该案中，特瓦雷以轮盘的方式进行赌博，而其辩护律师则主张轮盘赌在中国属于新鲜事物，超出了立法者的智力视野，因此不能为罪。对此，吴经熊认为法律的目的在于禁止赌博，因此问题的关键在于轮盘赌是否属于赌博，而非这种赌博方式是否为立法者所知。他批评“原意论”的解释方法，认为诸如赌博这类的概括性概念需以“法律进化观”进行解释。据此，他判令特瓦雷罪名成立。[13]

吴经熊这些充满法律论证的判决获得了美国证据法权威魏格莫的赞赏，他写道：

> 当哲学家们变成了法官（能干的法官），理想主义和现实主义这些相反的特性就会被充分地统一在一个人身上了，这乃是一种异乎寻常的结合……这一异乎寻常的结合可在若望·吴经熊身上看到……[14]

在职业道德上，吴经熊也谨守法官的本分。他拒绝贿赂，自谓：“一个法官必须像一个处女那样认认真真地保卫她的贞洁。”[15]他将法律作为自己审判案件的唯一准绳。在审判加西亚案时，被告律师费须尔指出，如果其判决对外国人过于苛刻，则可能对中国取消治外法权不利。他将之斥为政治化的言论，并宣称：“法律是本法庭的唯一偶像。”[16]上海的英文报章对吴经熊的任事不吝赞美，《华北日报》认为其有关加西亚案的判决“表现了中国司法独立的一大进展”，[17]《上海水星报》甚至称赞：“所罗门王坐在审判席上。”[18]

执教美国归来,开始执行律务

在法官任上的出色表现使吴经熊成为上海滩万众瞩目的角色。对此,他惴惴不安,并向霍姆斯诉苦:“一个真正的伟人是不会像我这么大众化的,至少,在活着时是不会的。”[19]1929 年秋,美国哈佛大学法学院和西北大学法学院分别邀请吴经熊赴美讲学,于是他从代理上海临时法院院长任上辞职,再赴美国。[20]不久,由于妻子患病,他于 1930 年辞去哈佛的教职,在上海开始了律师职业,设事务所于威海卫路。[21]他在律师界如鱼得水、风生水起,时人报道:“(吴经熊)主持正义,依法保障人权,闻上海诸名人及大公司,知吴氏执行律务,皆争聘之为顾问,从此东吴之校友中,又产生一名法家之大律师矣。”[22]

1931 年,皖籍商人璩世祥等人在上海被美国水兵殴至重伤。上海律师公会皖籍会员丁子谷、王海清等向公会报告此案,并偕同安徽旅沪同乡会请求干预。因案涉美军,因此他们请求公会“讨论本案法权问题,并推举熟谙美国法律之律师数人研究援助方案。”[23]公会经第八十一次执监会议讨论,公推吴经熊担任此案代理律师。[24]可见吴经熊之美国法造诣颇受同侪推崇。此案经过中方交涉,最后美国承诺将由总统向国会请求拨予受害人每人美金三百元作为赔偿。[25]

吴经熊还曾代理闻名沪上的“裸体模特案”。当时著名美术家刘海粟因反对江苏政府禁用模特的政策,在报纸上口诛笔伐,被县知事危道丰以侮辱人格、毁谤名誉诉至法院。刘海粟遂请吴经熊、陈霆锐为辩护律师。在开庭前几日,刘海粟应约赴吴经熊的宴席,发现同席竟有承审其案的推事郑雯,方知郑雯与吴经熊乃旅欧时的同学。原来郑雯认为刘海粟无罪,但南京屡屡致电,要求严惩,虽然司法独立,但困难颇多，便托吴经熊约刘面谈。郑斐提议，由法庭判罚刘海粟五十元结案，请刘不要上诉。刘海粟与吴经熊知道法院面临巨大压力，如果上诉，其他法官很可能予以重判，因此议定只要不碍人格、不蔑真理，便可接受。后来，郑斐果然依照此约进行宣判，这桩案件方告了结。[26]

吴经熊的律师业务为其带来巨额财富，他在自传中如此回忆：

> 上海人都已知道我是深谙法律的法官，所以，一听说我自己开业了，就蜂拥而至，争当我的客户。仅在开头的一个月里，我就收到了如此之多的案子，我的收入就不少于4万两银子——几乎相当于4万美元！

除此之外，他还兼领他社会职务。1933年的一份报纸记载：

> 计其每月收入立法委员一职可得三百五十元，工部局(即租界当局)顾问月薪五百两，东吴法学院院长薪三百元，共计已达千三百余金，律师收入，犹不在内，以此巨资，在常人当可生活愉快，然博士以交游广阔，且家中人口繁多，故尚露拮据之状也。[27]

财富、地位、名声使他在上海滩的纸醉金迷中耽于享乐，自己与家人的关系也日渐紧张。他后来回忆：“有两年半的时间，我每晚都要出去应酬。即使是想起那些日子，也能闻到一股地狱的气息。”[28] 1934年，吴经熊歇业收官，结束了“生平最好又最坏”，“物质上说是最好的，从灵性上说是最坏的”[29]时期。

吴经熊就任工部局顾问时的合影，《大亚画报》1931 年第 305 期

出任立法委员，参与宪法起草

结束律师业后，吴经熊转入政界。1933 年，吴经熊受孙科之邀担任立法院立法委员，同年，出任“宪法草案起草委员会”副委员长。吴经熊与张知本、马寅初等七人受命起草宪法草案初稿，其中吴被举为主稿人。1933 年 5 月底，吴经熊完成《中华民国宪法草案初稿》5 篇 214 条，是为“吴氏宪草”。[30]次年 3 月，宪法起草委员会经过讨论，以“吴氏宪草”为蓝本，增减修订提出《中华民国宪法草案初稿》。此草案后来又经数度修改，终于 1936 年 5 月 5 日由南京国民政府正式公布，史称“五五宪草”。

为向国民说明宪法的重要，增进国民对宪法的理解，吴经熊广为宣传。在《国民对于宪法应有之认识》的演讲中，吴经熊说道：

> 大凡在民主国家里，人民就是国家的主人翁。人民对于宪法必须有深切的认识，才可以充分行使他们的政权。美国把宪法一

门定为公民教育必修的课程，近来吾国教育部新修正中学课程标准，也把宪法列入公民必修的课目，这是很应当的；因为这样才能把宪法注入青年们的脑子里……先有了相当的研究，然后运用起来自然可以适当了。[31]

他还认为国民对于宪政的实行负有着相当的责任：

国民必须提起全服精神，监督政府，同时必须要守法，能够守法，宪法才有力量，可以支配一切；一面尤须慎选代表来行使政权，才能真正代表民意，督促政府，进行建设事业，以解除民生疾苦，使人民有权，政府有能，然后始不负宪政之美名，与夫提倡实行宪政之初意。[32]

1946年，政治协商会议召开，商议修改宪法，吴经熊出任政治协商会议宪草审议委员会委员和起草小组成员。1946年12月25日，制宪国民大会通过了张君劢起草，吴经熊、王宠惠等人修订的《中华民国宪法》。这成为吴经熊在民国制宪史上的最后一项伟业。然而，就在该宪法通过之前的九月，吴经熊受命出任中华民国驻罗马教廷公使，使其未能亲见这一宪法通过的盛况。

虽然国内往往有论者认为出使罗马是吴经熊法政事业受挫失意的表现，[33]在当时亦有颇多政界人物对吴的选择感到不解。但对于吴经熊本人而言，这却是他向往已久的一项任命。他后来回忆："我永远也不会接受出使任何别国的；至于梵蒂冈，派我当代表的秘书或副手我都愿意。"[34]他认为这是"外交史第一次有一位天主教徒代表一个非天主教国家"，使命在于"坚定并增进人类社会最大的属灵力量与东方

吴经熊携眷出使罗马合影,《南洋》1947 年第 15 期

最古老文明之间的亲密关系”,他将其称为“爱的外交”。[35]在吴经熊初到罗马面对教宗的演讲中,他深情地说道:

> 国与国之间犹如人与人之间,真正的友谊是建立在相互理解和同情之上的。我敢向陛下保证,没有国家比中国更欣赏陛下您所说的,和平,不管是个人灵魂内在的和平还是家庭的、国家的,甚或世界的和平,都只能通过爱而获得。没有国家更同情您最坦率的质问:“我们的时代获得了技术的和纯世俗的进步,但有哪个时代比我们的更受灵性空虚的折磨,更感到内在贫困的呢?”因为中国作为一个国家在其长期的生命里已经通过经验知道了,是灵性而非物质能获得胜利,是正义而非权力优先。这一历史洞识教导中国在国难当中要有希望;这是使中国尽管历史悠久,但在外表上和精神上都保持长青不老的秘诀。[36]

此后,吴经熊的志趣越来越转向宗教与文学,先后出版了中译本的《圣咏译义》《新经全集》,英译本的《道德经》《唐诗四季》等著作。1949年以后,吴经熊先后担任美国夏威夷大学、新泽西西东大学、台湾中国文化学院等大学的法学或哲学教授。1986年,这位富有诗情哲思的法律人安息主怀。

注释

1. 吴经熊:《超越东西方》,周伟驰译、雷立柏注,社会科学文献出版社2013年版,第66页。

2. 同上注,第33页。

3. 同上注,第36-37页。

4. 同上注,第42-43页。

5. 同上注,第44页。

6. 孙伟:《吴经熊法律实践研究(1917-1949)》,苏州大学2009年博士学位论文。

7.《东吴年刊(1920年)》,第73页,转引自注6,孙伟文。

8. 李秀清:"吴经熊在密歇根大学法学院",载《华东政法大学学报》2008年第2期。

9. 王健:"超越东西方:法学家吴经熊",载《比较法研究》1998年第2期。

10. 同注1,吴经熊书,第88页。

11. "上海临时法院判决英人品多诉张聚昌案",载《法学季刊》1929年第4卷第1期。

12. 同上注。

13. 同注6,孙伟文。

14. 同注1,吴经熊书,第94页。

15. 同上注,第90页。

16. 同上注,第92页。

17. 同上注。

18. 同上注,第89页。

19. 同上注,第91页。

20. “代理上海临时法院院长吴经熊辞职”,载《法律评论》1929年第7卷第5期。

21. “吴经熊博士在沪兼行律务”,载《邮声》1930年第4卷第6期。

22. 同上注。

23. “致吴经熊会员函(为函推办理美水兵刺伤华人案件由)”,载《上海律师公会报告书》1931年第29期,第150页。

24. 同上注。

25. 同注6,孙伟文。

26. 刘海粟:“二十年代围绕着模特儿问题的一场斗争”,载《南京艺术学院学报(音乐与表演版)》1978年第2期。

27. “吴经熊博士之收入”,载《摄影画报》1933年第9卷第10期。

28. 同注1,吴经熊书,第105页。

29. 同上注,第98页。

30. 吴经熊:“中华民国宪法草案初稿”,载《法学杂志》1933年第6卷第5期。

31. 吴经熊:“国民对于宪法应有之认识”,载《广播周刊》1936年第88期。

32. 同上注。

33. 丁洁琳:“吴经熊与民国宪政”,载《国家检察官学院学报》2013年5月;另见注6,孙伟文。

34. 同注1,吴经熊书,第259页。

35. 同上注,第266页。

36. 同上注,第266-267页。

章士钊力辩陈独秀"危害民国"案

章士钊，字行严，1881年生于湖南善化的一个耕读之家。[1]章士钊早年自新闻界起家，1903年仅22岁就被聘为《苏报》的主笔。章氏年少激进，主导《苏报》的改革，发表了大量排满反清、倡言革命的文章。[2]他曾在《苏报》上发文，指责清末革命的发生实由满清当道者造成，满清官僚不仅制造革命党，而且自身皆是革命党。何也？他以酿酒作喻，点名指姓地讽刺荣禄等权贵大臣："酒为米所酿成也，果米自酿成乎？抑有所以酿成之药料乎？试问今日公等之所为，贪戾狠毒，横敛暴征，何在非酿成革命之药料。公等自备此药料，日施此药料，而归咎于此米之不应化为酒也，是何说也？"[3]当时他及《苏报》立场，可见一斑。

章士钊履新两个多月后，由于《苏报》连续刊载激进文章，清廷将位于上海公共租界中的《苏报》诉至会审公廨。在清廷的一再施压之下，章炳麟、邹容等涉案作者被捕入狱，《苏报》亦被查封。此即晚清历史上著名的"《苏报》案"。由于发文皆用化名，加之主办此案的江苏候补道俞明震系其老师，爱惜其才，未予追究，所以作为《苏报》主笔的章士钊逃过一劫，并未被捕。

经此一事，章士钊在政治上的主张愈加激进，甚至开始着手进行实际的革命工作。次年11月，因参与刺杀广西巡抚王之春，章士钊被迫流亡日本，后前往英国爱丁堡大学学习法律、政治等科。[4]1911年，辛亥革命爆发，在孙中山的邀请之下，章士钊携眷回国，一度担任国会议员、北洋政府司法总长、教育总长等职。1930 年,章士钊重返上海,执律师业,时谓上海四大律师之一。[5]

章士钊肖像,《国闻周报》1925 年第 2 卷第 26 期

仲甫因言获罪,行严毅然辩护

章士钊素为报刊界闻人,当年远赴英伦学习法律的机缘也因有关言论自由的"《苏报》案"而种下,他执律师业后所代理的第一个代表性案件也是"因言获罪"之案。1932 年 9 月 15 日,上海市公安局协同公共租界总巡捕房持第一特区法院所出具的搜查拘留票,以"危害民国"罪将中国共产党创建者陈独秀(字仲甫)及其领导的托派中央常委机关同事彭述之等抓获。[6]两日后,陈独秀等人被引渡给国民党当局,旋被押解至南京军政部陆军署军法司,外界盛传其将面临军法审判。[7]

在回答《晨报》记者的提问时，陈独秀表示自己无钱聘请律师辩护。[8]消息传出，除章士钊外，沪上其他著名律师如曾任司法总长、参与起草《临时约法》和《天坛宪草》的张耀曾，曾署大理寺院长、起草《大清刑律草案》的董康，曾任司法次长、朝阳大学校长的汪有龄，以及中国第一位女法学博士郑毓秀等，也都纷纷表示愿意义务为其辩护。章士钊早在1902年就与陈独秀相识，在《苏报》查封以后，还与陈独秀共同创办《国民日日报》，一向视陈为诤友。[9]加之1927年共产党另一主要创始人李大钊被捕遇害时章士钊也曾尽力设法营救。[10]所以即使他与陈独秀的政见“绝不相容”，这次也毅然加入义务辩护律师的行列，“援手于不测之渊”。[11]最后，经陈独秀等人的商议，章士钊与吴之屏、彭望邺、蒋豪士、刘祖望一共五人受聘担任辩护律师。[12]

身陷囹圄的陈独秀并没有受到军警的虐待。由于他随身携带衣物不多，而天气寒凉，当局专门拨款给他添购衣被。[13]考虑到他患有胃溃疡等病症，当局还曾送他前往医院治疗和派医生进入监所治疗。[14]然而，斯时情形恰如风暴。作为风暴眼的监所之内平静如常，监所之外则是一片骇浪惊涛。国民党广东省党部、南京执行委员会、新疆省政府主席、陆军第七十八师、十九师等党政军事单位纷纷电请将陈“明正典刑”、“处以极刑”。[15]有中统局背景的《社会新闻》则发表署名文章，富有深意地表示：“照现行法规，似应正法，而无活命之可能。反过来说，陈虽是共党，却是反对共党现行暴动政策者，而且还是一个学者，只要他继续反共，似可不至于死。”[16]字里行间，杀机隐隐，一片萧肃，而又有胁迫倒戈之意。

为了避免陈独秀遭受军法处置，蔡元培、杨杏佛、柳亚子、林语堂等八人致信国民党中央党部和政府，请求“矜怜耆旧，爱惜人才，特宽两观之诛，开其自新之路”。[17]著名学者翁文灏、胡适同司法行政部长罗文干电请蒋介石将陈案交付司法审判。[18]亦有报刊仗义陈词,为陈独秀争取权利。就程序正义方面,《大公报》发表社论建议"凡非《危害民国紧急治罪法》第七条所应适用之地方,所有党案,概限克日移送该管法院,公开审理,依法判决;并应申明约束,将来再有此种案件,通令交由法院核办,任何机关,不得擅自受理,或违法久羁,以重人权,并示公

陈独秀(右)与彭述之(左)被捕后的合影,《良友》1932 年第 71 期

道。"强调"消弭反动,与其使用强力,不如诉之理智;与其秘密处置,不如公开启导。"[19]就言论自由方面,《益世报》发表社论表示"世上只有思想可以代替思想,言论可以攻破言论。政治与法律的威力绝对不能消灭任何错误的思想。用政治与法律的威力,对付某项思想言论,每每为某项思想言论做反宣传。"[20]在社会贤达和公众舆论的影响下,蒋介石向国民党中常会建议"为维护司法独立尊严计,应交法院公开审判。"1932 年 10 月 24 日,国民党中常会正式决定将陈、彭等人所涉全案移交江苏高等法院审理。[21]

辩言论与行为，论政府与国家

1933年4月14日早上9点35分，江苏高等法院借江宁地方法院刑庭第一次公开审理陈独秀等“危害民国”案，有一百余人旁听。在检察官宣告根据《危害民国紧急治罪法》第二条第二款“以危害民国为目的，而以文字、图画或演说为叛国之宣传者”以及第六款“以危害民国为目的而组织团体或集会，或宣传与三民主义不相容之主义者”提起公诉后，审判长胡善偁开始对陈独秀单独审讯。审判长问陈独秀在其他被捕的九人中认识几人，陈独秀道：“不能详细报告，作政府侦探。”又问何以要打倒国民政府。陈答：“这是事实，不否认。”他继而批评国民党行刺刀政治而不符合民主原则，人民穷困而官僚敛财，全民主张抗日而政府步步退让，因此他认为“人民即有反抗此违背民主主义与无民权实质政府之义务。”审讯至11点35分，陈独秀始退。[22]

4月20日的开庭乃是此次审判的高潮。这日原定上午10点开庭，但9点法庭内外就已人潮汹涌，其中不乏外地专门前来旁听之人。至上午10点，不仅旁听席两旁和记者席后面，就连法庭门外都站满了人，总数约有两百。[23]10点20分，检察官朱儁提起论告，指出：陈独秀被共产党开除是因自己倾向托派，并非完全脱离共产党。在法律上，他亦主张打倒国民政府和实行无产阶级专政，因此也是危害民国。陈独秀所涉著述如《对时局宣言》《中国将往何处去》等，“均利用外交，攻击国民政府，使国府威信堕地，不能领导群众……破坏政治，及经济组织，故为危害民国，毫无疑义。”[24]

针对检察官的论告，章士钊一一驳斥，凛凛然发表了长达五十三分钟的辩词。章士钊首先指出本案应该严格区分言论与行为的区别。

在言论方面,他认为“无论批评之酷达于何度,只需动因为公,界域得以‘政治’二字标之,俱有充分发表之权。……以言论反对,或攻击政府,无论何国,均不为罪。”[25]在行动方面,寻求政党更替并不为罪。陈独秀承认共产党最终目的在于推翻国民党,“推翻”二字虽然逆耳,却是民主政治的寻常之事。他以英国为例,若英国法官问保守党的目的是否在于推翻自由党内阁,保守党员亦必称是。如果就以此定罪,岂不滑稽?虽然陈独秀主张暴力革命,但这其实和国民党北伐一样,不能等同于杀人放火的犯罪。在法律方面,法律只惩罚现在已经发生的行为,而不惩罚将来还未发生的行为。陈独秀所提的暴动只是理想,不是事实。法律所禁止的乃是行为,而非理想,对于现在还未发生的行为,不能施以刑责。[26]

对于“叛国”和“危害民国”的罪名,章士钊认为,“国家与主持国家之机关(即政府)或人物,既截然不同范畴,因而攻击机关或人物之言论,遽断为危及国家,于逻辑无取,即于法理不当。”[27]虽然检察官引《紧急治罪法》第六条认定共产主义乃与“三民主义不相容之主义”,但其实孙中山就屡屡论述三民主义之民生主义就是共产主义。现在孙先生的讲义全国奉为圭臬,而陈独秀却因同样的著述而身陷囹圄,实在不公。陈独秀不认危害民国,但认反对国民政府的原因在于“刺刀政治”、“搜刮手段”、“抗日无诚意”三项。其实这些批评并非共产言论,而是对时政的一般批评。对于这种政治批评,章士钊指出,即使在汉、宋的帝制时代,上书言事也不受责罚,反受褒奖。当今各国议会,为难当局也是常事。只有中国,忝为民国,若因言定罪,“其何以示天下后世”?[28]最后,他慨然恳请审判长宣判陈独秀无罪,“以保全读书种子,尊重言论自由,恪守法条之精神,省释无辜之系累。”[29]

4月26日,江苏高等法院认定陈独秀罪名成立,但考虑到他为刻苦深思之学者，动机上并无对自身权利之思考，行为上并无暴动之准备，“尚可矜原”，“量予减科”，判处十三年有期徒刑，褫夺公民权十五年。[30]陈独秀当场大呼不服，表示将要上诉。

陈独秀（右）与彭述之（左）在江宁法院候审室中，
《大亚画报》1932 年第 337 期

辩论策略相左，不改章陈友谊

辩护此案之时，章士钊深知情势凶险。共产党是国民党的政治死敌，此次陈独秀被控罪名可判死刑，欲除之而后快者不在少数。因此，他是耗尽心力、如履薄冰地施展每一步辩护策略。案件进行中，心绪复杂的章士钊曾赋诗抒怀：

龙潭血战高天下，一代功名奕代存。
王气只今收六代，世家无碍贯三孙。
廿载浪迹伤重到，此辈清流那足论？

独有故人陈仲子,聊将糟李款牢门。[31]

接受辩护的陈独秀却对章士钊颇有微词。当时为了争取使陈脱罪,章士钊在法庭上大量陈述第一次国共合作期间陈独秀拥护国民党的言论,又说陈被共产党开除,“与国民党最前线之敌人为敌,不期而化为缓冲之集团”,“与国民党取犄角之势以清共也。”[32]当时陈独秀已经饱受共产党报刊批评,博古公开斥责他为“反革命的资产阶级的先锋队”,[33]瑞金的《红色中华》甚至在文章中语带讽刺地评论“蒋介石不一定念起反共有力网开一面许以不死……或者还会因祸得福做几天蒋家官僚呢!”[34]这些误解显然是性格刚直的陈独秀所不能忍受的。审判结束后,亚东图书馆编辑汪原放整理陈案起诉、辩论、判决等各种文书,印行《陈案书状汇录》一书。陈在狱中读罢,在章士钊的这些辩护词句上大作修改删减,还让汪原放将批本交章士钊过目。他指着这些辩词对汪原放诉苦道:“我再也不要他替我答辩了!……这成什么话。”[35]

然而,这些摩擦并不减损陈、章二人的友好关系。章士钊对狱中的陈独秀自始关心,每每济助。这些援资多由汪原放转交。一次章士钊一面说有困难,一面仍自皮夹中掏出所有钞票托汪带去。[36]陈独秀亦仍然信任章士钊。同年6月16日,准备上诉的陈独秀专门委托蒋豪士律师将上诉状带至上海与章士钊共同研究之后,才呈给最高法院。[37]

再论政府国家,上诉获得轻判

陈独秀的上诉状批评一审判决“显有疑义”,“侵害思想言论自由,阻抑民主政治实现”。[38]上诉状再次陈述政府不等于国家的观点,指出将反国民党等同叛国的判决无异于认同专制独夫的“朕即国家”之说。

将民国建设者视为民国本身，就如将建房工匠视为房屋；将反对民国建设者视同推翻民国，就如将主张更换工匠视同毁坏房屋。“世间滑稽之论，宁有过与此乎？”[39]在法庭之外，章士钊也撰写文章，同国民党喉舌《中央日报》社长程沧波展开笔战，重申主权、治权之分，指责党报“负党以驱”，“生杀予夺”，行媒体审判。[40]

经过上诉，最高法院终将原判陈独秀褫夺公权部分撤销，改判八年有期徒刑。至此，轰动民国的陈独秀“危害民国”案告一段落。章士钊出色的辩护赢得业内外普遍尊敬。章的辩词被沪东大学、东吴大学法学系选入教材。《实报》亦评论：“陈卒赖其力，得免于死。”[41]三年以后，全面抗战爆发，南京政府释放政治犯。1937 年 8 月，由司法院下令，陈独秀刑期被减至三年，陈被释出狱。[42]这位伟大的思想自由与言论自由的践行者再次呼吸到自由的空气。

今天我们在纪念陈独秀为了自由和公正大声疾呼的勇气和坚毅时，也不应忘记捍卫他的权利，捍卫法治尊严，努力为思想和言论自由声辩的章士钊律师。在争取自由的险径上，往往能够成就高贵的人格。章士钊律师在法庭上不畏强权，慷慨声辩的精神与智慧，当成为鼓舞中国律师的伟大丰碑，亦当成为中国法治史上的宝贵财富。

注释

1. 袁景华:《章士钊先生年谱》，吉林人民出版社 2001 年版，第 3 页。

2. 同上注，第 18 –21 页。

3. “论中国当道者皆革命党”，载《章士钊全集》（第一卷），文汇出版社 2000 年版，第 22 页。

4. 同注 1，袁景华书，第 31、39 页。

5.《章士钊全集》(第一卷),文汇出版社2000年版,前言。

6. 郑学稼:《陈独秀传》(下),时报文化出版社民国78年版,第869页。

7. 同上注,第871页。

8. 同注1,袁景华书,第226页。

9. 同上注,第16页,第22页。

10. 同上注,第214-215页。

11. 同上注,第226页。

12. 同上注,第228页。

13. 唐宝林、林茂生:《陈独秀年谱》,上海人民出版社1988年版,第428页。

14. 同注6,郑学稼书,第871页。

15. 同注13,唐宝林、林茂生书,第431页。

16. 同上注,第429页。

17. 同注6,郑学稼书,第871页。

18. 同注13,唐宝林、林茂生书,第428页。

19. 陈东晓编:《陈独秀评论》(民国丛书第一编),上海书店1989年版,第139页。

20. 同上注,第141页。

21. 同注13,唐宝林、林茂生书,第430页。

22. 同注6,郑学稼书,第901-903页。

23. 同上注,第907页。

24. "陈独秀案开审记",转引自傅国涌编:《追寻律师的传统》,北京联合出版公司2012年版,第229页。

25. "章士钊律师辩护词",载《章士钊全集》(第七卷),文汇出版社2000年版,第146-147页。

26. 同上注,第147-149页。

27. 同上注,第149页。

28. 同上注,第150-151页。

29. 同上注,第153页。

30. “陈独秀案判决书”,转引自傅国涌编:《追寻律师的传统》,第250-251页。

31. “念故人陈独秀”,载《章士钊诗词集 程潜诗集》,湖南人民出版社2009年版,第22页。

32. 同注25,第152-153页。

33. 同注19,陈东晓书,第83页。

34. 同注13,唐宝林、林茂生书,第430页。

35. 同注1,袁景华书,第231页。

36. 同上注,第232页。

37. 同注13,唐宝林、林茂生书,第440页。

38. “陈独秀上诉状原文”,转引自傅国涌编:《追寻律师的传统》,第253页。

39. 同上注,第254页。

40. “章士钊律师答中央日报”,载《章士钊全集》(第七卷),第155-160页。

41. 同注6,郑学稼书,第907页。

42. 同上注,第947页。

沈钧儒的宪政救国路

沈钧儒,字秉甫,号衡山,1875 年生于江苏苏州。他于 1904 年,也即清朝废除科举制度的前一年,身入凤池,成为中国历史上最后一批进士。次年,沈钧儒东渡日本,求学于东京私立法政大学。1908 年沈钧儒回国,历任浙江谘议局副议长、浙江省教育司司长、国会议员等职。1920 年沈钧儒由司法部长徐傅霖颁发律师执业资格,1928 年同其旧时上司张耀曾(东京帝国大学法科学士,前司法总长)等人合组律师事务所于上海。沈钧儒在律师界名望甚著,曾任上海律师公会常务委员,随国府迁渝后,又担任重庆律师公会主席。[1]

看重法治价值,竭力保障人权

沈钧儒认为"国家颁设律师制度,其目的在扶持弱小,以保障人民之权益,辅助法院,以导纳社会于轨物。"[2]他做律师,极为看重法治和人权。曾有富商请他代理讼案,手续办妥后,富商表示愿在律师公费之外另付两万元以作"运动"之用。沈钧儒因此拒绝受理此案。他说:"不讲法律而要运动,何必来找律师呢?"[3]当时亦有报人记载:"他(即沈钧儒)办理诉讼案件,不像一般拜金主义者的律师,一切唯利是视。往往遇到贫穷者,他不收公费之外,还得贴出车马费和膳费。他经常

沈钧儒肖像

勉励一般年轻的律师,要真正实践'保障人权'的任务,切不可媚富欺贫。"[4]

沈钧儒办理了许多人权案件、政治案件。尤其在国民党清共期间,他代理辩护、设法营救诸多政治异见人士。有学者统计,仅1930-1935年之间,获其救援的便有19人之多。[5]1935年5月,《新生》周刊刊登艾寒松文章《闲话皇帝》。日本驻上海领事认为该文"侮辱天皇,妨害邦交",要求国民政府追究文责。在日方压力之下,南京国民政府下令查封《新生》周刊,逮捕主编杜重远,是为"新生事件"。事发后,作为上海律师公会常务委员的沈钧儒会同陈霆锐、王惟桢向司法院呈文,为杜氏鸣冤。沈钧儒等认为日本驻上海领事乃商务官员,不能为国家之代表,因此根据《刑法》第119条和第160条之规定,领事无权置喙此案;杜重远一审被判有罪后,本有权根据《刑事诉讼法》向最高法院提起上诉,而该案法院在一审之后即驳回杜氏之上诉,"至若一审而止,别无上诉救济之方,则实为按之现代文明各国司法制度,实无先例可以引援。"沈钧儒等认为该案"影响法治前途至巨,谊难缄默",恳请司法院予以纠正,并令各级法院遵从,以"维法律而保人权"。[6]

念及清共期间冤案频发,沈钧儒决心"联合各界,一致促成政府完成冤狱赔偿法规,使与宪法同日施行,以健全国家之组织。"[7]1933年,沈钧儒在中华民国律师协会第五届代表大会上提交了《本会应建议立法院制定冤狱赔偿法案》的提案。1935年,沈钧儒当选中华民国律师协会冤狱赔偿运动委员会主席,该会讨论了《冤狱赔偿法草案》,通过、发布了《冤狱赔偿运动工作大纲》和《冤狱赔偿宣言》。沈钧儒于1935年、1936年内两次奔赴南京,推动《冤狱赔偿法》的制定和颁行。[8]他实至名归地成为民国法制史上著名的"冤狱赔偿运动"的旗手。

组织爱国运动，身陷囹圄不悔

1930年代，中日局势急剧恶化，沈钧儒的爱国热情亦迸发一如电光火石。一日，他读到邹韬奋哀悼著名爱国报人戈公振的文章，悲愤之中作诗《我是中国人》，将其爱国之情宣泄如洪：

浙江古越国，勾践人中杰。尝胆卧则薪，我是浙江籍。
苏州有胥门，炯炯照双睛。怒视敌人入，我是苏州生。
哀哉韬奋作，壮哉戈先生。死犹断续说，我是中国人。
我是中国人，我是中国人，我是中国人，我是中国人。[9]

随着国难的加深，沈钧儒在律师职业外，越来越多地投入到抗日救亡运动之中。自从九一八事变后，“上海报纸上常常纪[记]载着他，总是做什么纪念会的主席或者示威游行的先导，他的年老的血，又在沸腾了。”[10] 1931年至1932年，沈钧儒先后成为浙江省国难救济会、中华民国国难救济会、上海各团体救国联合会的发起人。[11]1935年12月27日，上海文化界救国会成立，次年6月1日，全国救国联合会成立，沈钧儒均被选为主席。

救国会运动的抗日主张与南京国民政府当时的外交政策相左，日渐遭到国民政府的猜忌和打压。逮捕沈钧儒等救国会运动领袖的风声逐渐流传，而沈钧儒却处之泰然。潘念之曾这样回忆这期间他俩的一次会面：

在他（沈钧儒）被捕的前一个月，在一家饭店中，又遇到了他，他告诉我，现在政府要逮捕他们，许多朋友劝他暂时避避。但是他说："我不打算走，我准备着被捕，什么时候拘票送到，我就什么时候上法庭去。南京也好，上海也好，我都去得。现在正需要像我这样的老人来吃点亏，使大家可以激励一下。"[12]

1936年11月，沈钧儒、沙千里、王造时、史良等七人因涉嫌危害民国罪遭到逮捕，是为"七君子"事件。在狱中，德高望重的沈钧儒被其他难友选为"家长"，继续组织、布置救国会事宜。[13]为了营救"七君子"，上海律师精英们毅然挺身，陈霆锐（美国密歇根大学法律博士、原上海律师公会常务委员）、江一平（上海律师公会执行委员）、汪有龄（前司法次长、前朝阳大学校长）、江庸（前司法总长、朝阳大学校长）等二十余名沪上律师界的风云人物组成了强大的律师团，为其提供辩护。其中张耀曾、秦联奎（上海律师公会执行委员）和李肇甫（前国会议员）担任了沈钧儒的辩护律师。

经过律师团队和社会贤达的联手营救，沈钧儒等人于1938年7月28日被释放出狱。他在同年8月4日的一次欢迎会上发表演说《爱国的理由》，继续倡言爱国精神：

尊重个人自由，务使每一个人之言论行动出版结社集会自由因有组织而获得其绝对之保障。这是群众所以要有国家，所以爱国的原因。到了整个国家被侵害被压迫的时候，我们便亦不得不牺牲其小我的一切，以争取其共同建立国家的自由。爱自己即所以爱国家，爱国家亦即所以爱自己。这是我们爱国一贯的理由。[14]

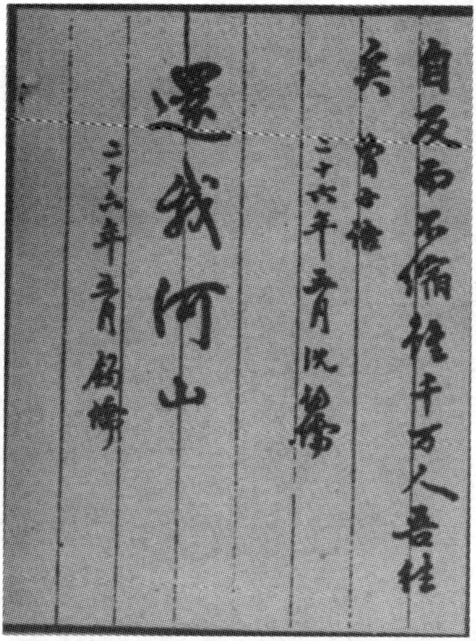

沈钧儒在狱中手迹,《新生画报》1937 年第 1 期

追求宪政之梦,坚持宪政救国

作为法律人,沈钧儒的爱国之情不仅在于坚决抗战,更在于其对宪政的追求。早在 1907 年旅日期间,沈钧儒就加入了宪政讲习会,并与熊范舆等人联名向清廷呈交《民选议院请愿书》,主张立宪。沈钧儒等人主张:"国家成立,端赖法律以维持,世界之列强,均有一成之法典。中国疆域辽远,风俗各殊,朝廷既无一定之法文,民间又无共通之习惯,纷杂混乱,为世界所仅有,非使立法机关及早成立,必不能保国家之划一,而促社会之进步。"[15]

即使在抗日战争时期,沈钧儒也没有在宪政问题上稍有松懈。他认为:

> 自从抗战以来,时代进展得太快了,因此,大家都觉得有提早实施宪政的必要,结束一党专政的政治,实施全民的民主政治,使各党各派都有参加政治的机会,以推动国内的政治,这已成为社会各方面共同迫切的要求了。[16]

当时国民政府为了团结抗战,组织了超越党派的国民参政会,实行宪政的主张在国民参政会中呼声很高。国民党、共产党、青年党、国家社会党、第三党等党派均有代表提出实施宪政的提案。[17]作为国民参政员,沈钧儒亲身参与到国民参政会的宪政讨论之中,他也乐于将自己在国民参政会中的见闻同国民分享。沈钧儒曾发文记述:

> 在第四届国民参政会第三组里,对于实施宪政问题,曾有热烈的讨论,化[花]去时间不少,但无要领。于是,把它扩大讨论,所有各提案的参政员都参加讨论,亦无要领。最后,再把它扩大,只要热心宪政愿意参加该问题讨论的参政员都欢迎加入,从下午八时一直讨论到次日晨二时半,空气依然紧张热烈。在朝的党与在野的党,彼此间披沥肝胆,坦白挚诚,把要说的话,都赤裸裸地说出来了。尤其值得赞扬的,国民党朋友的话,都很切实中肯。辩论结果,觉得实施宪政,乃当前的急务,而结束党治,目前似乎不必特别强调,因为结束党治,乃实施宪政必然的程序。[18]

经过热烈的讨论,这次会议最后做出了"治标"、"治本"的两个决议。"治标"的,乃是"全国人民除汉奸外大家在法律上其政治地位一律平等"。"治本"的,则是"定期召集国民大会通过宪法实施宪政"。[19]

沈钧儒相信宪政是救国之路,因为"要建设新中国,宪法仿佛是打一个全部的具体的图样。……若是走上了宪政的路,就是走上了发展整个政治和平的积极的最正确的道路。”[20]在宪政的实现上,他认为“宪法在世界有时被认为不祥之物,这是因为过去宪法多是人民向政府要求而得不到的缘故,人民需要宪法已至迫切,政府却无论如何不能准许,以致非革命不可。……宪法的产生必有两个条件,第一是人民热烈的要求,第二是政府诚意的接受。”[21]因此,他主张“不论个人或国家在政治上都应采取积极的态度。”[22]对于青年,他更是特别地嘱咐:“青年应当每逢国家要事,就自动负担起来,推进宪政运动,也是当前要务之一。”[23]

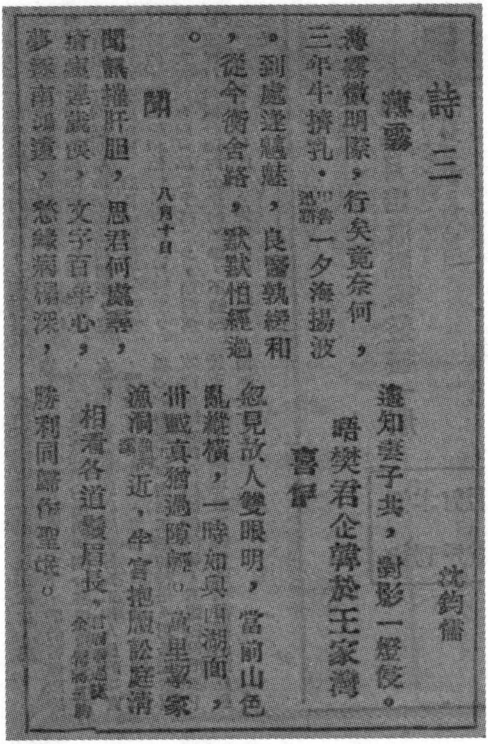
詩三

沈鈞儒

八月十日

沈钧儒诗三首,《国讯》1944 年第 359 期

奔走民主和平,反对政府暴政

抗战胜利之后,国共和谈成为最重要的议题。沈钧儒作为中间势力"民盟"的领袖奔走和平。和谈期间,他的主要精力都放在民盟事务上,以致自己的律师业务陷入停顿。《光明报》当时报道沈钧儒"常常是囊空如洗的,有几次连去南京的车票都是要史良先生帮忙。"[24]

1946 年 11 月,国民政府在未取得共产党和民主党派共识的情况下,单方面组织国民大会制宪。沈钧儒公开指责这一行为是"倒行逆施",是"取消政协决议和恢复一党独裁的做法","丝毫不能解决问题"。[25]面对采访,他向记者表示:"我们既不参加'国大',又何必去讨论它呢?我对于报上的'宪草修正案'毫无兴趣,从来没有读过。"[26]一向热衷宪政的沈钧儒作出这样的评论,可见其对这次"片面制宪"的失望与愤慨。

随着国共局势的紧张,国统区内反饥饿、反内战的运动此起彼伏。为了稳固统治,上海等城市纷纷宣布戒严。沈钧儒对于戒严中侵犯人权和司法公正的情况十分不满。他撰写长文,对戒严政策提出批评:

> 近来"戒严"的恐怖,正弥漫着各重要城市,每个人的自由,都受着极重大的威胁,人们渴望着免于恐惧的自由,与渴望着免于饥饿的自由,同样的迫切。治安当局把"戒严"作为剥夺人权的利器,俨然无论在任何地域任何情况之下,随时随地都可以"戒严",而实施了"戒严"之后,所有司法行政机关都失去了作用,军事机关权力更加澎涨[膨胀],对人民的非法逮捕、越权审理,以及所施的一切残暴行为,便都可以变为合法,"戒严"宣布之日,即人民权

利丧失之时,这又是多么可怕的现象啊![27]

沈钧儒揭露各地戒严之后侵犯人权的恶行:“不问证据有无,不管违法与否,要侵入便侵入,要逮捕便逮捕,要殴打便殴打,甚至武汉大学军警架起机关枪,如临大敌,演成击毙学生惨剧”。[28]他进而愤怒地追问:“胜利快两年了,人民得不到自由,得不到解放,所受到的是这非法的摧残与残暴的压迫,这样不讲法律,这样暗无天日,还谈什么人权?还说什么民主?!”[29]

由于民盟与共产党的友好和对国民党的批评,国民党将民盟视为“中共之附庸”。[30]1947 年 10 月,国民政府正式宣布民盟为“非法团体”[31]加以取缔,不久,沈钧儒被迫浮海前往香港。抵港后,沈钧儒等人重建民盟领导机关,召开一届三中全会,继续民盟的民主、宪政事业。1948 年,沈钧儒发表《我对时局的看法》,表示:“真正的和平民主,要靠人民自己来争取。我们只有信赖人民力量到底,始终站在人民方面,一切问题才能解决。”[32]次年 1 月,北平和平解放,沈钧儒和其他民主人士陆续来到北平。同年 6 月,新政治协商会议的筹备会在北平召开,沈钧儒当选筹备会常务副主任,在政协的组织召开中发挥了重要作用。[33]在新中国成立的当天,沈钧儒被任命为首任最高人民法院院长,从此开始他的另一段法律生涯。

注释

1. 诸葛子明:“救国老人沈钧儒先生”,载《光明报》1947 年新 15。

2.《重庆律师公会会刊》1942 年第 1 期,转引自王申:《中国近代律师制度与律师》,上海社会科学院出版社 1994 年版,第 166 页。

3. 潘念之:“记沈钧儒先生”,载《大众话》1936 年第 1 卷第 3 期。

4. 同注1,诸葛子明文。

5. 陈水林、陈伟平:《沈钧儒与中国宪政民主》,当代中国出版社2003年版,第113页。

6. “呈司法院文(为呈请纠正江苏高等法院第二分院对于新生周刊杜重远案之违法判决由)”,载《上海律师公会报告书》1936年第34期,第104页。

7. “在第二届冤狱赔偿运动周纪念大会上的讲话”,载《申报》1936年6月8日。

8. 陈雅丽:“沈钧儒的冤狱赔偿思想与实践”,载《长沙理工大学学报》(社会科学版)2014年9月第29卷第5期。

9. 沈钧儒:“我是中国人”,载《国讯》1935年第115期。

10. 同注3,潘念之文。

11. 沈谱、沈人骅:《沈钧儒年谱》,中国文史出版社1992年版,第97页、第99页。

12. 同注3,潘念之文。

13. 周天度、孙彩霞编:《救国会史料集》,中央编译出版社2007年版,第895页。

14. 沈钧儒:“爱国的理由”,载《中国呼声》1937年第2卷第16期。

15. “民选议院请愿书”,载周天度编:《沈钧儒文集》,人民出版社1994年版,第28页。

16. 沈钧儒:“关于宪政的几件事”,载《建设研究》1939年第2卷第3期。

17. 同上注。

18. 同上注。

19. 同上注。

20. 沈钧儒:“实行宪政对我国政治前途发展之重要性”,载《战时青年》1939年第2卷第4期。

21. 同上注。

22. 同上注。

23. 同上注。

24. 王健:"访问沈钧儒先生",载《光明报》1946年新12。

25. "沈钧儒、郭沫若、章伯钧三先生对'召开国大'的意见",载《民主》1946年第39期。

26. 同注24,王健文。

27. 沈钧儒:"'戒严'的法律问题",载《时与文》1947年第18期。

28. 同上注。

29. 同上注,沈钧儒文。

30. 同注11,沈谱、沈人骅书,第305页。

31. 同上注,第307页。

32. 沈钧儒:"我对时局的看法",载《时代批评》1948年第5卷第10期。

33. 金城:"民主人士的一面旗帜——沈钧儒",载《统一论坛杂志》2000年第6期。

史良的女权与民主之梦

史良,1900年出生于江苏常州的一个知识分子家庭。由于家境清苦,所以她十三岁才进入常州女子师范附小就读。小学毕业后,史良继续于常州女子师范学校读本科。1919年五四运动期间,史良以女子师范学校学生会会长和全县学生联合会副会长的身份组织常州学生进行声援。县府对学生运动感到恐惧与不满,于是下令停止办学。为示抗议,史良率领学生包围县衙。当晚,县知事将史良的父亲绑入县衙,意图威胁。事泄后,史良等人冲入县衙,严厉责问:“我们学生为学校停办的事来找你,你把我父亲抓起来干什么?”知事理亏,赧赧道:“不是抓来,而是请来谈谈。”便命将人释放。[1] 其后,县府见学生义正词严,无言以辩,只能收回停办命令。这便是史良参与政治运动斗争的首胜。

史良肖像,《新生画报》1937年第1期

1923年,史良考入上海法

政大学。四年以后,史良毕业,但却并未马上从事律师工作。用她的话说:“那时我国民族经济不发达,社会就业的容纳量很小,学生毕业往往就是失业。我毕业以后,找不到适当工作,不得不放弃法律专业,到一个行政单位去做事。”[2]在此工作期间,她因和主管发生冲突,被主管以思想问题的罪名举报,并被投入监狱。由于没有充分证据,两个月后,在蔡元培的保释下,史良出狱。

随董康初执业,屡救援政治犯

1931年,史良开始在其老师董康的律师事务所中工作,正式开始了律师生涯。史良接手的第一个案件是关于公司破产清算的债权主张问题。当时她所代表的地产商是一破产公司的债权人,公司资不抵债,无法完全清偿债务。为了使地产商收回债款,史良援引《民法》第五一二条,主张土地是工商业活动之基础,破产清算亦应按此顺序进行。此案胜诉,史良亦获得了第一笔公费,共计五百大洋。[3]后来董康将其律师业务一半交史良办理,不久她便“蜚声沪苏一带,为女律师之翘楚。”[4]

1933年5月,化名“施义”的全国赤色互济总会主任兼党团书记邓中夏于上海法租界被捕。邓中夏托人携密信前往史良家求助。邓并未表露身份,仅道:“我因冤枉被捕,请史良律师速来接见。”[5]史良接信后,当即赶往巡捕房。在巡捕房里,史良交给华籍巡捕三块大洋,将其支开。接着又询问邓中夏是否有证据落在巡捕手中。邓表示并无证据,史良便答应辩护,并嘱其在法庭上切勿承认任何罪行。

史良以案情重大,向董康律师请教。董康认为租界会审公廨讲究证据,如果没有证据,即便有重大怀疑,也只会无罪释放。因此,只要在租界中审理,此案便有胜算。史良深以为然,便前去拜访法租界捕房律师顾守熙,向其讲明邓案并无证据,实属冤枉,万不可引渡华界,否则可能枉死。她还搬出董康的大名,请其关照。

后来法庭开庭,上海市公安局果然派人前来,言邓中夏牵涉华界案件,要求引渡。史良指出,邓案事发租界,公安局在无法院拘票的情况下就将人拘捕,本就不合程序,今复请求引渡,更无法律根据。经过审案的三位推事合议,法庭将引渡的提议驳回。

不料邓中夏的身份此时已经曝光,数日后蒋介石亲下谕令,强迫法租界当局将邓引渡至宁。当日拒绝引渡的审判庭庭长和承审推事为此还均受处分。邓中夏移送南京后,难以逃出,于当年九月遭到枪决。自此以后,史良开始为中共地下党员作辩护律师,先后营救过熊瑾玎(中共南方局《新华日报》总经理)、任白戈(左翼作家联盟宣传部部长)、艾芜(左翼作家联盟成员)、陈卓坤(左翼美术家联盟成员)等人。[6]

在任白戈的案件中,为了防止任被引渡至华界,重蹈邓案覆辙,史良直接通过法院方面向警察局表明存在误会,请允保释。警察在未掌握确实证据的情况下,顺水推舟将任释放。而熊瑾玎案更加跌宕。当时熊遭党内叛徒告密被捕,虽无物证,但若对质,则势难逃脱。史良接手案件后,首先打听证人姓名,并将其通知中共地下组织。地下组织在核实情况后,将证人灭口。由于没有人证物证,熊瑾玎得以无罪释放。[7]

在对律师职业的认识上,史良认为很多人做律师的目的是要"主持社会正义,保障人民权利",但实际上,律师虽能向无辜受难者提供援助,同黑暗势力进行斗争,却不能触及基本制度。"他们的工作虽然是可敬的,但却是无济于事的。"[8]不过她并不赞同律师只能做"法律的奴隶"。"因为任何法律都不可能严密到任何情况都能适用。……在旧社会做律师,一个重要任务就是通过复杂的条文结构,利用(法律上的)矛盾,寻找机会,去为受苦受难的人民申诉冤屈。"[9]

主张保护女权,号召妇女救国

作为女性,史良对于女性权利保护和政治参与着力甚多。史良晚年回忆:"我所办理的案件,除了政治性的以外,就是妇女案件,其中较多的主要是婚姻案件。通过办理这些案件,我认识到中国妇女的苦难。"[10]在1945年的一次演讲中,史良说:"在我最近三年来处理的三百三十二件案子中,和妇女有关的有一百七十一件,竟占百分之五十以上。这里有关财产的不到十件,大都是婚姻问题,其中除二件是男子来请我之外,一百六十九件都是女子来请我的。"[11]

除了办理案件,为女性提供法律援助,史良也积极参与妇女运动,在社会和政治领域为女性权利和性别平等鼓呼。在江苏省内,史良曾经召集过一个全省各县妇女会议,反对当时以"健全母性"为代表的女性原则。史良和她的同事认为这种主张女性必须成为贤妻良母的号召是对女性自身人性的扼杀。因此,她们出版一本名为"女光"的刊物,以反击这种社会思潮,并号召给予女性平等的经济地位和教育机会,使无助的女性得以解决婚姻问题。[12]1932年的三八妇女节,上海各界妇女举办庆祝会,当时仍有妇女代表在大会上声言女性只要做好家庭主妇便好。史良跳上讲台,当面反驳,陈言:"今天中国妇女的最大责任是救国,而不是治家。中国妇女要得到真正的解放,必须是我们的民族首先得到真正的解放。"[13]

随着中日局势的恶化,史良愈加强调女性解放和民族解放之间的联系,以及女性在抗日救国中的作用。1935 年,史良出任上海妇女界救国会理事。1936 年,史良与沈钧儒、沙千里、王造时四位律师及其他三位贤达因组织抗日救亡运动被捕,是著名的“七君子”中唯一一名女性。1937 年,她在《世界知识、妇女生活、中华公论、国民周刊战时联合旬刊》上发表《战时妇女工作计划》,号召:“全国妇女应该积极组织起来,为抗战后盾。男人们大家要上火线去,一切后方工作当由妇女维持,同时前线上有许多工作妇女亦须参加。”[14]她还鼓励女性救护伤兵妇孺、协理军中杂务、帮助防空防毒,参与交通管理、情报、慰劳、反间谍和政治训练工作。[15]1938 年三八妇女节,史良撰写文章再次重申她的观点:

> 在这全国展开了民族抗战的今日,我们要发扬“三八”精神,唤醒全国妇女联合起来,参加民族统一阵线,和侵略者奋斗到底决个死活。妇女要在斗争中尽最大的努力,才能希望整个民族解放的胜利。也只有民族解放的成功,才足以保证妇女解放的实现。双重压迫下的妇女们!现在时候到了!为民族,为自身,我们要加倍努力。[16]

抗战时期的史良,
《抗战摄影集》1937 年 10 月

1938年4月,宋美龄发起全国妇女谈话会,邀聚全国妇女领袖商讨妇女抗战中之责任。史良被选为第四次筹备会组长。此次谈话会后,指导协调全国妇女抗战工作的新生活运动促进总会妇女指导委员会成立。史良认为,妇女指导委员会的主要任务"就是为了动员全国妇女,团结全国妇女,和指导全国妇女加紧从事抗战建国的工作……一定要把没有组织的妇女组织起来,有组织的妇女团结统一起来。"[17]为了支持抗战,史良出任妇女指导委员会联络委员会主任。翌年初,妇女指导委员会为了帮助妇女解决问题、促进妇女福利,设立了妇女咨询处,史良又兼任该处法律指导顾问。[18]

加入国民参政,鼓吹宪政民主

1938年7月,为了"集中全国人民的意见,团结全国人民的力量,而有利于抗战工作的开展",[19]国民政府成立由国民党、共产党、其他民主党派及无党派人士组成的全国最高咨询机构——国民参政会。史良受政府指派,担任国民参政员,同时也暂停了其律师业务。

林森与蒋介石参加国民参政会开会式后
步出会场,《良友》1937年第128期

史良对于吸纳女性代表加入参政会的主张格外推崇,她将之视作“妇女参政的呼声”。[20]她认为性别平等的根本仍是建立在经济平等的基础之上,但同时认为政治上的努力也不应放弃。她指出:“在动员全国人民参加抗战的政治号召下,更不容忽略了占民族半数的妇女力量。要使妇女贡献力量,至少要使她们有参加抗战工作的机会……所以我们十二万分的[地]热望我们中央当局在圈定和选任参政员时,特别提拔妇女人才,策动妇女参加抗战。”[21]

1938 年 7 月 15 日,第一届国民参政会在武汉闭幕,史良自谓“虽然是政府选派的,但是自始至终,是以全国同胞公仆的资格,为着传达全国同胞的公意,尤其是全国女同胞的意见,才踏进了参政会的大门。”[22]因此一嗣会议结束,她便撰文向全国民众汇报自己在会议期间的见闻和举动,认为第一届国民参政会奠定了民主政治的基础,确立了妇女参政的机会。会后汇报的做法后来构成了史良在国民参政员职务上的一大习惯。

1945 年,抗战胜利前夕的三八妇女节纪念晚会上,史良大谈女性与民主的问题。她指出:“民主是做人的道理,是人类共同生活的方法,也可说是人生哲学。”[23]她为鼓动在场的女性嘉宾争取民主、追求民主发表了慷慨的陈词:

> 我们现在不能再做驯羊,我们是人,有人的人格。我们要民主固然不用着急,可是对于民主各人态度不同,有些人同情民主,赞成民主,这固然比反对好,但是不够的,我们要一定积极争取,要加倍努力,我们妇女要踏上世界人的立场,中国社会人的立场。……我们要争取真正的民主,不要做国家的奴隶,我们要把国家造成乐园,不要把国家成为自己的牢监。[24]

抗战胜利后，史良重返上海，在开纳路一六五号开设律师事务所。[25]她为民主宪政的发声也更加响亮。1946年1月，国民政府召开政治协商会议，中国民主同盟作为国共两党之外最大的一股政治力量参与其中，史良出任民盟代表团顾问。同年2月10日，重庆各界人士于校场口集会庆祝政协会议闭幕，会上出现骚乱，李公朴、郭沫若等人遭到殴打。史良当即以律师身份找到法院院长，表示将代表受伤人员提起诉讼。次日法庭开庭，史良代表李公朴等人控诉特务、暴徒行凶伤人，使得校场口暴行的幕后指使者三人得判徒刑。[26]

随着国共内战的爆发，国统区内学生运动风起云涌。国民政府颁布《维持社会秩序临时办法》，上海市政府亦采取"四项紧急措施"以加强社会控制。为了支持学生运动，史良以律师身份发表《以法律观点论学生运动》一文，质疑上述临时办法、紧急措施的非法性质，主张学生组织反暴行、反内战运动的行为是基于生存权，动机良善，应属合法。她强调："宪法和约法均规定人民有请愿之权，请愿非革命，革命者欲推翻政府，请愿者则承认政府而向政府有所要求。请愿权是绝对的，不若集会结社等自由尚可以法律限制之。"她还为组织运动的学生声辩道："学生是最富正义感的，决不会被人利用。学生是中国的生命线，我人应该特别爱护。"末了，她也号召学生以合法的方法与行动来应对运动，"以求本身的稳固，不致发生错误。"[27]

正是由于史良在民主宪政和爱国运动中的长久努力和领袖地位，新中国成立后，她马上作为民盟代表参加了新的政协会议，与董必武、潘震亚两位律师加入政府组织法整理委员会。[28]新中国成立以后，她又担任了新中国的首任司法部长。

注释

1. 史良:《史良自述》,中国文史出版社 1987 年版,第 5 页。

2. 同上注,第 7 页。

3. 同上注,第 8 页。

4. 阿碧:"将作阶下囚之史良轶事",载《天文台》1936 年第 13 期。

5. 同注 1,史良书,第 10 页。

6. 赵纪军、杜秀娟:"民主斗士史良",载《炎黄春秋》2001 年第 1 期。

7. 同注 1,史良书,第 13－14 页。

8. 同上注,第 8 页。

9. 同上注,第 9 页。

10. 同上注,第 15 页。

11. 史良:"妇女与民主——在三八节纪念晚会讲",载《现代妇女》1945 年第 5 卷第 4 期。

12. 子冈:"史良律师访问记",载《妇女生活》1936 年第 2 卷第 4 期。

13. 同注 1,史良书,第 17 页。

14. 史良:"战时妇女工作计划",载《世界知识、妇女生活、中华公论、国民周刊战时联合旬刊》1937 年第 4 期。

15. 同上注。

16. 史良:"今日的'三八'",载《抗战》1938 年第 52 期。

17. "目前的妇女救亡工作——史良女士访问记",载《新华日报》1938 年 8 月 3 日。

18. 宋青红:《新生活运动促进总会妇女指导委员会研究(1938－1946 年)》,复旦大学 2012 年博士学位论文。

19. 史良:"参加国民参政会去",载《妇女生活》1938 年第 6 卷第 2 期。

20. 同上注。

21. 同上注。

22. 史良:“国民参政会第一期大会的成功”,载《妇女生活》1938 年第 6 卷第 6 期。

23. 同注 11,史良文。

24. 同上注。

25. 虎郎:“当年‘七君子’之一史良谢绝律师生涯”,载《海潮画报》1947 年第 40 期。

26. 同注 1,史良书,第 62–63 页。

27. 史良:“从法律观点论学生运动”,载《国讯》1947 年第 415 期。

28. 流水长:“盛会上的律师:记五十年前参加商讨新中国建国大计的律师们”,载《中国律师》1999 年第 10 期。

“七君子”案与民国最强律师团

1936 年年底，全中国的媒体都聚焦于一件举世震惊的刑事案件。这起案件的被告人中有四位是执业律师，为了替他们辩护，二十余位业界精英挺身而出。还有众多的律师在法庭外上下奔走，试图用政治手段加以解决。此案所汇聚的律师阵容在整个民国史上绝无仅有，甚至堪称一次民国律师风云人物的巡礼。这便是著名的“七君子”案。

“七君子”案辩护律师，《新生画报》1937 年第 1 期

救国会受打压,七君子遭警告

所谓“七君子”,是指“救国会”的七位领袖,即沈钧儒、王造时、李公朴、沙千里、章乃器、邹韬奋和史良。在七人中,沈、王、沙、史均是律师。沈钧儒时年六十三岁,曾任国会议员、上海法科大学教务长和上海律师公会常务委员。王造时时年三十四岁,为美国威斯康星大学政治学博士,曾任上海光华大学文学院院长兼政治系主任。沙千里时年三十四岁,上海法政大学毕业,曾为《青年之友》主编。史良时年三十二岁,同样出自上海法科大学,是女律师中的代表人物。

七君子素以主张抗日救国闻名。随着华北局势的日益紧张,北平学生于1935年12月发起了一二九抗日救国运动,七君子也迅速行动加以回应。1935年12月12日,沈钧儒、王造时等人联署宣言,支持一二九运动。12月21日,史良等发起成立上海妇女界救国联合会。1936年1月6日,王造时等发起成立上海各大学教授救国会,2月9日,沙千里等发起成立上海职业界救国会。至5月31日,救国会运动打开新的局面,全国各界救国联合会成立,沈钧儒、王造时、沙千里、史良、章乃器、李公朴等十四人被举为常务委员,邹韬奋和宋庆龄、何香凝、马相伯等人则出任执行委员。[1]

救国会“停止内战、抗日救亡”的主张与当时国民政府“攘外必先安内”的政策相左,因此受到官方猜忌。其甫一成立,上海市市长吴铁城就“反动团体”目之。救国会诸君透过潘汉年、胡愈之与中共有所交流,[2]沈钧儒等人发表《团结御侮的几个基本条件与最低要求》后,毛泽东还以《论团结御侮:复沈、章、陶、邹等》公开回应,表示:“我们同意你们的宣言、纲领和要求,并愿意在你们这些纲领和要求下面……诚意合作和共同奋斗。”救国会还曾致电张学良、傅作义、宋哲元等地方实力派,请其出兵入绥,共同抗日。这些举动都深深地挑动着国民党的神经。当局也先后以停止沈钧儒所在法学院的招生、查封邹韬奋的生活书店和李公朴的补习学校对他们加以警告。[3]

1936年11月,上海日商纱厂工人举行万人反日大罢工,救国会积极参与其间。此事引起日军强烈不满,日本驻沪总领事向上海市秘书长俞鸿钧要求逮捕幕后推动工潮的沈钧儒等人。俞鸿钧先以证据不足为由拒绝,但日方以军事行动相威胁,上海方面遂妥协。[4]

深夜中被逮捕,关押于看守所

1936年11月23日凌晨,沈钧儒、王造时、章乃器、邹韬奋、李公朴和沙千里分别为租界捕房巡警逮捕。事发后,沈钧儒之子赶至沈钧儒律所的合伙人张耀曾家中求助。救国会负责人上海律师潘震亚也往正诚律师事务所托付了俞钟骆和李文杰律师。当日早八时,张耀曾、李文杰等赶至法院,见还有张志让、鄂森、蔡六乘等律师在场。由于沈钧儒等人被关于法庭旁的房间中,未能和律师谈话,只能由其家属自行签具委托书呈给法庭。在法庭上,上海市公安局来人表示被捕诸人与工潮有关,并且明言是奉南京命令而来,要求将其移送上海市公安局关押。张耀曾等指出巡警拘捕之时并未出示拘票,被捕诸人亦不符合羁押条件,反对羁押和移送。法庭接受了律师主张,裁定被告责付律师保释。[5]

保释当天,公共租界捕房便以发现新证据、案犯有逃亡之虞为由向法院申请拘票,再于午夜时分将各人逮捕。次日午时,江苏高等法院第二分院开庭,由郁华(郁达夫之兄)及另两位推事提讯沈、王、李、沙四人之案。同日,第三分院亦对章、邹二人进行讯问。[6]史良此时咳血卧病于乡,弃保不归,遭到通缉。[7]

12月3日,司法行政部部长王用宾、江苏高等法院首席检察官林鸿共商,决计以检察官翁赞年主办此案。[8]次日,沈、王等人被移解江苏高等法院横街看守所。[9]不久,史良投案。由于证据不足,七君子久遭羁押,直至四个月后方才被提起公诉。对此,时文也多批评:"虽然政府也依法办理,但总觉得被捕时之仓促,由被捕至公诉时间之延长,令犯罪者得以申办之机会因之延缓,这不能不说是一个遗恨。"[10]

沈钧儒在狱中锻炼,
《新生画报》1937年第1期

羁押期间,由于七君子均为知识分子和社会贤达,看守所对其颇为优待。史良因是女性而被另外关押,其他六人并未囚于一般监室而是共用四间"小巧玲珑的小洋房"。[11]他们把其中一间用作会客室,还安置了沙发。囚室四周有一院落,得以辟为运动场,并植花卉。在生活上,被囚诸位颇为团结,共同作息。沈钧儒因最年长,便为家长,章乃器任事务部长,李公朴任运动部长,沙千里任卫生部长,邹韬奋任监督部长。他们每晨七点半起床,晚十一点就寝,读书写字、锻炼身体。其中邹韬奋仅四个月便写了近十万字的论文。史良则主要研究犯罪学,并每每烹饪,将做好的小菜送至六君子处。[12]七君子在监所宠辱不惊,拒不认罪。一日,沈钧儒见鸦、鹊交鸣,感而为诗:

昔读忠愍时,吉凶各有辞。
今乃同时至,将何决此疑?
吾人重自信,真理终不移。
俯仰了无愧,鸣噪一任之。[13]

被控危害民国,律师长文辩驳

七君子被捕的消息一经披露,上海律师公会便召开紧急会议,商讨援救事宜。为了应对检方的指控,一个超级豪华的律师团聚集而成,他们是:张耀曾(前司法总长)、江庸(前修订法律馆总裁)、汪有龄(前司法次长,朝阳大学校长)、江一平(上海律师公会执行委员、上海公共租界工部局华董)、陆鸿仪(前大理院院长)、刘崇佑(前国会议员)、俞钟骆(上海律师公会候补执行委员)、秦联奎(上海律师公会创始会员、执行委员)、李肇甫(前国会议员)、李国珍、刘世芳(东吴法学院资深教授、上海公共租界工部局华董)、鄂森(东吴法学院教务长、前上海律师公会监察委员)、陈志皋(前上海律师公会执行委员)、徐佐良(前上海律师公会执行委员)、汪葆楫、吴曾善(前南京地方法院首席检察官、吴县律师公会会长)、张志让(前大理院推事、上海律师公会候补执行委员)、陈霆锐(上海律师公会执行委员、上海公共租界工部局华董)、孙祖基(上海律师公会执行委员)、俞承修(上海律师公会候补执行委员)、刘祖望(前上海律师公会常务委员)、朱斯耀、李文杰、庄骧、唐豪、敬树诚、谢居三。[14](其中朱斯耀、李文杰、庄骧、唐豪、敬树诚、谢居三系七君子同案被告罗青、顾留馨、任崇高之辩护律师,但因同案律师可为案中其他当事人辩护,故其亦为七君子辩护。)

1937 年 4 月 3 日,检察官翁赞年提交起诉书,控告七君子"以危害民国为目的而组织团体,并宣传与三民主义不相容之主义","共犯《危害民国紧急治罪法》第六条之罪"。为了支持控罪,他还列举十大罪证。起诉书认为:《全国各界救国会大会宣言》内有"列强攻苏之误,中国剿共亦误"等语,系公然指摘、阻挠国策。该会主张"建立起来一个统一的救国政权",系不承认现有政府,欲另组政府。被告所主张的"人民救国阵线"与共产党之"人民阵线"系同一名词,而且在其出版物中也有"赞成中国共产党和中国红军这一个政策"。被告向张学良拍发电报,"要求中央立即停止南京外交谈判,发动全国抗日战争",不久张学良即发动"西安事变",可见其"勾结军人,谋为轨外行动,驯至酿成巨变,国本几乎动摇,名为救国,实则害国,要属无可讳言"。[15]

七君子的律师团、救国会的负责人以及部分社会贤达于上海香港路银行俱乐部召开辩护律师会议,历时四小时,最后由张志让执笔,草成一篇长达两万言的答辩书。胡愈之当场见证,写成新闻稿送至各大报馆,以便明晨见报。[16]答辩书开门见山直指起诉书"颠倒是非,混淆黑白,摧残法律之尊严,妄断历史之功罪"。律师们主张:救国会之《抗日救国初步政治纲领》明载"救国阵线的共同敌人是日本帝国主义和汉奸",《团结御侮的几个基本条件与最低要求》也表达"希望蒋先生亲率国民政府统辖下的二百万余常备军,动员全国一切人力、财力、智力、物力,发动神圣的民族解放战争",其目的正系救国,其主张正为三民主义,而起诉书之指控则为断章取义,穿凿附会。救国会所主张的"和平统一"与蒋介石《统一救亡》演说中"用和平的方法,来处理一切纷乱"是一致的,与政府政策并不相左。救国会所用"救国阵线"与共产党之"人民阵线"并不相同,起诉书将两者相同对待是对名称字义置之不问,牵强武断。至于勾结军人一项,"西安事变"发生之时,被告早已被捕,囚于苏州,不仅无法勾结,甚至无从知悉。抗日通电,救国会不仅发给张学良,也发给傅作义等人,且电文内容与“兵谏”无关,张之兵变不应由救国会负责。总之,救国会之工作“无非欲求全国上下团结一致,共御外侮,与政府历来之政策,及现在之措置,均无不合”,起诉书对于救国会宗旨及政府政策多有不明之处,所列罪证无一成立,因此应当停止羁押,以雪冤狱。[17]

被囚之沙千里、李公朴、章乃器、邹韬奋、沈钧儒、王造时(从左至右),《东方杂志》1937 年第 34 卷第 10 期

吴县两度开庭,律师舌剑唇枪

6 月 11 日,“七君子”案正式开庭。当日,吴县军警戒备森严,法院门口,岗哨林立。事前,本来法院发出特别旁听证 120 张,但据报有外地青年赶赴吴县,故法院临时禁止旁听,将旁听证一律作废。当日下午一点,七君子抵达法院,他们对不公开审理极为不满,表示如不公

开,则拒绝答话。律师们也表示如当事人均缄默,则律师也将不发表意见。僵持之下,法院始允许家属和新闻记者入内旁听。[18]

下午一点五十分,法庭正式开庭。第一刑庭庭长方闻担任审判长,推事汪珏、郑传缨陪审。当天沈钧儒身着长衫,精神矍铄,声言:“如本案不公开审理,则本人拒绝发言,任凭处刑。”邹韬奋身着浅色西装,向众人表示:“不妨害救国行动,不做损伤人格事”。史良卷发袒臂,面带微笑,其他诸人也均神态自若,并无愁苦疲倦之态。不久,辩护律师身着法袍,由刘崇佑、张耀曾、江庸、汪有龄四位长者领队,鱼贯而入,分两列就座,秦联奎居于首席。

开庭后,检察官起立宣读起诉意见。接着审判长对诸位被告一一讯问。审判长问沈钧儒救国会宣言中“联合各党各派”是什么意思。沈钧儒答:“并未指定哪一党,全国各党各派,都希望统一起来共同抗日。”又问,“国民党是否在内?”沈答:“当然在内,并且是居领导的地位。”审判长问沈钧儒是否赞成共产主义,沈说:“救国会从不谈主义,如有主义,就是抗日主义、救国主义。”审判长说:“抗日救国是共产党的口号”。沈钧儒反问:“共产党吃饭,我们也吃饭,我们就不能抗日吗?”讯问过程中,律师提出有利于被告论据二十多条,并且要求对相关证人进行调查,然而法庭全部当场驳回。审判至晚上七点二十分结束,法庭宣布翌日续审,辩方认为阅卷和准备辩论需要时间,请求延期,也未被采纳。[19]

当晚,律师团商讨次日辩论战略,直至子夜。熟谙刑事诉讼法的律师俞钟骆提出,法庭对于有利被告的证据不加重视采纳,显然已存偏见,可提出声请回避以获得主动。次日,法庭续审,七君子律师团提交回避声请,要求停止诉讼程序。为表抗议,开庭之时,除秦联奎、江一平等未知此项部署的少数律师出庭之外,其他律师均未到庭。当日庭审只能于下午三点二十分便告退庭,审判长当庭宣告停止审判程序,等候裁定。[20]

律师团的声请得到支持,此案改由第二刑庭审理,主审朱宗周,陪审李岳、张泽浦。6 月 25 日上午九点半,风雨瑟瑟,法庭续审,仍然悬挂告示:除家属及新闻记者外一律禁止旁听。旁听席上的椅子大半被撤,余下五排拥挤不堪,最前是记者,最后是警察,总计四五十人。[21]此次审判,七君子一一发言,其中王造时言似演讲,口讲指画,史良语速甚快,供词颇长。张志让、江庸、李肇甫、刘崇佑等律师纷纷发言要求对证据加以调查,气氛一度紧张。李文杰律师在指出检方证据日期有误,起诉书失却根据时,全体律师曾起立表达抗议。后来谈及调查有关张学良的证据,检察官表示反对,全体律师再次起立抗议。庭审至下午六点结束,法庭裁定同意向军事委员会调卷查询张学良事,其他证据则不允调查。律师团再三请求调查马相伯、傅作义等证人,审判长"笑颔之",宣告退庭。[22]

法庭外齐救援,政治上屡谈判

除了在法庭上据理力争,庭外的政治运作也未停止。早在七君子被移解江苏高院看守所时,律师吴凯声(法国里昂大学法学博士)便致信担任江苏高等法院院长的旅法同学王思默,请其对七君子特别关照。他还帮史良向她的昔日同学,如今的国民党妇女部长钱剑秋带去口信,使钱撰文支持七君子获释。[23]张耀曾也一直通过杜月笙、钱新之、吴铁城等人在国民党高层中游说,为七君子求情。[24]

其他政治要人与社会贤达如宋庆龄、冯玉祥、李宗仁、白崇禧等纷纷公开呼吁释放七君子。冯玉祥发动了十万人签名运动,向国民党中央请愿，上海市民五千余人也自发联名上书，请求恢复七君子自由。宋庆龄等人发起救国入狱运动，以自愿入狱的方式表示对七君子的支持。这一运动得到各界人士的支持，比如电影界袁牧之、赵丹、白杨等人均具状要求收押入狱。[25]北平学生还在汤山演出“审判七君子”的情形。[26]国际学者，如杜威、爱因斯坦、美国哥伦比亚大学国际学院院长孟禄等也通电国民政府当局，表示关心此案。[27]

报纸媒体对于“七君子”案议论纷纷，多示同情。《思想月刊》发文表示：

> 凡是一个犯罪，不论对于政府，对于犯罪者，都算是一个不幸。因为国家总还没有做到上下完全相融，彼此完全相安的田地，才有这样的情形发生。尤其是政治犯罪。这总是在国家的整个施政方针上还有不足完全孚信于人，致令许多人民走另外的政治道路或企图走另外的道路。但是要防止这样的不幸事件呢，那就不全靠严刑峻罚，而是要政府一方面作自我检讨，以期能以事实孚信于人民，同时对于那由于善意而致犯罪之人，当更加宽恕。[28]

《月报》转载《申报》文章，评论：

> 凡此大抵均政治意见与国家法令相互抵触。此等纠纷，在现代国家，本可藉报纸及议会之论战加以解决；而在吾国，则因环境之牵制，必诉诸法律制裁而后可。则就国家统一与人才集中而论，诚属至可扼腕者也。[29]

在国民党内,试图政治解决这一案件的尝试从未中断。1937 年 5 月,国民党中央委员会秘书长叶楚伧便通过杜月笙、钱新之向七君子表示,只要写就悔过书,进入反省院,便可保释。6 月,蒋介石还两度致电陈布雷,过问七君子案,嘱其具结悔过,文字内容可再研商。然而,七君子再三坚持,拒不悔过,并将第二次的《答辩书》函寄蒋介石,以示决心。[30]

形势发生骤变,控罪终被撤销

1937 年 7 月,“七七事变”爆发,中日战争正式打响。此时政治格局已经彻底转变,为“七君子”案的妥善解决提供了有利的时势。7 月 31 日,江苏高等法院裁定,沈钧儒等证据未竣,延长羁押,致被告精神痛苦,家属失其赡养,应家属沈谦等声请,停止羁押,准各交二百元书面保证开释。前上海律师公会会长张一鹏等为其开具保状。是日下午五点二十分,七君子在群众欢呼声中走出看守所。群众开欢迎会,唱救亡歌,并请沈等发言。沈钧儒谓:“不变初旨,誓为国家民族解放而斗争。”[31]后来,沈钧儒、史良等加入国民政府组织的国民参政会,为团结抗战继续奔走。

1938 年 12 月 6 日,最高法院检察署检察官吴宏恩向最高法院具信表示审理七君子案的江苏高等法院一再迁移,事实上无法行使审判权,声请将其管辖权转移至四川高等法院第一分院。[32]七君子亦函司法行政部,声请撤销其案。同年 12 月 31 日,最高法院检察署向四川高等法院第一分院首席检察官下发训令,表示司法行政部已转沈钧儒等呈请到部,令该院详核有无撤回起诉之必要。[33]次年 1 月 26 日,四川高等法院第一分院检察处检察官赖毓灵呈交《撤回起诉理由书》,表示该案所涉《危害民国紧急治罪法》已经修正，被告所行各节与当前国策不相违背，根据《刑事诉讼法》第二百三十一条，犯罪之后法律已废止其刑罚者、行为不罚者，应不起诉，故该案依法应当撤回起诉。[34]2 月 21 日，最高法院检察署复令，将撤回起诉理由呈奉司法行政部存查。[35]至此，轰动民国的“七君子”案在法律上完全告结。

七君子出狱后与慰问者合影，《周报》1937 年第 1 卷第 4 期

注释

1. 秦建君：“‘七君子’事件大事记”，载《民国档案》1988 年第 2 期。
2. 同上注。
3. 同上注。
4. 同上注。
5. 李文杰：“为‘七君子’案辩护”，载傅国涌编：《追寻律师的传统》，北京联合出版公司2012年版,第261－263页;张耀曾:“求不得斋日记(1936年11月23－24日)”,载杨琥编:《宪政救国之梦:张耀曾先生文存》,法律出版社2004年版,第439－440页。

6. 同注1,秦建君文。

7. 同注5,傅国涌书,第263页。

8. 同注1,秦建君文。

9. “沈钧儒等移解苏州高法院”,载《申报每周增刊》1937年第1卷第49期。

10. 艾生:“关于沈钧儒等案”,载《思想月刊》1937年第1卷第4期。

11. 慰农:“七君子的狱中生活”,载《艺坛》1937年创刊号。

12. 同上注;另见注5,傅国涌书,第265页。

13. “沈钧儒狱中吟诗”,载《职业界》1937年第2期。

14. “沈案昨日未审结”,载《大公报》1937年6月26日。

15. “江苏高等法院检察官起诉书”,引自“沈钧儒等案起诉书与辩诉状”,载《月报》1937年第1卷第6期。

16. 同注5,傅国涌书,第264－265页。

17. “被告答辩状”,引自“沈钧儒等案起诉书与辩诉状”,载《月报》1937年第1卷第6期。

18. “沈钧儒等被控案开审”,载《申报每周增刊》1937年第2卷第24期。“沈钧儒等开审记”,载《法令周刊》1937年第363期。

19. 同上注;见注5,傅国涌书,第265－266页;“轰动全国的沈钧儒等案”,载《东方杂志》1937年第34卷第13期。

20. “轰动全国的沈钧儒等案”,载《东方杂志》1937年第34卷第13期;另见注5,傅国涌书,第266页。

21. “沈钧儒等案(二)”,载《东方杂志》1937年第34卷第14期。

22. “沈案昨日未审结”,载《大公报》1937年6月26日。

23. 马龄国:“律师三杰——‘七君子’案发时营救活动琐记”,载《民主》1997年第2期。

24. 张耀曾:“求不得斋日记(1936年11月25日)”,载杨琥编:《宪政救国之梦:张耀曾先生文存》,第440页。

25. 同注1,秦建君文。

26. “北平学生二次集体行汤山演出‘审判七君子’之情形”,载《新演剧》1937年第1卷第5期。

27. “世界学者等通电我国当局:表示关怀七君子的被捕”,载《文化动向》1937年第1卷第3期。

28. 同注10,艾生文。

29. “关于沈钧儒等案”,载《月报》1937年第1卷第4期。

30. 同注1,秦建君文。

31. “沈钧儒等保释”,载《申报每周增刊》1937年第2卷第31期;另见注1,秦建君文。

32. “最高法院检察署检察官声请书(1938年12月6日)”,引自重庆市档案馆:“七君子案件档案选”,载《历史档案》1985年第3期。

33. “最高法院检察署给四川高等法院第一分院首席检察官训令(1938年12月31日)”,引自重庆市档案馆:“七君子案件档案选”,载《历史档案》1985年第3期。

34. “四川高等法院第一分院检察处撤回起诉理由书(1939年1月26日)”,引自重庆市档案馆:“七君子案件档案选”,载《历史档案》1985年第3期。

35. “最高法院检察署复四川高等法院第一分院首席检察官指令(1939年2月21日)”,引自重庆市档案馆:“七君子案件档案选”,载《历史档案》1985年第3期。

汉奸审判与民国司法的日落

国府惩治汉奸，追诉通谋敌国

1945 年 8 月广岛、长崎的两声巨响破灭了日本帝国负隅“玉碎”的最后迷梦。8 月 15 日上午，日本天皇的“鹤音”出现在广播之中，亲口下达了无条件投降的诏书。中国在经历八年抗战之后取得胜利，曾经沦陷的半壁江山旦夕之间得以光复。沦陷区的鞭炮被抢购一空，市民皆是一片欢腾。然而，汪伪政权的大小官员此时却是风声鹤唳，伪府代主席陈公博甚至逃亡日本。因为，他们知道即将面临正义的审判与法律的制裁。

周佛海肖像

1945 年 11 月，国民政府颁布《处理汉奸案件条例》11 条，12 月发布新《惩治汉奸条例》16 条。国民政府对全国汉奸的起诉与审判据此展开。汉奸审判万众瞩目，规模宏大，堪称民国司法史上的重大事件，法界精英在法庭内外唇枪舌剑，笔战往返。作为民国律师界元老的章士钊先生也亲历其间。早在1946年1月,章士钊就向国民政府政务局长俞济时签呈,建议设置特别法庭专审汉奸案件。但是司法行政部认为"设置特别法庭,有违法治精神,易滋物议"[1],未予采纳。后来,他又先后担任巨憝周佛海、梁鸿志的辩护律师,全程参与两件大案。其中,周佛海一案因其错综复杂、誉谤不一而最受关注,尤为特别。

周佛海,1897年出生于湖南一个贫苦的农村家庭。虽然困居山乡,但年少时的周佛海就颇具政治雄心,曾经题诗壁上,抒发意气:"登门把酒饮神龙,把剑狂歌气似虹。甘处中流拦巨浪,耻居穷壑伴群峰。怒涛滚滚山河杳,落木萧萧宇宙空。不尽沅江东逝水,古今淘尽几英雄。"[2]后来他负笈日本,其间与陈独秀等人筹组了中国共产党,并以日本留学生代表的身份出席了中共一大。1924年国共合作,学成归国的周佛海脱离中共,加入国民党,逐渐成为国民党内负责政治和宣传的要员。抗日战争爆发后,周佛海认定中国久战必亡,力主求和,并和梅思平、陶希圣等主和派常相聚谈,胡适谓之"低调俱乐部"。[3]1938年汪精卫叛离重庆,周佛海旋随之出逃。伪南京国民政府成立后,他先后担任伪财政部长、伪行政院副院长和伪上海市长等职。1943年,周佛海通过军统局局长戴笠秘密输诚,完成军统交代的一系列任务,密谋协助国军反攻和盟军登陆。1945年日本投降,他受命担任国民政府军事委员会上海行动总队司令,在国军抵沪之前,负责维持上海治安。国民政府接收上海以后,周被送往重庆,软禁于白公馆。隔年9月,周被解送南京,囚于老虎桥看守所忠字监候审。

周佛海投诚时,戴笠曾立誓保护,所以被捕之初,他尚算从容。后来戴笠乘机失事,对他最有利的证人死去,情况骤变,他才顿感前途堪忧。[4]彼时周家财产已被没收,旧日僚属半遭监禁,举国舆论皆曰严惩,军统中的政敌更是欲除之而后快。昔日老友陈公博、褚民谊在他之前已被判处死刑，并赴黄泉。周佛海曾亲耳听到行刑的枪声，所以不仅“心碎肠断”，[5]而且昼夜惊惶，以为末日不远。正是在这种处境之下，周的太太杨淑慧四处奔走，请来章士钊、王善祥和杨嘉麟三位律师。其中，章士钊因与杨淑慧父亲有总角之谊，故而义务辩护。[6]

章士钊肖像，《新希望》1949 年第 1 期

进行有罪辩护，主张罚罪赏功

1946 年 10 月 21 日上午 9 时，“民国三十五年度特字第三四六号周佛海一案”于南京首都高等法院第一法庭公开审判。法庭内外，观

者万余,有诗为证:“举国纷纷论杀宥,万人空巷看周郎。”[7]针对如此要案,法、检方面也均出动精英人物。此案审判长推事由日本明治大学硕士、首都高等法院院长赵琛亲自担任,同审的推事还有法国巴黎大学博士、高等法院刑事庭庭长金世鼎,以及司法界名宿葛之覃。主控检察官陈绳祖,乃是北洋法政大学堂第一期毕业生,历任多个地方法院的推事和院长,堪称中国本土法曹中的翘楚。

开庭之后,陈绳祖郑重宣读起诉要旨,字字铿锵。他严词指控被告附逆媾和,筹组伪府,历任伪职,“仰承敌人意旨,滥发伪币,扰乱金融,供给敌人金钱物资,以增加敌寇侵略之实力……承认伪满洲国,以破坏我国领土之完整……种种逆迹,不胜枚举。”[8]此前周佛海在自白书中为自己辩解:成立伪府是为试探和平,减少人民痛苦,无害抗战阵营;自己曾经托人自首,供给军事情报,布置军事反攻,营救地下人员;战后恪守中央命令,维持沪杭治安,不无微功云云。陈绳祖不徐不疾,对此一一批驳:其一,伪府违反抗日国策,影响国民心理,稗政祸国殃民。其二,托人自首之说,途托空言,不足采信。即使非虚,也非犯罪发觉前自动投案,与自首要件不符。营救、密报等事,或属确实,但也系“希图苟全,预留地步”,不应宽宥。其三,维持治安、交出军权,乃系“日暮穷途,图盖前愆”,并无功绩可言。陈绳祖横眉怒指周之辩解乃是“指黑为白”、“颠倒是非”、“欲盖弥彰”、“自欺欺人”。据此,他主张周佛海实犯《惩治汉奸条例》第二条第一项第一款“通谋敌国”、“图谋反抗本国”之罪,请求法庭依法审判。[9]

11 月 2 日,周案再次开庭,章士钊提交了辩护书,周佛海本人亦行自辩。由于周佛海认为上次审判旁听席中并未出现喧嚣辱骂之声,反而有人表示同情之感,故此次开庭,他侃侃而谈,屡有盛气,章士钊亦准备充分,胸有成竹。对于被诉罪名,章士钊承认被告历任显要伪职,

周佛海在法庭上,《新闻天地》1947 年第 21 期

触犯汉奸条例,乃是事实,无可辩驳;周佛海亦以退为进,表示应负之责绝不推诿。

对于"仰承敌人",章士钊提出正因被告职高位重,方能起到重要内应之功。周佛海则大谈自己收回了关、盐、统三大税权,而无一分资敌;发行伪币是为稳定金融,抵制日军军票。二者均减少敌军实力。关于自首问题,章士钊认为被告自首乃戴笠奉准策动,有蒋介石亲笔密信。领袖既已准许,当属依法自首。周佛海则颇似心痛地表示自己早有悔意,投诚之后,不仅一再援救被捕同志,设计毒杀特务头目李士群,还将联络电台设于自己旧宅。种种任务,一旦事泄,命即不保,危险程度不亚于前线,是故绝非希图苟全。

有关"治沪之功",章士钊指出日降之后四十余天,中央未派一卒抵沪，全赖被告维持局势，如此功绩不应抹杀，否则将来国家无以用人。周佛海则表示自己既未接受劝进，另立新帜，亦未搜刮财富，携兵北上，足见诚意。他甚至自认“很放肆地说，那个时候，只要被告一句话，或一点头，东南的风云就要变色，敌寇幸灾乐祸，唯恐中国天下不乱更必促成，但是被告坚决地拒绝了。”[10]睥睨之态，毫无掩饰。在辩护书中，章士钊也请求罚罪赏功，以功抵罪，更以为国谏策的姿态声言：“若于此低昂过甚，情法未协，阻人自新之路，寒人向善之胆，在天下纷纷之今日，利害得失实难测知。”[11]

此次开庭，周颇得意。他于狱中回忆：“辩论之时余发言两次，博得全体听众鼓掌三次，法警虽禁而不能止。退庭时，庭外听众仍以掌声相送，经法警强制乃止。”[12]章士钊的发言“引经据典，娓娓动听”，王、杨两位律师一据法律发言，一据证据理论，“均甚精彩，先后亦达五小时余。”[13]然而，五日之后，首都高等法院作出判决，赫然判处周氏死刑，褫夺公权终身，没收全部财产。[14]面对这一纸判决，周佛海顿时心如冰炭，杨淑慧则立即提起抗告。

抗告之后，章士钊不再担任律师。但章对于周案不可谓不尽心竭力。庭审期间，他搜集、提交证据十六件，邀请的证人不乏杜月笙、何应钦、顾祝同等显要。抗告期间，章亦多次前往看守所中探视，并曾赠诗，以示安慰。诗云：

车过龙潭夜向晨，晨飙作意醒疲轮。
眼看野战终残霸，身赴牢门欵故人。
剩与尧庭商杀宥，耻从润位辨新陈。
高低禾黍寻常事，怎到台城复怆神。[15]

周佛海在朝天宫法庭门口,《新闻天地》1947 年第 21 期

政府特令赦免,巨憝蔑视法曹

除依据法律提起抗告之外,杨淑慧亦动用各种关系试图疏通,向蒋介石请求赦免。在这过程中,杨淑慧屡次被骗,所留用度几乎当尽卖绝,其女亦因奔走而小产。[16]1947 年 1 月 20 日,天寒地冻,正是农历除夕前日,最高法院判令将抗告驳回,维持原判。这一判决自然令周氏备感绝望,而在这背后,倒还可钩沉出一段民国司法界的垢事。本来最高法院复审,案卷大约两月有余方才转送。但周氏卷宗,最高法院刚及一月便来索要。后主管此案的第一庭庭长叶某托人与周家接洽,暗示勾兑。周家料其欲大难填,故而谢之。所以叶氏加速复审,特

在除夕前日维持死刑,不过意在令周家难堪。对此,缧绁之中的周佛海也不禁痛骂:“中国司法之黑暗竟至如此……法院此种腐恶情形,岂当局及社会所知耶!”[17]

周佛海此时已经用尽司法途径,求生仅剩政府特赦一途。然而所托各人,均无甚消息。真是“命在旦夕,待死狱中”。[18]周所不知的是,蒋介石其实早已有意赦免。在周案一审之前,蒋介石就曾询问司法行政部长谢冠生与审理此案的推事,有无可能不判周氏死刑。[19]但是高院一审顶住压力,仍然坚持判处了死刑。周氏抗告失败后,蒋介石又令陈布雷出面,研究法律程序,试图司法救济。[20]但最高法院院长夏勤予以回绝,表示终审已判,无法更改。最后,是由司法院院长居正和文官长吴鼎昌签呈国府,请求减刑。[21]1947 年 3 月 26 日,蒋介石亲自修改继而批准的特赦令正式发布,将周佛海原判之死刑,改为无期徒刑。[22]

政府对周案的态度在媒体上亦有所反应。周案一审之时,报纸上对周口诛笔伐,不无斥骂。对周案的报道中,检方起诉书和法院判决书均获登载,而周之自白书和答辩书却并未发表。[23]终审判决作出后,国民党宣传部却又通令各报馆对周案“不宜有刺激人心之记载”,[24]以为特赦铺路。特赦之后,国府又对宣传部训令:“周佛海案既由政府命令减刑,各报不宜作反对言论,以重政府威信。”[25]政府为了周案,操持舆论,弹压民意,可见一斑。

让人庆幸的是,蒋介石并未强涉司法,迫令改判;对汉奸的特赦,也仅此一例。让人遗憾的是,可叹章士钊等几位律师的煌煌辩词,可惜赵琛等几位推事的孜孜持守,在蒋介石的一纸赦令面前,徒成法治的虚饰。就连周佛海也狂傲地吹嘘:“盖由高院自始即判无期,或由最高法院减处无期,不过二、三法曹之意,不足以表明余之身份。今于山穷水尽之时,改由政府发动减刑大权,足以表示最高当局对余关怀之殷,国家对余保全之意。此于全案,不惟空前,恐系绝后,较之由二、三法曹之手减刑者,实有天渊之别。”[26]其对法律、法官轻蔑之意跃然纸上。实不知为之据法力争的章士钊读其议论,将作何感想。

经过特赦,周本希望几年之后自己还能恢复自由,作一幕后诸葛。但转解监狱后,住宿条件大不如前,周的身体也每况愈下。1947 年 9 月 13 日,周在狱中自叹,“为忧、患、病、痛四面包围,其能久于人间耶!连日神经痛复加频繁,剧烈痛苦如斯,亦复不欲苟活人间矣!”[27]隔年 2 月 28 日,元宵刚过,冻风犹利,久受病痛折磨的周佛海瘐死狱中。一年半后,特赦他的国民政府也日薄西山,无力回天,败走台湾。参与周案审判的赵琛、金世鼎随蒋迁台,仍掌司法。陈绳祖在郑州法院院长任上经历郑州解放,被遣送天津,结束法曹生涯。而为周辩护的章士钊大律师,对国民党失望已极,在代表国府北上和谈失败之后留居北京,开始了他的另一段人生。

章士钊等人组成的和平代表团与李宗仁会谈,左四为章士钊、左五为江庸,《世界画报》1949 年新 1 卷第 5 期

注释

1. 袁景华:《章士钊先生年谱》,吉林人民出版社 2001 年版,第 260 页。

2. "苦学记",载周佛海:《往矣集》,古今出版社民国三十三年增订版,第 9 页。

3. "首都高等法院检察官讯问笔录(1946 年 9 月 26 日)",载南京市档案馆编:《审讯汪伪汉奸笔录》(上),江苏古籍出版社 1992 年版,第 120 页。

4. 公安部档案馆编注:《周佛海狱中日记》,中国文书出版社 1991 年版,第 6 页。

5. 同上注,第 7 页。

6. 同上注,第 46 页。

7. 转引自项东民、安熠辉:"周佛海南京受审始末",载《文史天地》2005 年第 4 期。

8. "首都高等法院检察官起诉书(1946 年 10 月 7 日)",载南京市档案馆编:《审讯汪伪汉奸笔录》(上),第 142 – 143 页。

9. 同上注,第 144 – 145 页。

10. "周佛海之答辩书(1946 年 11 月 2 日)",载南京市档案馆编:《审讯汪伪汉奸笔录》(上),第 218 – 219 页。

11. "章士钊为周佛海辩护书(1946 年 11 月 2 日)",载南京市档案馆编:《审讯汪伪汉奸笔录》(上),第 223 页。

12. 同注 4,公安部档案馆书,第 48 页。

13. 同上注。

14. "首都高等法院特种刑事判决三十五年度特字第三四六号(1946 年 11 月 7 日)",载南京市档案馆编:《审讯汪伪汉奸笔录》(上),第 229 页。

15. 同注 1,袁景华书,第 263 页。

16. 同注 4,公安部档案馆书,第 31 页。

17. 同上注,第 50 页。

18. 同上注,第 62 页。

19. 毛剑杰:"周佛海案:汉奸的生与死",载《看历史》2012 年第 5 期。

20. 同注 4,公安部档案馆书,第 33 页。

21. 同上注,第 58 页。

22. 朱子家:《汪政权的开场与收场》(第四册),香港春秋杂志社 1961 年版,第 110-111 页。

23. 同注 4,公安部档案馆书,第 46 页。

24. 同注 7,项东民、安熠辉文。

25. 同注 4,公安部档案馆书,第 68 页。

26. 同上注,第 76 页。

27. 同上注,第 178 页。

民国律师的公会自治

律师制度初立，自治即成传统

中国近代的律师公会最早成立于辛亥革命之后。当时江苏都督程德全响应革命，宣布江苏独立，其后就在省内颁布了《律师暂行章程》。1911年年底，根据这一章程的精神，江苏省政府在审判厅下设立了江苏律师总会，并依照行政区划，在地方设立分会。[1]不久，杭州、江宁、南京等地的律师公会也纷纷设立。这些律师公会或由政府主导设立，或由律师自发倡议设立。

当时这些律师公会基本各自为政，既没有统一的管理机构与规章，也没有统一的自治组织与规范。以上海为例，1912年初蔡寅等十四名留日学生提请上海都督陈其美准许成立"中华民国辩护士会"。[2]这一提议得到陈其美的支持，并且最终定名为"中华民国律师总公会"。然而，虽然它以全国总公会自居，却并不能统领各地律师公会的事务。而且，由于当时上海在名义上仍隶属于江苏，它与江苏律师总会的关系也是"剪不断、理还乱"。[3]

鉴于这种纷乱局面，1912年9月北京政府司法部颁布《律师暂行章程》(以下简称《章程》)。《章程》的颁行使律师公会在组织上得以统一，比如原江苏律师公会和上海的"中华民国律师总公会"就分别改组为吴县律师公会和上海律师公会,整合进全国公会的网络之中。《章程》也为律师公会的自治提供了统一的规范基础。根据《章程》,各地公会有权自行规定领导选举方法、会议议事方式、维持律师德义、公费与谢金限额。而在自治模式上,《章程》规定了会长制,即公会会长主持会务。除了会长之外,公会还设有副会长辅理会务,设有常任评议员定期开会决策重大事务。[4]从这之后直至1941年国民政府颁布的《律师法》,会长制一直是民国律师公会的法定自治模式,其间仅有上海律师公会因司法部的特别规定实行过一段时间的委员会制。[5]

1922年上海律师公会职员合影,
《上海律师公会报告书》1922年第5期

《律师法》将律师公会自治模式改为更加民主的理监事制。根据该法,律师公会选举理事执行一切会务,并由理事互选常务理事轮流主持日常会务;选举监事监管一切会务,并由监事互选常务监事轮流主持日常监察。值得注意的是,无论是会长制、委员会制还是监理事制,律师公会的负责人都是由公会会员选举产生的,公会的重大事务也是本着民主的原则决议的。虽然因为律师多忙于自己的业务,不常参与会务,往往使得会员大会难以召开而公会权力集中在少数公会领袖手中,但选举制度的存在,基本保证了律师公会的领袖是当地律师中才名兼备之人。

律师是一个有着独特社会功能,有封闭性特点,其成员具有专业知识、传统与仪节的群体。这种独特性既构成了律师群体要求行使自治的原因,也构成了其得以行使自治的资源。律师群体的职业伦理、仪节在律师群体内部形成了一套相对封闭的规范与权威。这些准则维系着律师职业群体的专业水准,持守着律师职业群体的道德原则。这就是为什么世界上大多数国家均采用律师公会自治的原则来实现对律师职业群体的管理。对民国而言,律师制度和律师公会作为舶来品,其在中国的引进和建立一半源自官方的主导,一半来自民间尤其是律师群体自身的推动。而当时律师制度建立的擘画者与参与者,比如伍廷芳、蔡寅之伦,大多曾于英美日法等国修习法律,甚至具有外国律师资格。他们不仅对西方律师公会自治传统有所了解,也具备参与自治的能力。这些都构成了民国律师实行公会自治的动力与资源。另一方面,民国在相当长的一段时间内未能实现形式上的统一。即使在统一的时候,中央政府和地方政府也往往缺乏足够的资源、人力、知识来实现对律师职业群体的直接管控。因此,在民国,实行律师公会自治不仅是一种对法律理念的尊崇,也是对现实需要的回应。

国家渐施管控,政党力图渗透

虽然民国时期律师职业管理的原则是以公会自治为主,但并不意味着国家对于律师公会就是完全放任自流。相反,随着中央政府实力的加强,国家力量渗入律师公会的倾向越来越明显。

早在1912北洋政府颁布的《律师暂行章程》中就规定各律师公会以地方审判厅管辖区为单位,分别接受所属地方检察长监督管理。律师公会应随时向地方检察长报告公会领袖的选举情况、公会提议决议事项等。律师公会的会则需由地方检察长经高等检察长呈请司法总长批准,司法总长或高等检察长还有权宣告律师公会或常任评议员会的决议无效或要求停会。[6]南京国民政府基本延续了暂行章程的规定,但通过1941年颁布、1945年修订的《律师法》加强了政府对律师公会的直接管理。根据《律师法》,律师公会的主管官署被规定为中央的社会部和地方的"社会行政主管机关",并且规定其"目的事业"受司法行政部及所在地方的法院首席检察官"指挥"。[7]

其实国家政权对律师职业的管控并非民国政府首创。这是因为律师行业作为司法领域的重要一环,对司法公正、人权、法治等国家基本价值有着深刻的影响。国家在尊重和保护律师行业自治的同时,又不得不在一些底线性、关键性的问题上保有监管的权力。比如美国的法院就一直享有对律师行业的宏观管理权,只是这种权力在实践中被委托给律师协会以自治的形式行使。但美国最高法院也曾通过判例的形式对诸如律师收费、律师广告等问题作出过规定。日本明治时期的《律师法》也规定律师会由当地的地方检察厅长进行监督。这一做法可能直接启发了北洋政府在律师协会监督问题上的制度设计。除却对外国实践的借鉴,当时律师执业规范混乱、律师群体良莠不齐、行业内纠纷、丑闻层出等问题也构成了民国政府介入律师行业管理的现实需要。而至于为何南京国民政府要扩大对律师行业的直接监管,这一方面因应着国民政府在现代化国家政权建设过程中扩张权力、加固统治的趋势,另一方面也可能是出于抗战时期加强社会控制、动员社会力量的考虑。

除了政府部门对律师公会的监管，国民党对于律师公会组织的渗透、对业务的指导也成为民国时期律师公会自治的一种挑战。1927 年国民革命军占领上海之后，上海律师公会就在国民党的影响之下于当年春季大会上选出了"了解党治之律师数人"[8]，并在国民党党部和政治分会的认可下担任改组委员会，起草新的律师公会章程、接管律师公会的职权。[9]这是国民党在律师公会组织内部进行渗透的例证。而在外部指导方面，国民党基于《中国国民党训政纲领》、《人民团体组织方案》、《社会团体组织程序》等文件建立了对民众团体的"指导"权威，明确了其各级党部与民众团体之间的上下级关系，规定了国民党对民众团体的组织、组建的监控权力。虽然上述文件没有明确将律师公会纳入其所调整的民众团体之中，但国民党一直试图通过指导委员

上海律师公会会员证

会指导律师公会的业务,比如律师公会的改选就被要求接受国民党党部指导员的指导。国民党还在律师公会中规定了一系列旨在强化党治权威的仪式。比如律师被要求通过"公民宣誓礼"宣誓遵守五权宪法,并向党国旗鞠躬;律师公会总会召开时被要求恭读总理遗嘱,并向党国旗鞠躬等。[10]

抵抗非法干预,坚守自治原则

尽管国家力量逐渐渗入律师公会,但律师公会争取自治的反抗力量也一直存在。尤其是对党团势力的渗入,律师公会与律师个人所表达的反抗更加坚定与明确。1930 年国民党上海党部要求上海律师公会根据社会团体组织规则重新申请许可备案。但上海律师公会主张律师公会与一般民众团体不同,只受司法行政部和律师惩戒委员会的监督,而不受其他机关包括市政府的监督,以此保证其独立行使职务、保障人权的地位。因此,公会断然拒绝了上海党部的要求。[11]在党治化的仪式方面,上海律师公会在 1932 年的春季大会上为表哀悼殉国将士,将恭读总理遗嘱的仪式改为为抗日烈士默哀。[12]除了上述公开的主张与行动外,亦有律师私下表示不满。著名律师张耀曾在日记中就对律师进行公民宣誓礼的要求表达过极大的愤慨。张在 1936 年 8 月 21 日的日记中写道,"余以行政院所定誓词,无异强迫国人投降国民党,且国民代表为议宪法,今乃先宣誓遵守五权宪法,尚何议宪之有云,殊觉宣誓至不当,决计不往。"[13]后因他考虑国难当前,不应与政府决裂、失去律师资格,仍前往宣誓。但他在宣誓后继续写道,"余生平实未尝为此虚伪仪节……心中终不怡也。"[14]可见这些党治仪节虽能推行,但律师中真正接受者恐怕并非全部。

最能体现律师公会持守自治原则底线的是其在律师惩戒问题上的态度。比如上述1932年上海律师公会废读总理遗嘱一事后来引起轩然大波,国民党上海市党部以上海律师公会执行委员李时蕊"首先主张废止恭读总理遗嘱,及向党国旗行礼,及主使一般反动分子通电宣言诋毁党国各情形"[15]为由,下令开除李时蕊党籍,并行文中央党部传咨司法行政部吊销其律师执照。不久,李时蕊又传出因"侵吞东北义勇军后援会款项"、"组织青年革命党"等罪名遭到秘密通缉。[16]在接到党部的命令后,李时蕊不欲置辩,遂向律师公会辞去委员职务。

上海律师公会为了维护会员权利,抵制违法惩罚,首先向李时蕊去函挽留,请求其"勿抱消极,取消辞意",[17]同时向李时蕊所属党部致函说明其指控李之情事并不属实。[18]公会还致电司法行政部,表示法律对律师资格的授予有一定规定,对律师的惩戒也有一定程序,法律对于律师的最重处分只为除名,并无吊销执照一说,上海市党部对李时蕊的惩戒于法不符,请求其纠正上海党部之错误。[19]对于秘密通缉一事,公会致电国民政府和国民党中央党部,担保李时蕊"努力抗日工作,义愤勃发,奋不顾身,社会朋侪共加信任,参加救国团体并无越轨行为"。东北义勇军后援会收款每日公布,并非李时蕊一人可以私藏,而秘密组党一事也与其"历年行谊及最近工作态度"不符,此事显系有人挟嫌构陷。公会还指出,即令李时蕊真有传闻之事,也应由政府依照法定程序交法院公开审理,否则"诬罔者横行,社会人人自危"。[20]在上海律师公会的坚持之下,李时蕊渡过此劫,律师执照得以保全,亦未遭到刑事起诉。[21]

然而,并非每次律师公会的坚持都能获得胜利。1931年在上海司法界声名赫赫的女律师郑毓秀被其当事人罗步洲以背弃律师义务、侵害当事人财产为由告至上海律师公会。[22]公会授权陈则民等三位律师进行调查,并据其结果认定郑毓秀“不以诚笃信实行其职务”,决定“声请将郑毓秀律师提付惩戒”,[23]又依上海律师公会暂行会则第八条第五款将其开除会籍。[24]此声请被呈交至江苏高等法院首席检察官王思默处。王思默认为证据不足以证明郑毓秀怠行职务,也不存在财产上的损害,径据律师章程第三十四条宣示上海律师公会决议无效。[25]面对王思默的宣示,上海律师公会只能函告各级法院暂准郑毓秀恢复会籍,[26]但同时也向司法行政部提出抗议。律师公会认为其按照会则规定程序,经多数表决的决议应属有效,而检察官的宣示则是蹂躏公会法定职权。[27]律师公会的抗议并未得到司法行政部的支持,后者以一纸“可勿庸议”的命令驳回了律师公会的声请。[28]

律师群体对于自治的坚持可能存在几个原因。首先,当时的律师颇多曾在海外接受法学教育,在国内接受教育者其所学知识、所受训练也基本与英美法日等国接轨。从知识结构、人生经验、职业传统来看,他们很容易接受和信仰西方源远流长的律师行业自治的传统。其次,律师群体向来自诩为社会精英,并且长期浸淫在自由与权利的价值观念之中,他们对于自由、民主的渴望更可能比一般社会群体强烈。这从律师群体在民国期间政治运动广泛的参与中可以得到体现。而且,律师也往往被定位为“在野法曹”,而志在监督制衡国家公权力、保护人权,他们对于国家权力的扩张也就难免有所顾忌。总之,这种精英意识与身份认同也可能是促使律师群体坚定持守自治的一个原因。最后,民国初年党派林立、报刊丛生,各种思想与团体竞相争鸣。律师群体中不乏与国民党政见不一,或对独裁专制不满之人。这些律师构成了反对党团势力控制律师公会的重要力量。

律师职业的独特性使之不应成为一个被国家权力完全管制的职业。这也是为何世界上大部分国家都是以“公会自治”的形式来实现对律师职业的管理。尊重律师公会的自治,能够赋予律师群体更大的活力与热情。律师公会自治不仅能够促进律师职业的发展,也能促进整个司法领域的发展。回顾整个北洋时期,律师公会在组织上仅接受司法行政部的管辖,地方律师公会的设立程序也极为简单。到国民党统治的中后期,律师公会受到越来越多的党、国控制,但这种控制也是有底线的。比如,虽然律师公会一度在业务上接受国民党指导委员会的"指导",但这一权力最终还是被移交给国家的行政机关行使。中华民国《律师法》规定:"律师以保障人权、实现社会正义及促进民主法治为使命。"中华民国律师公会全国联合会据此宣示:"律师以在野法曹身份,一方面与在朝法曹即法官、检察官共同合作维护正义;另一方面则监督制衡法官、检察官公权力之行使,庶符正当之法律程序,以维护人权及人性尊严。"[29]而要实现律师"在野法曹"的功能,一个重要前提正是必须给予律师群体足够的自治空间与独立地位。这也是我们重温、反思律师公会自治这一问题的意义所在。

注释

1. 李严成:《民国律师公会研究(1912-1936)》,华中师范大学2006年博士学位论文。

2. "辩护士公会发现",载《民立报》1912年1月7日。

3. 同注1,李严成文。

4.《律师暂行章程》(中华民国元年九月十六日元年叁字第七十四号),第二十二条至第二十八条。

5. "国民政府司法部批(第三七号)",载《上海律师公会报告书》1927年改组,第75页。

6. 同注4,第二十二条、第二十七条、第三十二条。

7.《律师法》(民国三十年一月十一日国民政府公布施行),第十条。

8.“中国国民党上海特别市党部来函”,载《上海律师公会报告书》,1927年改组期,第1页。

9.“改组上海律师公会筹备委员会办事规约”,载《上海律师公会报告书》1929年第23期,第73页。

10. 同注1,李严成文。

11. 同上注。

12.“致上海市党部二区二十二区分部函(为函复李时蕊律师在会并无于开会时首先倡议废读总理遗嘱由)”,载《上海律师公会报告书》1933年第31期,第197页。

13. 张耀曾:“求不得斋日记(1936年8月21日)”,载杨琥编:《宪政救国之梦:张耀曾先生文存》,法律出版社2004年版,第430页。

14. 张耀曾:“求不得斋日记(1936年8月22日)”,载杨琥编:《宪政救国之梦:张耀曾先生文存》,第430页。

15.“附录李时蕊委员来函”,载《上海律师公会报告书》1933年第31期,第196页。

16.“致国民政府、中央党部代电(为电请昭雪李时蕊会员被捕通缉嫌疑由)”,载《上海律师公会报告书》1933年第31期,第197–198页。

17.“致李时蕊委员函(为函请打消辞意继续担任执委等项职务由)”,载《上海律师公会报告书》1933年第31期,第196页。

18.“致上海市党部二区二十二区分部函(为函复李时蕊律师在会并无于开会时首先倡议废读总理遗嘱由)”,载《上海律师公会报告书》1933年第31期,第197页。

19.“致司法行政部代电(为电请纠正党部取消会员李时蕊党籍附带咨请吊销律师证书之错误由)”,载《上海律师公会报告书》1933年第31期,第197页。

20. 同注16。

21. 张丽艳:《通往职业化之路:民国时期上海律师研究(1912-1937)》,华东师范大学2003年博士学位论文。

22. "致郑毓秀会员函(为函询罗步洲案进行诉讼情形由)",载《上海律师公会报告书》1931年第29期,第165-166页。

23. "致上海地方法院函(为请将郑毓秀律师提付惩戒由)",载《上海律师公会报告书》1931年第29期,第172-173页。

24. "呈各级法院文(为呈报郑毓秀律师退会由)",载《上海律师公会报告书》1931年第29期,第174页。

25. "江苏高等法院检察处宣示书",载《上海律师公会报告书》1932年第30期,第68-69页。

26. "致各级法院函(为呈报郑毓秀律师暂准回复会籍由)",载《上海律师报告书》1932年第30期,第70页。

27. "呈司法行政部文(为呈请纠正江苏高等法院首席检察官之宣示书由)",载《上海律师公会报告书》1932年第30期,第71-72页。

28. "附录司法行政部第一一三一号批",载《上海律师公会报告书》1932年第30期,第73页。

29. 中华民国律师公会全国联合会:"简介",载 http://www.twba.org.tw/cogniz_profile.htm,最后访问于2015年5月7日。

民国律师收入几何

1912 年,民国《律师暂行章程》刚刚颁布,《申报》上便刊登了一篇名为《大律师好自为之》的文章,感慨:"昔之发财者做官,今之发财者做律师。"[1]然而,民国时期的律师是否真的这么风光,他们究竟收入几何,这些收入是如何获得的,却是不能不详加考据的问题。

公费顾问兼职,律师收入不一

律师最主要的收入渠道自然是基于律师业务。根据《律师暂行章程》,律师业务收费主要包括公费和谢金,其标准均由各律师公会决定。[2]公费是指当事人因委托律师办理业务而支付的相应酬金,谢金则是指在公费之外支付给律师的酬劳,往往以胜诉为条件。对于谢金的标准,律师公会一般没有做详细规定。形式上,除了现金之外,也有人以实物,比如布匹、特产等进行支付。但是自从 1915 年以后,司法部下达命令,禁止了谢金这一制度。[3]

由于各地经济水平和律师业的成熟程度不同,各地律师公会对于公费标准的设定也便不一。当时律师公费有分收与总收两种形式。1928 年《上海律师公会暂行会则》规定的公费最高额,在分收方面,讨论案情每小时 8 元,阅卷或接见每次 15 元,函件每件 15 元,和解状每件 30 元,民事出庭每次 100 元,刑事出庭每次 50 元,出具法律意见书每件 100 元，民事二审上诉状每件 80 元，刑事二审上诉状每件 50 元，民事三审上诉状每件 150 元，刑事三审上诉状每件 80 元，办理民事执行案件或和解每件最多 500 元；总收方面，民事一审二审每审 1500 元，三审 800 元，诉讼标的 5 万以上的，一审二审为标的额的百分之三，三审为百分之一点五。刑事一审二审每审 800 元，三审 500 元。[4] 1928 年北京律师公会规定的公费最高额是，民事案件一审二审每审 2000 元，三审 1000 元，诉讼标的在 5 万以上的，一审二审每审为标的额的百分之五，三审为百分之三；刑事案件一审二审每审 1500 元，三审 1000 元，案情重大、当事人身份特别之案则每审 2000 元。[5] 同时期其他城市律师公费的最高限额则明显比上海、北京两地较低，比如民事一审二审，在江苏江都是 1000 元，安徽怀宁是 700 元，热河承德则仅为 500 元；刑事一审二审，在江都是 600 元，怀宁是 420 元，承德是 400 元。[6]

无锡律师公会成立合影

当然，这些都是最高的限额。律师公费的实际收取情况与律师以及案件的背景都有关系。1929 年，前北洋政府司法总长张耀曾在上海开设律所,办理的首个案件收取公费 500 元,1931 年初出茅庐的史良加入董康律师事务所后办理的第一个债权主张案件亦是收取了公费 500 元。[7]1929 年,中国第一位华人女律师、法国里昂大学法学博士郑毓秀参与罗步洲反革命案二审的辩护,仅是协同办理,便收取了公费 1000 元。[8]而据杜月笙回忆,郑毓秀在民事案件中,更是"公费动辄以万数计,据说仅大马路的一件房屋拆迁案,郑毓秀所获得的公费就等于上海大赛马的一个头等奖。"[9]

此外,风险代理的情况也存在。比如 1930 年,上海律师叶茀康代理的颜筱初反革命案,便约定一审到三审预付公费 600 元,如能开释,则另付公费 5000 元。最后,叶茀康仅此一案收取公费 5600 元。这一收费当时引起争议,但上海律师公会经调查认为,"反革命之事件案情不得谓为不重大,既合于增加公费之规定。"[10]

如果纠纷得以和解,律师仍能收取公费。1940 年代上海首富哈同夫妇去世后,家中数十名义子为了遗产相争数年,共聘请律师十六人。后来此事由杜月笙出面,竟然获得和解。纠纷平息后,杜月笙与各继承人商定,将上海南京路、江西路路口的一块八亩四分的地皮交给律师作为公费。根据时人估价,那块地皮可值金条 86 条,相当于黄金 860 两。报纸称:"众律师因此喜出望外,都得发上了一笔小横财。"[11]

在公费之外,民国律师还常常出任政府、公司以及社会名人的法律顾问,在法学院兼职教书,或者承担其他社会兼职,来获取收入。包天笑就曾记载,"有人夸张说有千余律师,其实都不是执业者,只是有一个律师头衔而已。他们从不出庭为人辩护,或者当人家一位法律顾问,博取每年一二百元。"[12]张耀曾受上海市长张群之邀,出任市府顾问,并且在法学院兼职授课。陈霆锐、江一平都曾担任上海公共租界工部局华人董事。吴经熊兼任立法委员、上海公共租界工部局法律顾问、东吴法学院院长。章士钊是杜月笙的幕中之宾。施洋则兼任武汉数个工会组织的法律顾问。

从总体收入来看，不同的律师相差悬殊。持有民国"第一号"律师执照的曹汝霖回忆："余初作律师，除照章公费外，不计较酬报，听当事人之便……余亦不管案件大小，来者不拒，每月收入，绰有裕余。[13]至于其收入的具体数额，有一次袁世凯问其月入几何，曹汝霖答道："因我不计较酬报，月只可二千元左右。"[14]据此推算，其年入在两万四千余元，而且并不甚合曹氏预期，时为1913年。

1929年张耀曾同样以高官下海执业，除夕之夜，他核算该年收入，总计六千三百八十余元，其中律师公费仅有三千五百余元，上海市政府顾问津贴和学校兼职收入八百余元，另有两千元是其同乡长官云南龙云所赠岁献。[15]

1930年前上海特区法院院长吴经熊开始执业，他回忆：

> 上海人都已知道我是深谙法律的法官，所以一听说我自己开业了，就蜂拥而至，争当我的客户。仅在开头的一个月里，我就收到了如此之多的案子，我的收入就不少于四万两银子——几乎相当于四万美元！我一个月内挣的钱比我当法官和教授加起来的钱都要多。[16]

而1933年《摄影画报》记载吴经熊的收入：

> 计其每月收入立法委员一职可得三百五十元，工部局顾问月薪五百两，东吴法学院院长薪三百元，共计已达千三百余金，律师收入，犹不在内，以此巨资，在常人当可生活愉快，然博士以交游

广阔,且家中人口繁多,故尚露拮据之状也。[17]

1935 年中国征信所的档案资料同样显示了律师中的收入差距。其时律界元老章士钊年入五至十万元,汪有龄年入五万有余,新秀后起周衡、钱盈等人年入在一至两万,而不济者则为一至两千。[18]

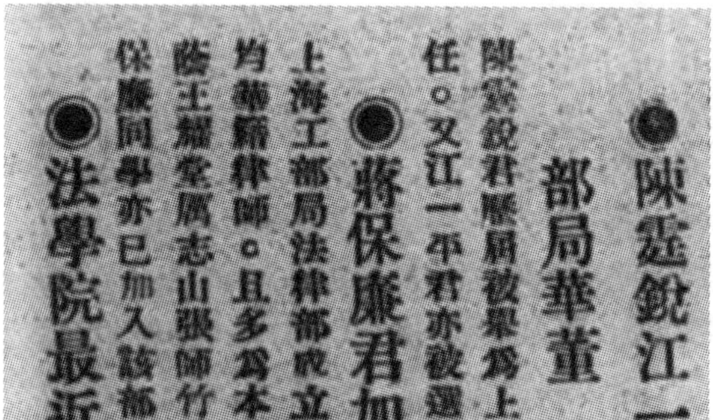

◉陳霆銳江一平兩君被選爲上海工部局華董

陳霆銳君歷屆被舉爲上海工部局華董。本年改選。又獲選任。又江一平君亦被選爲本屆董事。

◉蔣保廉君加入工部局法律部

上海工部局法律部成立以來。除美籍律師博良一人外。餘均華籍律師。且多爲本校法學院畢業同學。若汝葆彝張天蔭王耀棠厲志山張師竹錢甸九諸君。均在該部服務。茲蔣保廉同學亦已加入該部。辦理一切法律事宜。

◉法學院最近畢業同學消息

报纸有关陈霆锐、江一平出任上海工部局华人董事的新闻,
《老少年》1933 年第 10 卷第 3 期

为社会中上层,较司法官为优

律师收入既然如此,那么其在当时的整个社会中究竟处于何种水平,这样的收入又可以满足怎样的生活呢?我们可以通过以下几个方面加以了解。

首先我们将之与国家公职人员相比。曹汝霖的故事是个直观的例子。1912 年,袁世凯想要曹汝霖出任外交部次长,曹汝霖则婉拒道:"我家贫亲老,现做律师还够浇裹,且我闲散已久,譬如驾车之马,放野久了,怕难就范。"袁世凯得知其为生计考虑,便问其收入,曹答月入两千,袁世凯沉吟许久,说道:"你们年轻人,不应只图安乐,正应该替国家效力"。[19]曹汝霖之不愿,袁世凯之沉吟的原因很简单,依当时的《中央行政官官俸法》,部长一级也才月俸千元,次长只有六百,与曹氏之言两千,差距太大。后来曹汝霖勉强就任,袁世凯为表诚意,特发津贴一千元,但相比其律师收入还是少了一半。

至于比部长更低级别的官员,以法官和检察官为例,根据 1919 年《司法官考试任用登记及官俸法案条例》,大理院的庭长、总检察厅检察长、高等审判厅厅长、高等检察厅检察长一级司法官员,月俸一般在 500－600 元,最低级别的地方检察厅、初级检察厅的检察官、地方审判厅、初级审判厅推事,月俸则在 100－160 元之间。1928 年国民政府定鼎南京以后,规定学习法官月给生活津贴 70－90 元,候补法官月给津贴 100－150 元,正式法官月俸 160－400 元,简任法官月俸则在 400 元以上;至于行政官员,一般科员月俸为 60－180 元,科长 250－400 元,处长、司长 450－600 元,部长则为 800 元。[20]若以章士钊、吴经熊为律师收入最高水平之代表,周衡、钱盈为一般水平之代表分别与部长(总检察长)和一般法官、检察官相比,律师的收入水平确实较为优渥。而且民国初期财政空虚紊乱,司法官员和行政官员的薪俸往往不能全额发放,这就更加凸显了律师在收入水平上的优势。1927 年《法律评论》刊载了一则新闻:

> 天津高地四厅法官薪俸现在只发半数,近因直钞跌价合六折零,月俸百元者,实际上只能得现洋三十余元,其苦况殆难言喻,而在该处业律师者则高车驷马,日逍遥于津沽,十里洋场中度其享乐生活。彼此相形,倍觉司法官职不可为。天津地厅庭长陈士杰已因此辞职,拟在津充任律师,前地审长刘大魁亦为津门寓公,闻将同操律师业务。从此司法官恐日形衰退,而律师则有增无减,司法事业成为畸形的发达,亦一趣闻也。[21]

上述吴经熊的自传中所言"我一个月内挣的钱比我当法官和教授加起来的钱都要多"更是对当时情况的直白陈述。这也难怪《申报》有那官员和律师的今昔之比了。这一差距似乎贯穿民国始终,直到 1946 年还有一位武汉的法官在信中向陕西高等法院首席检察官朱观抱怨经济上的困顿,表示"长此以往,实无法支持,除改业律师外,别无他途。明年法界再无生机,则只能改业律师矣。"[22]

那么其他社会职业的收入情况又是如何呢?根据徐小群教授推算,1930 年代上海律师的月入一般为 300 - 2000 元,一些不知名的律师则可能在 100 - 200 元。[23]而 1934 年《第二次中国教育年鉴》所载的大学教师薪俸表显示,助教月入 100 - 160 元,讲师 160 - 260 元,副教授 260 - 400 元,正教授则为 400 - 600 元。[24]同期洋行买办一般月入千元,高级职员月入 200 - 400 元,低级职员月入 50 - 100 元,医生月入一般300－3000元，记者月入一般70－300元，而工人月入则只有10－40元。[25]由此可见，律师收入，在整个社会中确实算得上是中上层水平。从行业平均水平看，他们和官员、教授、医生等中产阶级职业相比毫不逊色，其领袖翘楚者，还可能跻身上层名流之列。

收入既属上乘，用度颇显豪奢

作为社会中上层的律师，其用度自然也不菲。根据张耀曾的日记，1929年他在上海创办律师事务所的头一年就用去一万零三百元。其中，租用一座“两楼两底，后附小楼两间”的洋房用作办公和居住，月租为87元。[26]律师登录费60元。[27]聘用书记所支的薪俸每月35元，因书记为其故人，他特别照顾，每月还多付津贴10元。[28]其他如购买洋车（黄包车）、家具，支付电费，也有数千元。此外，像张耀曾这样的知名律师，交游广泛，饮宴不绝，应酬费用也是一端。他初开业时，曾延请同乡十六人，力尽节俭，仍花去30余元，其他酬酢可以管窥。[29]

坦率来说，张耀曾虽然名望颇孚，但经济条件并不算律师中的优渥者。当时知名律师多购置房产。魏道明、郑毓秀夫妇在法租界的核心街区马斯南路置有两座洋房，与国民党司法、外交元老王宠惠比邻而居。此街区还曾住有孔祥熙、李烈钧、程潜等军政大员，梅兰芳、曾朴等文化名流，以及道亨银行经理董干文等商界高层，可见魏、郑的房产价值。[30]著名的劳工律师施洋，在执业前家境艰难，但仅执业一年，便在汉口皮业巷购买了洋房。[31]

像章士钊、汪有龄、江一平、吴凯声、李祖虞之类的知名律师均有汽车，收入中等的钱盈也自购了汽车。陈霆锐甚至有三辆汽车，仅其中一辆便价值3200元。[32]汽车俨然成为名律师的脸面。张耀曾初执业时,无力购买汽车而是买了洋车,便在日记中感叹今不如昔,“亦一小沧桑也”。[33]《电声》甚至曾经以“某律师之汽车”为题,刊载了这样一则故事:上海一律师从当事人手中得到一辆二手汽车,老旧非常,行驶起来颠簸踉跄,就如扁舟入海,醉翁前行。但是自远观之,至少也是一辆自备的专车。该律师实颇穷困,但“家中之粮可绝,而汽车之粮则不可或断”,每日含辛茹苦、呕心沥血,只为挣得几加仑的汽油。有人便劝其夫人,不若将车转卖,也好早日脱离苦海。律师夫人答道:“本来没坐过汽车的人,不坐汽车,也没有什么道理,像我们,汽车坐惯了,现在如果不坐,就好像没有面孔见人,走出去的时候,连头也抬不起来了!”[34]

在饮食用度上,郑毓秀算是一例。《摄影画报》报道她“日用度异常阔绰,如旅馆非一等不住,前之大华今之华懋,均为博士常临之所。据闻每日用度,常在百元以上,故社会上许多人一月所得,犹不及女士一日之费用也。”[35]根据董竹君回忆,郑毓秀居沪时,常往锦江饭店用膳,每日在广慈医院按摩,移居南京后,还每日用火车运送上海霞飞路的法国面包至宁食用。[36]

物质上的充裕,使得大律师们在助人之时也往往阔绰。曹汝霖、章士钊、陈霆锐、张耀曾、施洋、史良等律师都曾为当事人义务辩护,不取分文,甚至援以钱粮。1920 年刘崇佑为周恩来等人义务辩护后,资助周恩来赴法勤工俭学,赠以川资 500 元,以后还每月汇款,经年不辍。[37]1926 年吴凯声义务办理小贩陈阿堂被杀一案,为办案和资助死者家属花去 300 元。[38]1936 年沈钧儒为助全国学生救国联合会代表赴瑞士开会,捐赠 400 元。这些也从一个侧面反映了律师收入的情况。

总之,虽然律师群体中的收入并不平均,生活豪奢的名流律师之外,也不乏困顿拮据者,但套用 1937 年媒体报道“七君子”案时的说法,律师作为一个职业共同体,在民国算是“高级自由职业者”,“他们在社会上都居于中人以上的地位,其受国家和社会之待遇,总比一般民众为优厚”。[39]

注释

1.“大律师好自为之”,载《申报》1912 年 12 月 30 日。

2.《律师暂行章程》(中华民国元年九月十六日元年叁字第七十四号),第二十八条第四项。

3.“部饬指定律师收取公费办法及公费额数”,转引自邱志红:《现代律师的生成与境遇:以民国时期北京律师群体为中心的研究》,社会科学文献出版社 2012 年版,第 98 页。

4.“上海律师公会暂行会则”,载《上海律师公会报告书》1928 年第 23 期,第 46 – 47 页。

5. 同注 3,邱志红书,第 96 页。

6. 王申:《中国近代律师制度与律师》,上海社会科学院出版社 1994 年版,第 72 页。

7. 史良:《史良自述》,中国文史出版社 1987 年版,第 8 页。

8.“致郑毓秀会员函(为函询罗步洲案进行诉讼情形由)”,《上海律师公会报告书》1931 年第 29 期,第 165 页。

9. 韦君谷:《杜月笙全传》(二),四川省社会科学院出版社 1998 年版,第 253 页。

10.“呈上海地方法院刘首席检察官文(为遵令查复叶茀康收受公费有违章情形由)”,载《上海律师公会报告书》1931 年第 28 期,第 66 页。

11. 寒山:“杜月笙解决了哈同遗产的纠纷”,载《海光》1945 年第 4 期。

12. 包天笑:《钏影楼回忆录》,大百科全书出版社 2009 年版,第 565 页。

13. 曹汝霖:《曹汝霖一生之回忆》,中国大百科全书出版社 2009 年版,第

105 页。

14. 同上注,第 111 页。

15. 张耀曾:“求不得斋日记(1930 年 1 月 29 日)”,载杨琥编:《宪政救国之梦:张耀曾先生文存》,法律出版社 2004 年版,第 280 页。

16. 吴经熊:《超越东西方:吴经熊自传》,周伟驰译、雷立柏注,社会科学文献出版社 2013 年版,第 105 页。

17. “吴经熊博士之收入”,载《摄影画报》1933 年第 9 卷第 10 期。

18. 陈同:《近代社会变迁中的上海律师》,上海辞书出版社 2008 年版,第 267 – 277 页。

19. 同注 13,曹汝霖书,第 111 页。

20. 杨天宏:“民国时期司法职员的薪俸问题”,载《四川大学学报(哲学社会科学版)》2010 年第 2 期。

21. “津埠法官相率改业律师”,载《法律评论》1927 年第 5 卷第 21 期。

22. 侯欣一:“民国晚期西安地区律师制度研究”,载《中外法学》2004 年第 4 期。

23. 徐小群:《民国时期的国家与社会:自由职业团体在上海的兴起(1912 – 1937)》,新星出版社 2007 年版,第 54 页、第 58 页。

24. 张丽艳:《通往职业化之路:民国时期上海律师研究(1912 – 1937)》,华东师范大学 2003 年博士学位论文。

25. 同注 23,徐小群书,第 58 页;另见注 18,陈同书,第 270 – 271 页。

26. 张耀曾:“求不得斋日记(1929 年 1 月 26 日)”,载杨琥编:《宪政救国之梦:张耀曾先生文存》,第 254 页。

27. 张耀曾:“求不得斋日记(1929 年 2 月 4 日)”,载杨琥编:《宪政救国之梦:张耀曾先生文存》,第 256 页。

28. 张耀曾:“求不得斋日记(1929 年 5 月 1 日)”,载杨琥编:《宪政救国之梦:张耀曾先生文存》,第 269 页。

29. 张耀曾:“求不得斋日记(1929 年 3 月 21 日)”,载杨琥编:《宪政救国之梦:张耀曾先生文存》,第 263 页。

30. 马学强:“权力、空间与近代街区内部构造——上海马斯南路街区研究”,载《史林》2012 年第 5 期。

31. 石云涛:“为工人权益斗争的‘劳工律师’——记二七大罢工烈士施洋”,载《中国工运》1996 年第 2 期;施琳波:“追忆我的外祖父施洋”,载《武汉文史资料》2003 年第 1 期。

32. 同注 18,陈同书,第 265 页。

33. 张耀曾:“求不得斋日记(1929 年 2 月 23 日)”,载杨琥编:《宪政救国之梦:张耀曾先生文存》,第 259 页。

34. “某律师至汽车”,载《电声》1938 年《快乐周刊》,第 168 页。

35. “郑毓秀博士之每日用度”,载《摄影画报》1933 年第 9 卷第 8 期。

36. 董竹君:《我的一个世纪》,三联书店 2008 年版,第 291 页。

37. 李卫南:“曾是道义肩担人:记爱国民主人士刘崇佑律师二三事”,载《福建统一战线》2000 年第 5 期。

38. 马龄国:“与世纪同步的法学家吴凯声”,载《炎黄春秋》1998 年第 1 期。

39. 艾生:“关于沈钧儒等案”,载《思想月刊》1937 年第 1 卷第 4 期。

民国律师的业务发展之道

民国律师算是社会中上阶层,“天下熙熙,皆为利来,天下攘攘,皆为利往”,律师要在这名利场上维持体面、增长收入,少不得要发展业务、开拓案源。在这方面民国律师们也确实八仙过海,各显神通。

官职口碑人脉,交往交际应酬

一般而言,享有盛誉的前司法官员在从事律师职业的时候,会占有一定的先机。吴经熊、董康、汪有龄等司法高官在辞职后都很快成为律师界中的风云人物。吴经熊回忆自己执业之初,上海人皆知其为深谙法律的法官,所以蜂拥而至,争相延聘,似乎完全不愁案源。[1]也有一些律师会通过办案的口碑打开市场,曹汝霖有一段回忆对此颇能印证:

> 其时风气未开,请教者不多。后有一案,一审判死刑,二审维持原判,上告到大理院。该案论事实应判死刑,惟因律无明文,情形特殊,第一审根据事实判处死刑,第二审维持原判,被告不服告到大理院,请我辩护。余即根据律无明文不能判罪为理由,大理院本是书面审理,遂将辩护状送进。结果原判撤销,改判无期,于是被告全家老小,到我事务所处叩头致谢,感激涕零,谓因家贫,

只送些土产表示谢意。余亦不收酬费,连公费也免了。从此大家知道诉讼不能不请律师,且知道我以侍郎做律师,区区之名,不胫而走,从此门庭若市。[2]

同业、同乡、同学等熟人介绍亦是一途。比如,张耀曾在上海开业后的第一个案子便是由上海律师公会的领袖人物陈霆锐律师从中牵线,其出任上海市政府法律顾问也是得益于昔日故友张群(时任上海市长)的帮衬。[3]郑毓秀亦曾接手李时蕊律师介绍的案件。[4]史良在执业之初,办理的业务主要都是其老师兼老板董康名下之案。[5]江庸曾经代表张大千处理一损害名誉的案件,则是缘自乡谊(江庸出生于四川璧山,张大千是四川内江人)。[6]

除了熟人之外,商界、政界、学界、新闻界等各种相关领域的人脉关系也不能不加以维护和扩展。这就使得民国律师们频繁出席于各种社交应酬。张耀曾在律师执业期间,相与往来者包括陈霆锐、汪有龄、董康等律师同行,钟宏声、沈宏等法院推事,李烈钧、张群、黄郛等军政要员,董望翘、杜月笙等商界闻人,还有胡适、罗隆基等学界名流。吴经熊则回忆道:

逐渐的,我的客户们邀请我参加他们在"花楼"举办的晚会了,我则在同一地方举办同样的晚会作为回报。在我意识到之前,我已变成了一个不折不扣的花花公子。有两年半的时间,我每晚都要出去应酬。即使是想起那些日子,也能闻到一股地狱的气息。[7]

民国著名保险法律师唐鸣时于1934年在《东方杂志》上所写的一

篇文章,颇能反映当时律师界中交际应酬的风气:

> 同道中人相遇时,往往相道问"近日如何消遣?"好像已经抛弃学法律最高的野心,而代以执行律职为最终的目标,所以业余的时间和精力,要另觅方法去消灭,去消遣掉了。我想对答这问话应有的回答是:"我没有功夫消遣。"然而消遣的盛行,又谁能否认呢。同道中自甘消遣的也有,但说起来也深觉苦痛;而不甘消遣,但又似不能不从事消遣的,终是多数。原来一般人对于律师的职务,当然没有律师自己看得那样清晰。聘任一个律师,当他策划的谋士者居多数;当他一个解释法律的专家居少数。于是要联络感情,于是要应酬。律师以办案维持生活,当事人以感情为选任之条件,律师便不得不从事联络感情,以求承办案件。例如提起某律师,往往都要联想到他交际的广狭:或谓在在某宴会见过;或谓在某牌局聚过;或谓在书寓同玩过;于是商议起来,大家熟悉,决定请他。此种环境之下学识见解转不若交际应酬为重要,律师遂不得不奔走于应酬处所,而消遣他的修养时间和精力于应酬了。然则律师的个人计划,只是一种应酬消遣计划罢了。今年如此,明年也如此,或者竟再扩而充之,施行其较大的交际计划。若此种计划形成文字,不将为旅馆,菜馆,书寓,等等应酬场所,排节目单,作广告用吗?其亦可以已矣呼?[8]

当时甚至有律师在日报上刊发广告,公开招聘"交际员",专门负责事务所的交际事宜。当然,这种做法已属走火入魔,有包揽词讼、损害风纪之嫌,所以遭到律师公会的明确反对,相关广告亦被要求撤销。[9]

上海社会贤达在陈霆锐家中的聚会合影，
《实业季报》1939 年第 5 卷第 1 期

发布律师广告，宣传各出奇招

如果说交际应酬是面对目标客户群体的定点宣传，那么报刊广告便是面向普罗大众的一般宣传了。律师广告的出现可以追溯到民国律师制度的设立之时。早在 1912 年，《国民新报》就刊发了汉口律师刘荫榕的律师广告：

现在共和成立，首重人权，司法虽已独立，然非行律师制度不克达完全保护之目的。敝同志有鉴于此，特建议于司法司，呈请都督批准立案，并蒙咨明中央司法部，缘急于实行，先颁布《湖北律师暂行条例》，以发挥司法之精神，实为人民莫大之幸福。本律师留学海外，研究法律有年，回国后，历充推检各职。今因领受司法司证书乖充斯职,特于武(武昌)、汉(汉口)地方各设事务所一处以行职务,各界诸君如有委托事件,请移至敝事务所接洽为荷。至所有应受公费,悉遵湖北律师公会各章程,请来取阅可也。兹将各事务所地址开列于左:一武昌事务所暂设府院街二十四号,特烦史君汉樵在此照料,以便接洽。一汉口事务所暂设法租界三德里二十二号,马君云岩开设之福顺恒楼上,委托诸公如遇本律师外出,请即与马君接洽可也。[10]

这则广告颇有代表性,其他民国律师的广告也多如此,先宣讲律师对于保障人权之意义,继述自己的学术和职业经历,尤其是出国留学和担任司法官员的经历,最后附上办公地点和联络方式等等。当然,律师广告并非千篇一律,形式之多,不一而足。

一种方式是借以提供法律咨询之名。比如大联法律事务所曾在《实业界专刊》发布广告:"本所为服务社会普求民众公益起见,特设法律咨询处。各界如有法律问题,尽可开明详细事实及疑问之点,附邮寄交上海爱而迈路均益里北七号大联律师事务所,以便分转各律师解答。"[11]

另一种方式则是杂于法律顾问启事之中。比如顾恩霈律师在发布其受任新光邮票研究会常年法律顾问的启事上,除了郑重宣布"日后倘有侵害该会名誉信用及权利上之关系者,本律师当尽依法保障之责"[12]等应有之义外,还将其律师事务所的地址附于其上。这样便在履行顾问之职的同时,也起到了广告宣传之功。

还有律师借搬迁新址之机,在公告之余同时宣传。比如高君湘律师曾经发布:"高君湘同学,向在大陆商场五楼五百零八号大陆法律事务所执行律师职务。兹因业务发达,原址不敷应用。爰自七月一号起，迁至六楼六百零四号。独立事务所，电话九二七三二号。各界如有接洽事项，可移至新址。”[13]

当时甚至有从事国际业务的外国律师在中国报纸刊发广告。比如《北京大学日刊》曾刊发美国律师威廉·邓尼斯的中文广告：“鄙人为中国政府之法律顾问，现已终了，已于华盛顿重设事务所执行律师职务，特别注重关于国际法之问题。”[14]

律师广告的效用有目共睹，日渐流行。著名律师、前进步党领袖刘崇佑甚至长年在进步党机关报《晨报》的第一版刊发广告。[15]1930 年代，《申报》几乎每日都刊有 4 至 5 篇律师广告，有时或有 10 篇以上。[16]在 1930 年的《宁波快览》中也设有专门的“律师广告”版面，紧随“中医广告”、“西医广告”之后。在这种情况之下，律师公会对于律师刊发广告的行为也越来越加重视和监管。

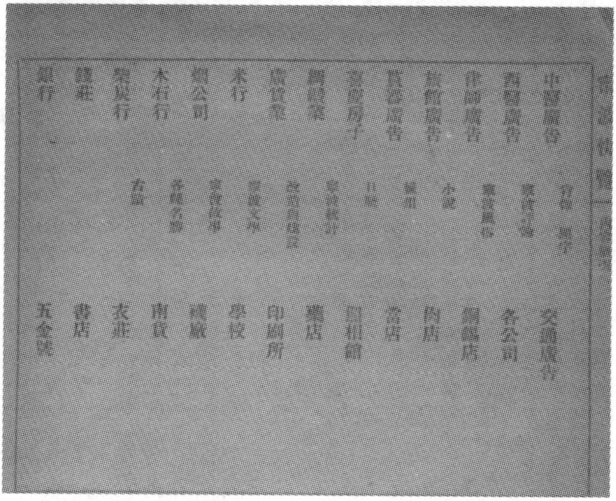

1930 年第 1 期《宁波快览》的目录

1927 年,马有略律师在《民国日报》刊登广告:

> 现在国民政府以法律治国,故无论何人非法律不足以保障。本律师系日本法学士,返国后历经考试,为前清举人、民国高等文官,并历任法部主事、澄海地方检察官、大理院推事等职,亦曾在北京执行律师职务多年,去年来沪执行职务。公费多寡不等,兹为便利当事人起见,拟定划一办法如下:(一)刑事案件。中产以下者五十元,中产以上者一百元,上产者二百元,但得依当事人之特约而补足公费。(二)民事案件。千元以下者五十元,千元以上者一百元,万元以上者二百元,但得依当事人之特约而补足公费。(三)非讼事件。证明契约、代订契约、离婚、遗嘱、分产、分家、清算、经租、仲裁、和解等非讼事件,分为五十元、一百元、二百元三等,当得依当事人之特约而补足公费。(四)顾问及信件。顾问公费分为五十元、一百元、二百元三等,信件每件五元至二十元不等(不论件数),但办理全案者不在此限。如荷委任或蒙介绍请径向爱多亚路纱布交易所本事务所接洽可也。[17]

这一广告受到了上海律师公会的批评。公会致函马有略,表示该广告“内载一如医例及润笔书例价格之式,殊为不雅”。又说:“查自民国法定律师本纯粹以保障人民不谙法律者为主旨,非若一种专门营业者”,但按照马有略广告中将公费分为几等,并有中产、上产之谓,“颇有违反律师规则,且于风纪攸关”。公会认为“承办案件、征收公费均应遵照会则规定办理,所定不合”,因此请马有略停止刊载。[18]

此外,周世勋律师的广告中有“延聘律师,一经研究,可操必胜”等语,上海律师公会认为其有“律师掮客之嫌”和“包揽词讼之虞”,令其加以撤销。[19]韩家政律师在广告中有“女律师韩家政”的字眼，上海律师公会则认为“律师为社会服务，不分性别，依法令行使其职务，与商业竞争之性质不同”，司法行政部亦一再申令律师“宜厚自爱重，注意职责及德义”，因此以韩律师的广告有“矜张标异”之嫌，有损律师风纪，要求更正。[20]

1934年，上海律师公会专门向全体会员律师发函，主张：“律师依法执行职务，在法律上其地位同等为司法三职之一，在社会上亦即为一种最高尚之职业，非其他之职业可能比拟。故凡关于竞争、夸耀、招揽等妨碍律师风纪之事项，均应注意避免，以重风纪。”公会认为上海各日报常有律师自行刊登启事，形近招揽，与商业广告形似，有损律师尊严风纪，因此命令该会会员以后不得刊发“近于招揽诉讼之广告，或仅以姓名、事务所、寓所及电话号码登报”。[21]后来还对有违反此规定嫌疑的律师加以劝诫，其中不乏吴凯声、丘汉平、孙祖基等知名律师。[22]

高倩蘋與男同學
將合組律師事務所

“高倩苹与男同学将合组律师事务所”，
《电声周刊》1940年第9卷第27期

此后，律师广告有所改观，同时也出现了一些令人解颐的“软文”。比如1940年《电声周刊》刊发了一则名为“高倩苹与男同学将合组律师事务所”的文章：

> 高倩苹自考进"法政"以后,至今已历四足年,并喜有志竟成,在本届暑期且经考试毕业了,最近,这位"喜鹊儿"有这样一个确实的喜讯——不久期内,她就要和那位年貌相当的男同学蔡成桂两下精诚合作,合组法律事务所而开始同挂牌子,执行律务了。
>
> 提起这位蔡成桂——不久将来之律师。人品生得不错,学问也甚好,家里且又相当富裕,高倩苹和他同学数载,两下感情不薄;现在法政学院既经同告毕业,而彼此合组事务所同为社会服务,也就是最好不过的办法了!
>
> 高倩苹的住所原在亨利路亨利村内,是一宅三层楼洋式房子,他们合租的事务所就准定设在那里。这房子,高倩苹现处二房东地位,蔡桂成[成桂]最近迁入居住,则算是她"余屋分租"的"房客"。这样高蔡两下钻研法律,责疑问难,当然便利不少了。[23]

这篇短文不可谓不妙藏机巧。当时女律师尚属罕见,本就吸引眼球,该文更不无暧昧地描写其与男合伙人的同学之谊,暗示二人隐有情愫,现正同居。不声不响中将其毕业院校、律所地址写将出来,既令读者"饶有兴味",又实现了宣传的目的,而且并无招揽之嫌,可见作者所花的心思。

当然,这还算不得标新立异的宣传。1946 年,律师王龙因为代理一件充满猎奇色彩的"艳尸案"而蜚声南京城。此时便有人在《快活林》上发文,说此律师成名有因,在宣传技术上"匠心独运"。原来王律师在自己的汽车车窗上写着颜色鲜艳的"律师王龙"四个大字,一如百货公司的促销广告。作者取笑他"招摇过市,风头十足,路人皆为之侧目而视,足见他对于宣传工作的努力,能够惊世骇俗,出奇制胜",还说

“凭他这副本领,假使混到官场里去,一定可以做一个八面玲珑的宣传部长?可惜太大材小用咧。”[24]这些做法,在当今社会都不过尔尔,稀松平常,但在民国时期,诚然是“引领潮流”,蔚为异数了。律师为了发展业务,想出此等令时人拍案惊奇的办法,实不知对律师界是幸也欤,是不幸也欤?

注释

1. 吴经熊:《超越东西方》,周伟驰译、雷立柏注,社会科学文献出版社2013年版,第105页。

2. 曹汝霖:《曹汝霖一生之回忆》,中国大百科全书出版社2009年版,第105页。

3. 张耀曾:“求不得斋日记(1929年3月12日、1929年7月24日)”,载杨琥编:《宪政救国之梦:张耀曾先生文存》,法律出版社2004年版,第261页、274页。

4. “致郑毓秀会员函(为函询罗步洲案进行诉讼情形由)”,载《上海律师公会报告书》1931年第29期,第165页。

5. 史良:《史良自述》,中国文史出版社1987年版,第8页;阿碧:“将作阶下囚之史良轶事”,载《天文台》1936年第13期。

6. 崔普权:“北平画界的一场笔讼风波”,载《北京档案》2013年第3期。

7. 同注1,吴经熊书,第105页。

8. “四六 唐鸣时”,载《东方杂志》1934年第31卷第1号《个人计划》,第32-33页。

9. “致宁波日报馆函(为函请查示律师招聘交际员广告之登报人姓名住所由)”,载《上海律师公会报告书》1934年第31期,第182页。

10. “律师刘荫榕武汉律师事务所成立广告”,载《国民新报》1912年9月22日。

11.“大联律师事务所法律咨询处”,载《实业界专刊》1932年创刊号。

12.“紧要启事:顾恩霈律师受任新光邮票研究会常年法律顾问通告”,载《新光月刊》1928年第3期。

13.“高君湘同学迁移律师事务所”,载《老少年》1933年第10卷第5期。

14.“Mr. William Cullen Dennis 启事”,载《北京大学日刊》1920年第678期。

15.“律师刘崇佑事务所迁移广告”,载《晨钟报》1916年9月16日,第1版。

16. 张丽艳:《通往职业化之路:民国时期上海律师研究(1912-1937)》,华东师范大学2003年博士学位论文。

17.“附录马会员刊载报端广告”,载《上海律师公会报告书》1928年第24期,第125页。

18.“致马有略会员函(为函劝勿再将公费数目登载报纸由)”,载《上海律师公会报告书》1928年第24期,第124页。

19.“致周世勋君函(为警告撤销兜揽诉讼广告由)”,载《上海律师公会报告书》1934年第32期。

20.“致韩家政会员函(为制止登载矜张标异之广告由)”,载《上海律师公会报告书》1935年第33期。

21.“致各会员函(为制止登载近于招揽诉讼之广告或仅以姓名事务所及电话号码登报由)”,载《上海律师公会报告书》1935年第33期,第138页。

22.“致后万安会员等函(为制止登载迹近招揽诉讼之广告由)”,载《上海律师公会报告书》1935年第33期,第230页。

23.“高倩苹与男同学将合组律师事务所”,载《电声周刊》1940年第9卷第27期。

24. 如是:“活动广告车:大律师宣传妙法”,载《快活林》1946年第31期。

主要参考文献暨引征目录

报刊杂志

《东方杂志》、《晨钟报》(《晨报》)、《民国日报》、《民国日报·觉悟》、《民强报》、《向导》、《兴华》、《法律评论》、《法学丛刊》、《新朝大》、《万象》、《生活》、《女群》、《申报》、《中外春秋》、《台湾春秋》、《妇女共鸣》、《建国月刊》、《摄影画报》、《一四七画报》、《论语》、《时代公论》、《法治周报》、《上海党声》、《大公报》、《海上名人传》、《老少年》、《法学季刊》、《邮声》、《法学杂志》、《光明报》、《国讯》、《妇女生活》、《新华日报》、《月报》、《电声》等。

日记、笔记、回忆录

李平书:《且顽老人七十岁自叙》,沈云龙主编:《近代中国史料丛刊续编》第五辑,文海出版社。

曹汝霖:《曹汝霖一生之回忆》,中国大百科全书出版社 2009 年版。

中国科学院历史研究所第三所编:《五四运动回忆录》,中华书局 1959 年版。

罗章龙:《椿园载记》,生活·读书·新知三联书店 1984 年版。

《包惠僧回忆录》,人民出版社 1983 年版。

《顾维钧回忆录》(1 –13),中华书局2013年版。

胡鄂公:《辛亥革命北方实录》,沈云龙主编:《近代中国史料丛刊》第五十三辑,文海出版社。

吴凯声口述,吴立岚、林淇编撰:《吴凯声博士传记》,香港大地出版印刷公司1993年版。

周佛海:《往矣集》,古今出版社民国三十三年增订版。

吴经熊:《超越东西方:吴经熊自传》,周伟驰译、雷立柏注,社会科学文献出版社2013年版。

史良:《史良自述》,中国文史出版社1987年版。

公安部档案馆编注:《周佛海狱中日记》,中国文书出版社1991年版。

包天笑:《钏影楼回忆录》,大百科全书出版社2009年版。

董竹君:《我的一个世纪》,三联书店2008年版。

传记、年谱

梁启超:《李鸿章传》,中国三峡出版社2009年版。

朱顺佐:《邵力子》,花山文艺出版社1997年版。

黎显衡、林鸿暖、杨绍练:《陈延年》,广东人民出版社1985年版。

袁景华:《章士钊先生年谱》,吉林人民出版社2001年版。

郑学稼:《陈独秀传》,时报文化出版社民国七十八年版。

唐宝林、林茂生:《陈独秀年谱》,上海人民出版社1988年版。

沈谱、沈人骅:《沈钧儒年谱》,中国文史出版社1992年版。

韦君谷:《杜月笙全传》,四川省社会科学院出版社1998年版。

丁贤俊、喻作风:《伍廷芳评传》,人民出版社2005年版。

文集

丁俊贤、喻作风编:《伍廷芳集》,中华书局1993年版。

王威彦、王亮编:《清季外交史料》(第68卷),书目文献出版社1987年版。

《孙中山全集》(1-11),中华书局1981年版。

经世文社编:《民国经世文编(内政·外交)》,沈云龙主编:《近代中国史料丛刊》第五十辑,文海出版社。

佚名编:《伍先生(秩庸)公牍》,沈云龙主编:《近代中国史料丛刊》第十六辑,文海出版社。

襟霞阁编:《刀笔菁华》(1-4),上海中央书店1934年版。

车吉心编:《民国野史》(1-20),泰山出版社2000年版。

中国社会科学院近代史研究所近代史资料编辑组编:《五四爱国运动》,中国社会科学出版社1979年版。

《冰心全集》(1-8),海峡文艺出版社1994年版。

张静庐辑注:《中国近代出版史料初编》,上海书店出版社2003年版。

傅学文编:《邵力子文集》,中华书局1985年版。

中国史学会主编:《辛亥革命》(1-8),上海人民出版社1957年版。

武汉二七纪念馆编:《施洋纪念文集》,华中师范大学出版社1988年版。

全国图书馆文献缩微复制中心编:《北平地方法院刑事判决案卷》,全国图书馆文献缩微复制中心2005年版。

薛君度、熊先觉、徐葵编:《法学摇篮朝阳大学》(增订版),东方出版社 2001 年版。

张枬、王忍之编:《辛亥革命前十年间时论选集》,生活·读书·新知三联书店 1978 年版。

中华民国开国五十年文献编纂委员会编纂:《中华民国开国五十年文献》(第一编),正中书局 1964 年版。

杨琥编:《宪政救国之梦:张耀曾先生文存》,法律出版社 2004 年版。

《章士钊全集》(1-10),文汇出版社 2000 年版。

陈东晓编:《陈独秀评论》,上海书店 1989 年版。

《章士钊诗词集 程潜诗集》,湖南人民出版社 2009 年版。

周天度、孙彩霞编:《救国会史料集》,中央编译出版社 2007 年版。

南京市档案馆编:《审讯汪伪汉奸笔录》,江苏古籍出版社 1992 年版。

其他资料

《参议院公报》

《上海律师公会报告书》

《浙江杭鄞金永衢绍律师公会报告录》

专著

徐小群:《民国时期的国家与社会:自由职业团体在上海的兴起(1912-1937)》,新星出版社 2007 年版。

连连:《萌生:1949 年前的上海中产阶级——一项历史社会学的考察》,中国大百科全书出版社 2009 年版。

朱英、魏文享编:《近代中国自由职业者群体与社会变迁》,北京大学出版社 2009 年版。

戈公振:《中国报学史》,商务印书馆 1927 年版。

张礼恒:《从西方到东方:伍廷芳与中国近代社会的演进》,商务印书馆 2002 年版。

陈此:《伍廷芳轶事》,上海宏文图书馆 1925 年版。

张云樵:《伍廷芳与清末政治改革》,联经出版事业公司 1987 年版。

[日]信夫清三郎编:《日本外交史》,商务印书馆 1980 年版。

沈家本:《历代刑法考》,商务印书馆 2011 年版。

刘以芬:《民国政史拾遗》,沈云龙主编:《近代中国史料丛刊》第六十八辑,文海出版社。

[美]周策纵:《五四运动史》,陈永明等译,岳麓书社 1999 年版。

陈平原、夏晓红编:《触摸历史:五四人物与现代中国》,广州出版社 2009 年版。

许指严编:《民国十周纪事本末》,沈云龙主编:《近代中国史料丛刊续编》第八十辑,文海出版社。

方汉奇:《中国近代报刊史》,山西人民出版社 1981 年版。

许金城辑:《民国野史》,沈云龙主编:《近代中国史料丛刊》第九十八辑,文海出版社。

夏勤、郁嶷合述,王选疏:《法学通论》,民国十六年版。

王伟:《中国近代留洋法学博士考(1905 - 1950)》,上海人民出版社 2011 年版。

傅国涌编:《追寻律师的传统》,北京联合出版公司 2012 年版。

董彦斌:《追寻稳健宪政:民国法律家张耀曾的法政世界》,清华大学出版社 2013 年版。

陈同:《近代社会变迁中的上海律师》,上海辞书出版社 2008

年版。

沈以行、姜沛南、郑庆声编:《上海工人运动史》,辽宁人民出版社1991年版。

王申:《中国近代律师制度与律师》,上海社会科学院出版社1994年版。

陈水林、陈伟平:《沈钧儒与中国宪政民主》,当代中国出版社2003年版。

朱子家:《汪政权的开场与收场》,香港春秋杂志社1961年版。

论文、期刊文章

王希莲、张礼恒:"伍廷芳任职港府的酸甜苦辣",载《民国春秋》2001年第3期。

徐霞辉:"由伍廷芳入立法局看19世纪香港华人地位的变迁",载《广州大学学报(综合版)》2001年第3期。

黄森章、邝桂荣:"伍廷芳其人其墓",载《岭南文史》2002年第1期。

林海:"伍廷芳:从林肯律师会馆走出的修律大臣",载《法律与生活》2013年第7期。

孔祥吉、[日]村田雄二郎:"日本机密档案中的伍廷芳",载《清史研究》2005年第1期。

张礼恒:"伍廷芳与中日长崎事件",载《东岳论丛》2006年第2期。

刘霆:"'西南关余案'之探析",载《江苏社会科学》2013年第6期。

杨大春:"论辛亥革命时期中国刑事审判制度的革新——以姚荣泽案为例",载《苏州大学学报(哲学社会科学版)》2001年第4期。

老何:“太监妓女闹离婚”,载《文史博览》2012 年第 3 期。

陈美者:“坊巷的光辉——福州‘电光刘’散记”,载《闽都文化》2014 年第 6 期。

陈庆华:“私立福建学院的历史贡献”,载《福建政法管理干部学院学报》2007 年第 4 期。

谷桂秀:“刘崇佑与清末民初中国政治”,载《福建省社会主义学院学报》2000 年第 2 期。

胡传胜:“‘五四’事件中暴力行为再反思”,载《开放时代》2010 年第 8 期。

李卫南:“曾是道义肩担人:记爱国民主人士刘崇佑律师二三事”,载《福建统一战线》2000 年第 5 期。

高绍先:“五四运动时期的一篇辩护词”,载《法学杂志》1982 年第 6 期。

董彦斌:“作为法律事件的‘五四’”,载《读书》2009 年第 5 期。

彭南生:“抗捐与争权:市民权运动与上海马路商界联合会的兴起”,载《汉江论坛》2009 年第 5 期。

陆茂清:“民国时期轰动全国的‘侮辱大总统案’”,载《档案春秋》2006 年第 8 期。

施琳波:“追忆我的外祖父施洋”,载《武汉文史资料》2003 年第 1 期。

石云涛:“为工人权益斗争的‘劳工律师’——记二七大罢工烈士施洋”,载《中国工运》1996 年第 2 期。

成红峰、张继才:“论施洋的爱国主义思想与活动”,载《安康师专学报》2012 年第 13 卷第 4 期。

黄尚文、玉兰花:“林育南与施洋并肩战斗的日子”,载《武汉文史资料》2003 年第 1 期。

“‘二七’前后公会运动略史”,载《上海革命史资料与研究》(第 4 辑),上海古籍出版社 2004 年版,第 537 – 556 页。

吴太伯:“‘二七’烈士知多少”,载《北京党史研究》1990 年第 3 期。

施琳波口述、关捷整理:“施家河在流淌——施洋外孙女痛说革命家史”,载《党史纵横》1995 年第 5 期。

王飞麟:“律师应仗人间义,身殉名存烈士俦——施洋烈士陵园”,载《长江论坛》2013 年第 2 期。

罗维扬:“施洋烈士夫人郭继烈和她的《哀告全国同胞书》”,载《炎黄春秋》1997 年第 11 期。

石建国:“罗文干:曾三度入狱的外交总长”,载《世界知识》2008 年第 14 期。

陶永江、陶仁人:“政海妙人罗文干”,载《钟山风雨》2008 年第 1 期。

毕连芳:“北洋财长罗文干案”,载《检察风云》2006 年第 11 期。

经先静:“内阁、国会与实力派军阀——20 世纪 20 年代罗文干案始末”,载《史学月刊》2004 年第 4 期。

周默:“罗文干案:司法界的独立战争”,载《看历史》2011 年第 5 期。

张勤:“法律精英、法律移植和本土化:以民国初期的修订法律馆为例”,载《法学家》2014 年第 4 期。

江靖:“忆父亲江庸”,载《世纪》2008 年第 2 期。

崔普权:“北平画界的一场笔讼风波”,载《北京档案》2013 年第 3 期。

裴赞芬、刘韬："档案记载的民国时期一桩涉外案件"，载《档案天地》2006年第2期。

艾琦："一起刑事案件引发的讨论"，载《中国档案》2005年第4期。

姚琦："论清末民初的法政学堂"，载《华东师范大学学报（教育科学版）》2006年第24卷第3期。

于语和、金大宝："朝阳大学与我国法制近代化论略"，载《安徽大学法律评论》2003年第3卷第2期（总第5期）。

李秀清："品读朝阳"，载《比较法研究》2013年第3期。

俞江："20世纪30年代初的朝阳学院——《朝阳学院概览》笔记"，载《朝阳法律评论》2012年第2期。

邱志红："朝阳大学法律教育与北京律师的养成"，载《朝阳法律评论》2009年第1期。

张钧、董芳："朝阳大学与中国近现代法学教育"，载《法学杂志》2004年第6期。

程波："'法学津梁'——法学家夏勤与朝阳大学"，载《朝阳法律评论》2009年第2期。

张玉光："民国女杰——郑毓秀"，载《文史月刊》2006年第4期。

纪彭："暗杀：辛亥革命前后刺客列传"，载《文史参考》2011年第19期。

鸟瞰："悲壮的"暗杀"时代——辛亥义士档案"，载《金山》2011年11月。

叶志如编选："一九一二年袁世凯被炸案"，载《历史档案》1983年第3期。

孙慧敏："民国时期上海的女律师"，载《近代中国妇女史研究》

2006 年第 14 期。

马学强:“权力、空间与近代街区内部构造——上海马斯南路街区研究”,载《史林》2012 年第 5 期。

张生、李彤:“民国民法典的编订:政府与法律家的合作”,载《中国社会科学院研究生院学报》2006 年第 1 期。

宋青红:“抗战期间‘新运妇指会’组织者群体研究”,载《抗日战争研究》2012 年第 2 期。

张建智:“吴凯声:叱咤法界的诗人”,载《博览群书》2011 年第 8 期。

马龄国:“与世纪同步的法学家吴凯声”,载《炎黄春秋》1998 年第 1 期。

彭南生:“对商贩之死的抗争——以 1926 年‘陈阿堂案’为讨论中心”,载《江苏社会科学》2008 年第 3 期。

马龄国:“陈延年之死——刘方岳、吴凯声营救陈延年纪实”,载《贵阳文史》2002 年第 2 期。

中国第二历史档案馆:“陈延年同志遇害后杨虎致吴稚晖函”,载《历史档案》1982 年第 4 期。

于曰良:“陈赓南京脱险之谜”,载《钟山风雨》2006 年第 6 期。

赵芝铭:“1933,解救廖承志”,载《名人传记》2013 年第 12 期。

吴凯声:“忆往事:一九三三年营救政治犯的一些活动”,载《社会科学》1981 年第 2 期。

薛耕莘口述,王仰清、张鸿奎整理注释:“上海法租界巡捕房与三十年代上海政治(二)”,载《史林》2001 年第 1 期。

郦千明:“熊希龄拘传案始末”,载《检察风云》2011 年第 7 期。

赵德章:“抗日救亡的‘大炮’——吴迈律师在国难时刻”,载《档案与史学》2001 年第 5 期。

李秀清:“吴经熊在密歇根大学法学院”,载《华东政法大学学报》2008 年第 2 期。

王健:“超越东西方:法学家吴经熊”,载《比较法研究》1998 年第 2 期。

刘海粟:“二十年代围绕着模特儿问题的一场斗争”,载《南京艺术学院学报(音乐与表演版)》1978 年第 2 期。

丁洁琳:“吴经熊与民国宪政”,载《国家检察官学院学报》2013 年 5 月。

陈雅丽:“沈钧儒的冤狱赔偿思想与实践”,载《长沙理工大学学报(社会科学版)》2014 年 9 月第 29 卷第 5 期。

金城:“民主人士的一面旗帜——沈钧儒”,载《统一论坛杂志》2000 年第 6 期。

赵纪军、杜秀娟:“民主斗士史良”,载《炎黄春秋》2001 年第 1 期。

流水长:“盛会上的律师:记五十年前参加商讨新中国建国大计的律师们”,载《中国律师》1999 年第 10 期。

秦建君:“‘七君子’事件大事记”,载《民国档案》1988 年第 2 期。

马龄国:“律师三杰——‘七君子’案发时营救活动琐记”,载《民主》1997 年第 2 期。

重庆市档案馆:“七君子案件档案选”,载《历史档案》1985 年第 3 期。

项东民、安熠辉:“周佛海南京受审始末”,载《文史天地》2005 年第 4 期。

毛剑杰:“周佛海案:汉奸的生与死”,载《看历史》2012 年第 5 期。

杨天宏:“民国时期司法职员的薪俸问题”,载《四川大学学报(哲学社会科学版)》2010 年第 2 期。

侯欣一:“民国晚期西安地区律师制度研究”,载《中外法学》2004

年第4期。

学位论文

袁哲:《法学留学生与近代上海(清末-1937年)》,复旦大学2011年博士学位论文。

张丽艳:《通往职业化之路:民国时期上海律师研究(1912-1937)》,华东师范大学2003年博士学位论文。

孙伟:《吴经熊法律实践研究(1917-1949)》,苏州大学2009年博士学位论文。

宋青红:《新生活运动促进总会妇女指导委员会研究(1938-1946年)》,复旦大学2012年博士学位论文。

李严成:《民国律师公会研究(1912-1936)》,华中师范大学2006年博士学位论文。

后　记

2014年仲夏，我从哥伦比亚大学做完访问学者回国不久，进京拜会朋友。离京前一日，同法律出版社的吴剑虹编辑共进晚餐，席间得知她有意筹划一本有关律师的书籍。我当下建议，不若书自民国始。因为，民国是中国引进现代法律制度的重要时代，当时一大批律师在法庭内外纵横捭阖，叱咤风云，他们的个人命运与国家命运相互交缠，相互影响，一部民国律师的历史，也便是一部民国史、一部中国近代法律、政治和社会的变革史。民国律师的傲人风骨至今值得吾辈敬仰，民国律师所遭遇的困境挫败也值得后人反思。透过这段历史，我们也可关照当下，对中国正在进行的法治事业展开历史的审思。

这点浅见幸获吴编辑的共鸣，在她的支持与信任之下，我着手搜集史料，拟定写作计划。在这过程中，吴编辑与我往复沟通，从主题到结构，从文风到内容，她无不提出宝贵意见。可以说，没有吴编辑的帮助，断难有此书今日之貌。对此，言语已难表达我的感激之情。在交稿后，法律社的张心萌女士、徐印先生也为本书的出版不辞辛劳，一并致谢。

本书中的绝大部分文章都曾陆续在《法治周末》上以“民国律师说”专栏文章的形式刊出，《法治周末》的宋学鹏编辑为此做出大量努力，亦当致谢。需向读者说明的是，虽然书中文章多经刊载，但囿于报纸版面的限制，当时多有删节，尤其是引注部分无法保留，这对希望检索参考文献的读者来说未免是种遗憾。如今成书,各篇文章尽得展现全貌,各种注释一应保留,存有疑惑的历史细节亦有余地展开辩证,不能不说令人欣慰。此外,我也从民国报刊之中寻出斯时照片影像若干,以作补充,希望读者由此得窥民国风貌。

此书的出版,还离不开一系列师友的鼎力之助。我的两位业师——武汉大学法学院张万洪教授和徐亚文教授——为本书的写作给予了极大的支持与鼓励。黄思敏律师、林源律师、文曼颖律师、聂淼博士与和佳贤伉俪是书稿最早的读者,他们为书稿的完善与修订提供了宝贵的灼见。西南政法大学董彦斌研究员有关张耀曾和"五四运动"的著述曾给我启发。他还寄来手书"不设藩篱,恐风月被他拘束;大开户牖,放江山入我襟怀"一笺。写作之余,每观此联,身心疲惫一扫而空,令人畅然。书成之后,董博士慨然题写了拙作的书名,令其增色不少,先生厚谊备感珍贵。特别感谢张鸣教授不吝赐序,徐昕教授和斯伟江律师热心推荐。这些前辈学人与业界楷模的鼓励是我继续前进的动力。

最后,但不是最不重要的,感谢我的太太殷婷茹。写作的过程虽然令我甘之如饴,但对身边的亲人而言则是一种牺牲。那段时间我每日埋首故纸堆中,家中柴米油盐一概推手不管,风花雪夜似乎亦无心情。某日她半开玩笑地嗔言:"我在你心中是连吴经熊都不如了。"我诧异她怎么会突然吃这位早已作古的吴老先生的醋,她道:"你何曾读过一篇关于我的文章?又何曾写过一点关于我的文字?"虽是语出玩笑,我的疏于陪伴却是属实,而她的宽容与理解,显然是对我继续追求学术志业的坚定支持。

长久以来,历史是我在法学之外的最大学术兴趣。律师曾是我儿时的理想职业,也果真成为我中断学业后的第一份职业,虽然工作不久我便重返校园,但心中也还留有一份特殊的情结。能写作“民国律师”这样一个主题,既有着几分命运巧合的意味,也算是对自己知行过往的一种小结。硕士毕业那年,在即将赴沪执业之时,我作为学生代表在武大法学院的公益法志愿者酒会上宣读了一段写给自己也写给同学的寄语:

“法学给了我们正义的武器,我们要用它去捍卫权利。托克维尔将法律人比作民主社会的贵族,这意味着保护弱者、维护正义的公共责任。只有履行了我们的责任,我们才能心安理得地享有这份法律人的尊荣。……托马斯·摩尔的一生正是一个真正的法律人的写照,他恪守良心、追求自由、不畏强权、秉持正义。只要我们都怀着他这种法律人的品格和精神,我们也便能有勇气和毅力带领我们的国家和人民脱离卑暗,朝向高明;我们才有勇气和毅力去担那重担,走那长路。”

如今,我希望以这段话作为本书的结尾,再次与法律共同体的同仁共勉,不负自身所学,不负苍生所望。

程 骞

二零一五年七月于珞珈山

图书在版编目(CIP)数据

历史的潜流:律师风骨与民国春秋/程骞著. —北京:法律出版社,2015.10
ISBN 978 - 7 - 5118 - 8574 - 6

Ⅰ.①历… Ⅱ.①程… Ⅲ.①律师—生平事迹—中国—民国 Ⅳ.①K825.19

中国版本图书馆 CIP 数据核字(2015)第 245165 号

责任编辑/张心萌　徐　印　　**装帧设计**/马　帅

出版/法律出版社　　**编辑统筹**/市场研发部
总发行/中国法律图书有限公司　　**经销**/新华书店
责任校对/杨锦华　　**责任印制**/吕亚莉
印刷/北京嘉恒彩色印刷有限责任公司

开本/A5　　**印张**/10.25　　**字数**/220 千
版本/2015 年 11 月第 1 版　　**印次**/2015 年 11 月第 1 次印刷

法律出版社/北京市丰台区莲花池西里 7 号(100073)
电子邮件/info@ lawpress. com. cn　　**销售热线**/010 - 63939792/9779
网址/www. lawpress. com. cn　　**咨询电话**/010 - 63939796

中国法律图书有限公司/北京市丰台区莲花池西里 7 号(100073)
全国各地中法图分、子公司电话:
第一法律书店/010 - 63939781/9782　**西安分公司**/029 - 85388843　**重庆公司**/023 - 65382816/2908
上海公司/021 - 62071010/1636　**北京分公司**/010 - 62534456　**深圳公司**/0755 - 83072995

书号:ISBN 978 - 7 - 5118 - 8574 - 6　　**定价**:38.00 元

言論與行為的邊界

陳獨秀危害民國案卷宗 訴訟文書完整輯録

※※※ 陳獨秀等觸犯危害民國緊急治罪法之起訴書

※※※ 陳獨秀先生辯訴狀

※※※ 陳獨秀案辯護意旨書

※※※ 陳獨秀案江蘇高等法院判決書

※※※ 陳獨秀上訴狀

※※※ 江蘇高等法院檢察官對於陳獨秀等上訴答辯書

※※※ 陳獨秀案最高法院判決書

《歷史的潛流：律師風骨與民國春秋》◆隨書附贈◆

法律出版社 LAW PRESS·CHINA

陳獨秀等觸犯危害民國緊急治罪法之起訴書

起訴書被告陳獨秀、彭述之（即張次南）、王武（即宋逢春）、濮一凡、王子平、何阿芳、王兆群、郭競豪（即彭道之）梁有光、王鑑堂，以上十名均在押。右開被告，民國念一年刑事第三八號危害民國一案，業經偵查終結，認爲應行提起公訴，茲將該被告犯罪事實，及所犯法條，開列於後。

被捕經過 緣本年十月間，上海市公安局據人密報，公共租界東有恒路春陽里第二百十號樓上，設有共黨僞中央機關。當即密派督察員唐豹、張清泰，持函向特區第一法院簽發搜查逮捕證，會同捕房西探長戈而特、西探目克老司老艾，於同月十五日下午二點鐘，按址前往。適謝少珊及被告濮一凡、彭述之（即張次南）、王武（即宋逢春）、王兆群等五名，正在開每星期常會。遂一併據捕，當場抄出大批反動文件，併有小條通訊處數紙。據捕等即根據此項地點，於同日下午七時，至岳州路永興里十一號樓上，將被告陳獨秀拘獲，併獲大批反動文件。九時許，至聖母院路高福里三百二十三號樓上，濮一凡家內搜查，抄出反動文件多種，併拘獲王曉春一名。當晚十二時許（十六日另［零］時）又至大涌路斯文里一〇四號，因深夜打門，屋內人聞聲驚恐，有二人由窗口跳下，一人逃去，僅將被告梁有光拘獲，並搜出反動文件多件。七時半，到塘山路業廣里三三五號樓下，被告王子平、何阿芳，正在印刷共黨刊物《火花》及《校內生活》，遂連同證物一併抓獲。十一時又到福履里路念二路，獲住被告王鑑堂，又搜獲反動書畫十種。先是探捕等在塘山路業廣里二三五號屋內，捕去王子平等，後即派人暗中守住，迨至十七日，被告郭競豪（即彭道之），不知事已敗露，前往該屋，以被守屋探警，一併捕獲。

管轄問題 遂解送江蘇高等第二分院，交由上海市公安局派員提回，先將陳獨秀、彭述之兩名，轉送軍政部陸軍署軍法司訊明，與鄂贛等處共匪無關，且陳獨秀等既非現役軍人，而犯罪地點，又與《危害民國緊急治罪法》第七條前段規定不合，認爲無權管轄，轉由司法行政部提交本處，依法辦理。本處調集卷證，一再偵訊陳獨秀、彭述之等，對於加入共黨，創立中國共産黨左派反對團體，及被舉爲中央執行委員等，均各自認不諱。正進行間，查悉公共租界捕房，又在陳獨秀家內，繳獲反動文件四十餘種。復派員向中央黨部一併調齊，並經上海市公安局，將共犯王武（即宋逢春）、濮一凡、王子平、何阿芳、王兆群、郭競豪、梁有光、王鑑堂、王曉春等九名續解來處，併案訊辦。偵查結案，除王曉春一名，查無證據，另予不起訴處分外，陳獨秀等十名，其犯罪行爲，應分別論及如左。

陳獨秀部分 查被告爲中國共産黨左派反對派中央執行常務委員首席（以下簡稱『中央反對派』），是爲一黨之主腦。其個人行動，及發表之反動文件，應負責任，固無論矣。即以中央反對派名義刊行之反動傳單宣言書，及其指揮之行動，亦應由其完全負責。詳閱中共反對派名義發表之《政治決議案目前的局勢與我們的任務》（證據第二四號）、《五三十七週紀念告民衆書》（證據第五號）、《對時局宣言》（證據第六號）、《組委通告》（證據第七號）、《爲日本主義進攻上海告民衆書》（證據第十一號）、《爲日本占領淞滬告民衆》（證據第十五號）、《滬東區委員爲日本在上海進行大屠殺告民衆》（證據第十六號）、《爲日本占領淞滬告全國民衆》（證據第二六號）、《北京特委最近工作計劃》（證據第三三號）。一面借口外交，竭力宣傳共産主義，一面則對於國民黨政府，冷譏熱諷，肆意攻擊。綜其要旨，則謂國民黨威信墮地，不能領導群衆，應由其領導農工及無産階級等，以武裝暴動，組織農工軍，設立蘇維埃政權，推翻國民政府，由無產階級專政。並欲打倒資本家，沒收土地，分配貧農。其言詞背謬，原欲破壞中國經濟組織、政治組織。而其個人名義所發表之《中國將往何處去》（證據第二六號）、《此是抗日救國運動的康壯大路》（證據第一六號）、《國聯第二次決議後之局勢》（證據第二六）、《爲紀念五一告工友》（證據第二六號）竟目三民主義爲反動主義，並主張第三次革命，堅決掃蕩國民黨政府，以革命民衆政權，代替國民黨政權。其意在危害民國，已昭然若揭。惟查共黨進行之程序，原有組織團體、宣傳主義，武裝暴動、設立蘇維埃政權等各階段。察核被告所爲，僅祇共産主義之宣傳，尚未適於暴動程序。然以危害民國爲目的，集會組織團體，並以文字爲叛國宣傳，則證憑確實，自應令其負責。

彭述之部份 被告彭述之，又名張次南，湘南寶慶人，寶慶中學畢業，民國十年（一九二一）在長沙加入共産黨，是年即赴莫斯科讀書。民國十三年（一九二四）歸國，在上海大學充算學教習，並擔任編輯《新青年》月刊、《嚮導》週報。至民國十六年（一九二七）國民黨清共，共黨內部分裂，被告傾向托洛斯基派，以策略之不同，致被幹部被［派］開除黨籍。民國十八年（一九二九）下半年，與陳獨秀合組中國共産黨左派反對派，被舉爲中央執行常務委員。本年十月十五日，化名張次南，在謝少珊家與濮一凡、王武、王兆群等，正在開每星期常會，即被當場捕獲。查被告爲中共反對派中央執行常務委員（以下簡稱『中共常委』），並爲黨中主腦之一，對於黨之名義，刊布反動宣傳文件，及指揮活動，自應完全負責，其理由因與陳獨秀相同。而其個人刊布之反動文件，如《日帝國主義强佔東三省與統治階級的國民黨》（證據第二六號）、《國內團結一致對外之意義》（證據第二六號）、《史大林主義者對滿州事件的估計與反日運動的危機》（證據第二六號）、《爲上海事變的教訓及其前途》（證據第二六號）、《滿州事變一年的教訓及民衆應有的覺悟》（證據第二六號）。閱其內容，均爲宣傳共黨主義，甚至詆毀國民黨爲帝國主義之走狗。查其宗旨與策略，固以危害民國爲目的，然尚未達於暴動程序，其以文字爲叛國之宣傳，及集會組織團體等行爲，自應與陳獨秀負同等責任。

王武部分　被告王武，原名宋逢春，於民國十四年（一九二五）經左軍之介紹，加入共黨，擔任宣傳工作。後與幹部派意見相左，致被開除黨籍，隨［遂］進托洛斯基派。去年五月間化名劉夢庚，與鄧超麟組織共黨機關，被淞滬警備司令部偵悉，會同捕房將被告抓獲。由上海市臨時軍法會審判決有期徒刑六年，送交江蘇第二監獄執行。因被告在獄染病，於本年十月五日核準保外就醫。乃不知悔改，仍進行共黨工作，且被舉爲候補中共常委。於十月十五日與彭述之等列席共黨會議，探捕到來，一併被捕。查被告加入共黨，擔承宣傳工作，業經明白供認。至因病保釋後被推爲候補中共常委，及列席共黨會議，被告雖不承認。第［但］共犯謝少珊在捕房及江蘇高等法院第二分院（以後簡稱爲『高二分院』）供稱：常委有五人，即陳獨秀、彭述之、濮一凡、羅世凡、及宋逢春。後一人剛由清河監獄中釋出，此次參加開會，是第一次。我被捕之日，正開每星期常會云云。（高二分院卷二一頁、四六頁）而訊諸彭述之、陳獨秀，亦稱被告是候補常委（本處卷第二宗五一、五二頁）。核與謝少珊之供詞相符。是被告參加會議，被選中共候補常委，已屬證據確鑿，自不容其狡賴，且在犯罪執行中，又犯同樣罪名，情節爲較重大，應請從嚴懲處。

濮一凡部分　查被告濮一凡，對於加入共黨被舉候補常委，雖堅決否認，但被捕時系在謝少珊家列席每星期常會，且在其聖母院路高福里第三百二十二號樓上住所，搜出反動書籍。據共犯謝少珊供稱：常委包括有五人，陳獨秀、彭述之、宋逢春、濮一凡（即卜得子）等。（高二分院卷二一頁）迨至高二分院推事問其彭述之是什麼職務呢？答：是常委。又問：濮一凡、王武呢？答：亦是常委。（高二分院卷四六頁）又陳獨秀在本處供：常委是三人，除我與彭述之、張九外，濮一凡、宋逢春二人均是候補常委。（本處卷第二宗五一頁）又共犯彭述之，本處詢其據謝少珊説，常委有五人，怎麽祇有三人？答稱二個是候補常委。問其候補常委何人，則稱宋逢春、濮一凡。（本處卷第二宗五二頁）綜合參觀，被告爲中共反對派候補常委，殊可徵信。况被告系列席會議時當場被捕，如果並非常委之一，何能參與其間？是被告加入以危害民國爲目的之團體集會，尤爲毫無問題。

王子平部分　被告王子平，又名曾猛，浙江溫州人。民國十二三年間赴廣東投考黄埔軍校未遂，由友人介紹在該校充當録事。隨［遂］轉入廣州總工會，任司書職。旋因薪薄辭職，流寓廣州幾三年。至民國十六年（一九二七）經友人秦丁郁之介紹，入上海江灣路崇文堂印刷所充當校對，並因崇文堂副經理豪千之勸，即加入共黨。同年十月間被遣赴莫斯科入中山大學教書，至民國十七年，因病回國，與左派反對派發生關係，即被幹部派開除黨籍。乃改入托洛斯基派，擔任黨中抄寫印刷宣傳文件工作。當捕獲時，被告正在印刷《校内生活》及《火花》二種。據稱是黨中囑印《校内生活》一百份、《火花》二百五十份云云。核其所爲，自是加入共黨團體，幫助宣傳共産主義，證據供認不諱，自應負刑事罪責。

何阿芳部分　被告何阿芳，一名何芳，又名何止錚，浙江瑞安人。於民國十五年到上海，十六年二月經友人金慕韓即金石生介紹，加入共黨團體，充當送信員，月支洋二十五元。民國十六年九月被派至莫斯科東方大學及中山大學研究共産主義，先後約三年。出校後在紅色工廠裏做銅匠，約半年被逐出境。至民國二十年四月回上海，即在卓群機器等廠做銅匠，旋即加入托洛斯基派。於本年九月二十三日遷住唐山路業廣里第三百三十五號樓下，與王子平共同印刷中央反對派反動刊物宣傳等文件。以上事實，均經被告在捕房高二分院公安局及本處詳細叙述，並拘捕時正在進行印刷工作，當場搜出大批《火花》《校内生活》等反動文件，核實供詞書相吻合。查被告加入共黨團體，及爲宣傳共産主義之幫助，供證即屬兩確，應即依法訴究。

王兆群部分　被告王兆群，據其述稱，是南宿州人。本年十月間因友人李思昌之介紹，囑其到上海尋謝少珊謀事，寓在謝少珊家中。遂於十月十五日與彭述之等一併被捕，堅不承認有加入共黨情事。查謝少珊家之屬共黨中央機關，當作集議開會之所，業經謝少珊一再供述明白。矧共黨是秘密團體，其集議處所何等機密，自不容黨外人厠身其間。况被捕時，正在開會，被告如果並無若何資格，何致容其列席共議？即經當場被捕，其爲共産黨人加入團體集會，自無疑義。

郭兢豪部分　查郭兢豪爲彭述之之弟，原名彭道之，有共産黨學校登記表可證（本處卷第二宗六六頁）。據登記表載明，被告現年二十三歲，民國十四年（一九二五）九月間，在湖南長沙加入共黨。隨後無形脱離關系，復於民國十八年（一九二九）十二月間，在上海加入反對派。從前曾做學生運動，改入反對派後，從事於滬東區區委及學生運動，現在擔承組委工作及學生運動云云。據此記載，被告殊有加入共黨團體之重大嫌犯。

梁有光部分　當本年十月十五日，破獲東有恒路春陽里共黨中央機關後，即搜捕小條通信處數處。探捕等根據是項地點，即至大通路斯文里一零四四號搜捕。因夜深打門，被告等作僞心虚，除另一人越墻逃去外，被告梁有光由窗口跳下，逃跑十餘步，即被探捕追獲。（高二分院卷四四頁）並在屋内起出反動書籍多種。訊之被告對於反動書籍，雖堅稱非其所有，但被告既非共産黨人，自應安坐室中，静待搜查，何必驚慌若此？兹經上海市公安局查明，被告是中央反對派之各省視察員，甫由廣西到滬者，有上海市公安局公函可證。（本處卷第二宗六四頁）是被告系屬共産黨員，已有相當之證明，所稱尋找我弟梁有明云云，顯屬掩飾之詞，自難予以置信。

王鑑堂部分 被告王鑑堂對於參與共黨工作，一再究詰，均絶對否認。查閲高二法院卷宗，探捕往拘時，是根據謝少珊家內搜出之通信處小條，且又在被告家內搜出反動書籍十種，訊被告委稱書籍是前樓住戶王伯平的，惟王伯平既無從查得，而被告姓名又與共黨中央機關搜獲通信之姓名却相符合，有捕房西探戈而特報告書，堪實引證。（高二分院卷四五頁）是被告爲共產黨員之一，亦屬顯明。

總上結論，陳獨秀、彭逸之（張次南）、濮一凡、王武（宋逢春）王子平、何阿芳、王兆群、郭競豪（彭道之）、梁有光、王鑑堂等，組織以危害民國爲目的之團體或集會，均觸犯《危害民國緊急治罪法》第六條。又陳獨秀、彭道之以文字爲叛國之宣傳，及王子平、何阿芳爲叛國宣傳之幫助，並有觸犯同法第二條第二款之重大嫌疑。起獲共産書籍文件，是共犯罪所用及罪犯預備之物，請按同法第十條刑法第六十條一二款一併沒收，合依《刑訴法》第二百五十三條第一項提起公訴。

（原載《法律彙刊》1933 年第 19 期）

陳獨秀先生辯訴狀

陳獨秀

予行年五十有五矣。弱冠以來，反抗清帝，反抗北洋軍閥，反抗封建思想，反抗帝國主義，奔走呼號，以謀改造中國者，於今三十余年。前半期即『五四』以前的運動，專在智識份子方面；後半期乃轉向於工農勞苦人民方面，蓋以大戰後世界革命大勢及國内狀況所昭示，使吾不得不有此轉變也。

半殖民地的中國，經濟落後的中國，外困於國際資本帝國主義，内困於軍閥官僚。欲求民族解放，民主政治之成功，决非懦弱的，妥協的上層剥削階級全軀保妻子之徒，能實行以血購自由的大業。並且彼等畏憎其素所踐踏的下層民衆之奮起，遠甚於畏憎帝國主義與軍閥官僚，因此彼亦不欲成此大業。祇有最受壓迫最革命的工農勞苦人民，和全世界反帝國主義反官僚的無産階級勢力，結合一氣，以革命的怒潮，對外排除帝國主義的宰制，對内掃蕩軍閥官僚的壓迫，然後中國的民族解放，國家的獨立與統一，經濟發展，提高一般人民的生活，始可得而期。工農勞苦人民解放的鬥争，與中國民族解放的鬥争，勢已合流併進而不可分離。此即予於『五四』運動以後開始組織中國共産黨的原因也。

共産黨的經濟目的，自然是實現無剥削無階級，人人各盡所能各取所需的自由社會。這就是説：一切生産工具收歸社會公有，由社會公共機關，依民衆之需要，計生産與消費之均衡，實行有計劃的生産與分配。使社會的生産力較今日財産私有、自由競争的資本主義社會有更高度的發展，使社會的物質生産力量，日漸達到，足够各取所需的程度。所以共産主義，在經濟學上是一種比資本主義更高度發展的生産制，猶之資本主義較高於封建生産制也。此决非世俗所視爲簡單的各個窮人奪取各個富人財産之義。這一種生産制，决非子等之空想。經濟落後的俄國，已有初步的試驗，而獲得初步成功。全世界所有資本主義生産制的國家，無不陷於經濟恐慌的深淵，獨蘇聯日即繁榮，這一新的生産制之明效大驗，衆人之所周知也。

中國推翻帝制的革命，先在蘇聯者七年，今日二者之榮枯，幾不可比擬，其故可深長思矣。或謂共産主義不適於中國，是妄言也。這一終極目的，固非旦夕所能完成，亦非和平所能實現。爲實現此目的而清除道路，中國共産黨目前的任務：

一曰反抗帝國主義以完成國家獨立。蓋以中國的海關、工廠、礦山、金融、交通等經濟命脉，都是直接間接宰制於帝國主義之手。非采取革命行動，擊碎此等宰制吾人之鐐鎖，中國民族的工業，將無自由發展之可能。列强的海陸軍威嚇着全國大都市，日本更以武力强佔了中國領土五分之一。此而不加抵抗，或空言欺騙，均與賣國同科，尚何『民族主義』之足云。

一曰反抗軍閥官僚以實現國家統一。蓋以軍閥官僚，自由發動他們的内部戰争，以破壞經濟，自由增加苛捐雜税，和發行公債以飽私囊，自由制定法律以剥奪人民權利，自由任用私人以黜抑人材，毁壞行政效率，甚至自由栽種鴉片、販賣鴉片以毒害人民。軍閥官僚政治不澈底肅清，所謂國家統一、所謂民力伸張，一切都無從談起。國家不統一，民力不伸張，國外的帝國主義的宰制不推翻，國内的軍閥官僚之害毒不掃除，即所謂發展資本主義的經濟，亦屬夢囈。中國將終於半殖民地，終於落後而已。

一曰改良工農生活。蓋以近代産業工人及其所領導之農民，是反抗帝國主義之主要力量。資本家、地主及其政府，在物質上、精神上抑壓工農，即不啻爲帝國主義挫折中國民族解放鬥争的鋒刃。在農業的中國，農民之衰落，幾等於民族之危亡。倘不没收地主的土地歸諸貧農，農民終歲勤勞，祇以供地主之剥削，不特無以挽回農業之就衰及農村之破産，而且農民之購買力日弱，直接影響到城市工商業。即今能由城市輸資，設立農村借貸機關，向農民多增一種剥削機關而已。

一曰實現澈底的民主的國民立憲會議。蓋以賢人政治及保育政策，已不適於近代國家，更不能存在於民主共和國。北洋軍閥既廢，代之者祇應是人民之權力。若仍尚賢人與保育，則誰是賢人，堪任師保，依何標準，北洋軍閥亦得以尸之。況當外患空前的今日，人民無組織，即無力量，無政治的自由，即無責任心，亦不應課以責任。若不立即實現全國人民的集會、結社、出版等完全自由，實現普選的全權的國民立憲會議，以制裁質國殘民的軍閥官僚，一切政權歸諸人民，集合全國人民之力以解决全國危急的問題，其何以立國於今日！

凡此爲中國民族利益，及佔全國人口大多數的勞苦人民的利益而奮鬥之大綱，予以前和現在，都願意公告全中國，以徵求全國大多數人民之贊否。共産黨是代表無産階段及一切被剥削被壓迫人民的政黨，他的成功是要靠多數人民之擁護，而不尚少數人之英雄主義，更非陰謀份子的集團。予以前之所思所行，即此物此志，現在及將來之所思所行，亦此物此志。『鞠躬盡瘁，死而後已！』一息尚存，予不忍眼見全國人民輾轉悲號於外國帝國主義及本國專制者兩重槍尖之下，而不爲之挺身奮鬥也。

今者國民黨政府因予始終盡瘁革命之故，而加以逮捕，並令其檢察官向法院控予『危害民國』及『叛國』之罪，予不但絕對不能承認，而且政府之所控者恰恰與予所思所行者相反。國者何？土地、人民、主權之總和也。此近代資產階級的國法學者之通論，非所謂『共產邪説』也。故所謂亡國者，恒指外族入據其土地、人民、主權而言，本國某一黨派推翻某一黨派而代之，不得謂之亡國。叛國者何？平時外患罪、戰時外患罪、洩漏機密罪，此等叛國罪狀，刑法上俱有具體説明，斷不容以抽象名詞影射者也。若認爲政府與國家無分，掌握政權者即國家，則法王路易十四『朕即國家』之説，即不必爲近代國法學者所擯弃矣。若認爲在野黨反抗不忠於國家或侵害人民自由權利的政府黨，而主張推翻它的政府，即屬叛國，則古今中外的革命政黨，無不曾經叛國，即國民黨亦叛國矣。袁世凱曾稱孫、黄爲國賊，豈篤論乎？！民國者何？民主共和國之謂也，亦即別於君主專制國之稱。歐洲各國推翻專制，流血以爭民主，其內容無他，即力爭憲法上集會、結社、言論、出版、信仰之自由權利，及實行不參政者不納税之信條已耳。這不但民主共和國如此，即民主政治之君主國亦如此。危害民國者何？共和政府剥奪人民之自由，剥奪人民之參政權利，乃由共和到帝制之先聲，羅馬歷史十九世紀之法蘭西及中華民國初年的歷史，均已遺同樣教訓於吾人。即或不然，人民無權利，無自由，大小無冠之王，到處擅作威福，法律衹以制裁小民，文武高等官吏，則在議親議貴之列，是已共和其名而專制其實矣。倘遺實而存其名，彼軍閥之魁，民主之敵，亦得以『三造共和』自詡，妄人亦或以『共和勳臣』稱之。其實毁壞民權，罪即鄰於復辟，此其危害民主共和國之實質也。若認爲力爭人民集會、結社、言論、出版、信仰等自由權利，力爭實現澈底民主的國民立憲會議以制裁軍閥官僚是危害民國，則不知所謂民國者，應作何解釋？

國民黨竭全國人民膏脂以養兵，擁全國軍隊以搜括人民，殺戮異己。對日本侵佔國土，始終節節退讓，抵抗徒托空言，且制止人民抵抗，摧毁人民之組織，箝制人民之口舌，使之『鎮静』，使之『沉着應付』。即使馴羊般在國民黨統一指揮之下，向帝國主義屈服，寧至全國淪亡，亦不容人有異詞，家有異説。而予則主張由人民自己擴大其組織與武裝，對帝國主義進行民族解放戰爭，以解決東北問題，完成國家獨立，試問誰爲叛國！

國民黨政府，以黨部代替議會，以訓政代理民權，以特別法（如《危害民國緊急治罪法》及《出版法》等）代替刑法，以軍法逮捕審判普通人民，以刺刀削去人民的自由權利，高居人民之上，視自己爲諸葛亮與伊尹，斥人民爲阿斗與太甲。日本帝國主義方挾『武力徵服』政策對待吾國，同時國民黨政府挾同樣態度以臨吾民。最近竟公然以『背叛黨國』之罪槍決新聞記者聞矣。而予則力爭表現民主共和國實質的人民自由權利，力爭實現普選全權的國民立憲會議，力爭民主擴大到它歷史最高階級，予現在及將來都無篡奪民國爲黨國之企圖，試問誰爲危害民國？故予曰政府之所控者，恰恰與予之所思所行者相反也。

若認爲一爲共産黨人，即屬犯罪行爲，則歐美民主國家若英、若法、若瑞士等均無此事，那裏的共産黨人莫不有集會、出版、參加選舉之自由權利，與一般人民無異。若認爲人民發言反對政府或政府中某一個人，即爲有罪，則衹遠在二千年前周厲王有監謗之巫，秦始皇有巷議之禁，偶語之刑，漢武更有腹誹之罰。彼時固無所謂言論自由也，而二十世紀之民主共和國，似乎不應有此怪現象。若認爲宣傳共産主義即宣傳與三民主義不相容之主義，即爲危害民國（如《危害民國緊急治罪》第六條），此乃是歐洲中世紀專横黑暗的宗教法庭迫害異教徒、迫害科學家，以阻塞思想信仰自由之故事，豈容復見於今日之民國！民國而若容有此，則不啻爲日本帝國主義證明其『中國非近代國家』之説之非誣矣。

總之，予生平言論行事，無不光明磊落，無不可以公告國人。予固無罪，罪在以擁護中國民族利益，擁護大多數勞苦人民之故，開罪於國民黨已耳。昔之『法利賽』不仇視羅馬，而仇視爲猶太人之自由而奮鬥的『熱狂黨』。今國民黨所仇親者，非帝國主義，乃徹底反對帝國主義、反對軍閥官僚，始終戮力於民族主義革命之共産黨。日本帝國主義方奪取山海關，急攻熱河，而國民黨之軍隊却向江西集中，其對待共産黨人也，殺之、囚之，猶以爲未足，更師袁世凱之故智，威迫利誘，使之自首告密。此並不能消滅真正共産主義者，祇以破滅廉耻導國人耳！彼等此時有權在手，迫害異己之事，固優爲之。予惟有爲民族、爲民衆忍受一切犧牲，以待天下後世之評判。若於强權之外，復假所謂法律以入人罪，誣予以叛國及危害民國，則予一分鐘呼吸未停，亦必高聲抗議。法院若不完全聽命於特殊勢力，若尚思對外、對内維持若干司法獨立的顔面，即應毫不猶疑的宣告予之無罪，並判令政府賠予在押期間之經濟上的、健康上的損失！

（原載《南星雜志》1933年第2卷第6期，另據鄭學稼著：《陳獨秀傳》，時報文化出版社中華民國七十八年版補正）

陳獨秀案辯護意旨書

本案當首嚴言論與行爲之别。言論者何？近世文明國家，莫不争言論自由，而所謂自由，大都指公的方面而言。以云私也，甲之自由，當以不侵乙之自由爲限，一涉毁謗，即負罪責，獨至於公而不然。一黨在朝執政，凡所施設，一任天下之公開評罵。而國會，而新聞紙，而集會，而著書，而私居聚議，無論批評之酷達於何度，祇需動因爲公，界域得以政治二字標之，俱享有充分發表之權。其在私法，個人所有，幾同神聖，一有侵奪，典章隨之，以言政權，適反乎是。甲黨柄政，不得視所柄爲私有，乙黨倡言攻之，並有方法取得國人公同信用，一轉移間，政權即爲乙黨所承。奪取政權云云，奪取二字，絲毫不含法律意味。設有甲黨首領以奪權之罪，控乙於理，天下當無此類法院，足辦斯獄。法院之權，盡可推鞫違法之帝王，而獨末由扶助怙勢不讓之政府者，凡政争之通義則然也。律師曩游英倫，聞教於法家戴雪。彼謂國會改選兩黨之多數互易，而在朝黨不肯去位，在野黨殊無法律救濟之途，訴之法官，法官必無法置對。而英倫自有憲政以來，在朝黨從不以不肯去位聞者，全由名譽律爲之綱維故。本斯而談政權移轉之事，移之者絶不以爲咎，被移者亦從不以爲詬，我往彼來，行乎自然，斯均衡之明誼，亦作憲之宏軌。十八世紀後，歐美國家之逐步繁昌，胥受此義之賜，稍有通識，類能言之。

至若時在廿紀，號民稱國，人民反對政府，初不越言論範圍，而法庭遽爾科刑論罪，同類無從援手，正士爲之側目，新國家之氣象，黯淡如此，誠非律師之所忍形容。中國如歷代暴主與文字獄者無論已。歐洲在中古黑暗時期，士或議政，輒遭竄殺，惟英倫自大憲章確立後，『王之反對黨』一名詞，屹然爲政治上之公開用語，人權得所保障，治道於焉大通，各國效法，紛立憲典，遂蔚成今日民權之盛。倘適倫敦，或之紐約，執途人而語之，反對政府應爲罪否，將不以爲病狂之語，必且謂是侮蔑之詞。如本案檢察官起訴書，『一面對於國民黨政府冷譏熱駡，肆意攻擊，綜其要旨，則謂國民黨政府威信墮地，不能領導群衆』云云，皆成爲緊急治罪之重要條款。此即中外人而互衡之，何度量之相越及公私之不明如是其甚耶？退一步言，如起訴書所稱，信有罪矣，《危害民國緊急治罪法》共十一條，究視何條足資比附耶！譏而言冷，駡而曰熱，檢察官究以何種標準，定其反對高下之度數耶？要之，以言論反對或攻擊政府，無論何國均不爲罪，即吾國應付緊急形勢之特別法規，亦未見此項正條。本起訴書之所論列，無中無西，無通無別，一切無據，此首需聲明者一。

何謂行爲？反對或攻擊政府矣，進一步而推翻或顛覆之，斯曰行爲。而行爲者有激隨法暴之不同，因而法律上之意義各別。法者何？如合法之選舉是。暴者何？如暴動或革命是。凡所施於政府，效雖如一，而由前曰推翻，由後則曰顛覆。所立之名，於法大不相同何也？顛覆有罪，推翻勢不能有罪。設有罪也，立憲國之政府，將永無更迭之日，如之何其能之？查《刑法》第百〇三條内亂罪，『意圖以非法之方法顛覆政府，……』言外之意，凡以合法之方法更易政府，更無觸犯刑章之虞，殊不難因文以見義。起訴書罪陳獨秀有云，推翻國民政府，由無產階級專政。爲問此之推翻，所取爲何道耶？上次庭訊，審判長詢及國民會議事，陳獨秀答云，共產黨有權召集，則自行召集之，如由南京國民政府召集，共產黨亦往參加。由陳獨秀之言，絶未自異其黨於普通政黨，普通政黨以同道取得政權，共產黨亦遵行之。此觀各國議會，無不有共產黨之席次，共產黨之下選區，争選票一是與他黨同，可見共產黨所取政争之第一大道，仍不外法定之選民投票，即陳獨秀之意亦然。國民黨政府，雖以訓政相標榜，而訓政有期，與美國總統之任期相若。孫中山先生恒言天下爲公，選賢與能，無論黨中何人，但無國民黨永久執掌政權之表示，公文書中亦無此類規定。最近開放政權之聲，尤甚囂塵上，訓政之期，無形縮短，每年一開之本黨代表大會，今爲還政於民之故，亦正議提前。在若而情形之下，有人謀代國民黨而起，易用他種政體，以行使準備交還之政權，何得爲罪？審判長鄭重問陳獨秀云，共産黨最終之目的，是推翻國民黨，建設蘇維埃否。答云當然，惟非最終目的耳。夫推翻二字，雖於耳未順，然若英倫法官問保守黨員云，保守黨之目的是推翻自由黨，建設巴爾温内閣否，此除當然以外，當無異答。遽課爲罪，寧非滑稽之尤？或曰不然，陳獨秀所云乃暴動耳，此在供詞中侃侃言之，何止一次。故起訴書曾切指曰，應由其領導農工，及無産階級等，以武裝暴動組織農工軍，設立蘇維埃政權。争選無罪，暴動豈得無罪乎？曰是宜分别言之。陳獨秀之主暴動，謂與國民黨打倒北洋軍閥時所用之策略正同，核之恒人心理中之殺人放火，相去絶遠。且亦衹謂『應』如何如何而已，謂之曰應是理相，不是事實，又事屬應爲，其在將來，而不在今日甚明。《危害民國緊急治罪法》第二條，以『左列行爲』爲必要條件。左列行爲者，指現在之事實也。反之，同爲暴動而無過未來之理想者，其將不在本條論域之内，初不待深識之士而知之。獨秀雖不否認暴動，而當庭一再供稱力量不足，並無何項暴舉。江西一帶之共黨，與彼等意見不一致，絶未參加，亦從未派人前往視察。至於正式紅軍，須在取得政權後始行組織，此時尚談不到。黨中組織完全獨立，經費由黨員節衣縮食充之，不受第三國際之一毫接濟等情。是暴動云云，亦揣想將來，必經之階段而已，與目前之治安了無連誼，無所謂擾亂。《危害民國緊急治罪法》第一條，國憲如何毫不生影響。所謂紊亂（刑法第一百〇三條内紊亂罪），如何牽連附會，始得孱入緊急内亂之範圍，律師不敏，竊所未論。夫法律之事，課現在不課將來。春秋誅意，有君親無將之義，秦皇暴虐有腹誹必禁之條。此一爲相斫經説，一爲專制淫威。律以近世發見真實之刑法要旨，相去何啻萬里。貴庭遺像昭垂之孫中山先生，即倡言共産主義者也，特叮囑以示於衆曰，『我們所主張的共産，是共將來，不是共現在』。（民生主義第二講）以故先生所持共産理論中邊俱澈而流弊毫無，如謂將來之舉動，當受刑事制裁，則以共産嫌疑先陳獨秀而應被處分之人，恐非法庭之力所能追溯。若州官可以放火，百姓不準點燈，繩之法律，平等之誼，又焉可通？綜上所言，陳獨秀之主暴動，既未越言論或理想一步，與《緊急治罪法》上之行爲兩字含義，回不相侔，是以行爲論，獨秀亦斷無科罪理，此應聲明者二。

復次起訴書所引罪名，一則曰叛國，再則曰危害民國。竊思國家作何解釋，應爲法院之所熟知。國家與主持國家之機關（即政府）或人物，既截然不同範疇，因而攻擊機關或人物之言論，遽斷爲危及國家，於邏輯無取，即於法理不當。夫國者民國也，主權在民，時曰國體，必也於民本大有抵觸，如運動復辟之類，始號反叛，始得謚爲危害。自兹以下，不問對於政府及政府中何人何黨，有何抨擊，舉爲政治經程中必出之途，臨之以刑，惟書證内崇陰謀，外肆虐政，一夫半開化之國爲然。以云法制，斷無此象。且獨秀之所以開罪於政府者，非以其鼓吹共産主義乎？若而主義由司直之眼光視之，非以其與三民主義不相容乎？（檢察官以《緊急治罪法》第六條起訴）如實論之大謬不然。孫先生之講民生主義也，開宗明義之言曰，『民生主義就是社會主義，又名共産主義，即是大同主義。』（第一議首段）其解釋同黨之誤會云，『許多同志因爲反對共産黨，便居然説共産主義與三民主義不同』。（第二講）下又云，『民生主義就是共産主義，就是社會主義，所以我們對於共産主義，不但不能説是和民生主義相衝突，並且是個好朋友』，又云，『國民黨員既是贊成三民主義，便不應該反對共産主義，因爲三民主義中之民生主義大目的，就是要衆人能够共産』。（同上）綜合前後所論，其説明民生共産相同相愛相質相劑之處，何等明切。今孫先生之講義，全國絃誦，奉爲寶典，而陳獨秀之雜誌，此物此志，乃竟大干刑辟，身幽囹圄，天下不平之事，孰過於斯。

又起訴書指獨秀『打倒資本家，没收土地，分配貧農，其言詞背謬，顯欲破壞中國經濟組織、政治組織』。此即中山義書求之，復如桴鼓之應，不差累黍。民生主義第一講云，『資本家和工人的利益，總是相衝突，不能調和，所以便起戰争，最好是分配之社會化，消滅商人的壟斷』。斯與起訴書中上述各語，論質論量，俱不知有何分殊。尤大彰明較著者，同盟會之四大政綱，第四即曰平均地權。既曰平均，當曰分配。後有分配，其先必有没收。没收者何，取之地主之謂，分配者何，給於貧農之謂。商人之壟斷，於焉消滅，勞工之衝突，於焉化除。中國傳統至今之經濟政治兩種組織，如之何其不破壞乎？援陳證孫，本如一鼻孔出氣，謂是言詞背謬，龍頭大有其人，尤有足資記注者。孫先生平均地權之策，至今迄未實行，其所以然，則曩述『共將來不共現在』一語，足爲鐵板注脚。惟其如是，故孫先生生時，日以革命尚未成功一語强聒於衆。蓋平均地權之業，須以革命之力成之，理勢則然也。夫孫先生之革命，與陳獨秀之暴動，一貫之論爾。孫先生之書，既爲國人所誦習，即其革命方略，亦諄囑同志努力爲之。獨陳獨秀以含義悉同之暴動字樣，求民生主義内之同一中堅政策實現，乍一啓口，隱阱生焉，凡服膺中山主義之忠實信徒，其謂之何？

且也就陳獨秀、彭述之連日口供觀之，此二人者，並不得視爲表裏如一，首尾一貫之共産黨。何以明其然也？獨秀不認危害民國，而認反對國民黨政府，綜其理由，約分三事：（一）刺刀政治，政府以强暴之力，强抑天下人之口，使不得有所論列，微論非黨人之無言論自由權也，即高級國民黨員之無槍杆者，亦禁阻使不得聲；（二）搜括手段，凡國民黨之政策，悉以賄成，苛捐雜税，横徵無已，聚斂所得，悉數寄存外國銀行，以便帝國主義者之操縱把持，侵壓本邦，反之商市蕭條，農村破産，國民經濟之如何衰敗，舉不值國民黨政府之一顧；（三）抗日無誠意，當人民一致抗日聲浪最高之頃，政府竟聽孤軍轉戰，不予接濟，民權既剥奪殆盡，民族主義且無以自持，甚至民間宣言攘外，駸駸有得罪政府之勢。彭述之所供略同。此之詞調，蓋已離却共産黨本位，與一般譏切時政之聲口仿佛一氣。如西南五省，如馮玉祥先生，與共産黨，風牛馬不相及者，近時箴規政府之文電，逼戰於南北新聞紙類，亦殊去上陳三事不遠。假令吾國國體未改，帝制依然，以此置之漢人論時事疏或宋人上皇帝書中，匪惟責罰無聞，抑且優旨嘉獎，事例頗多，無可抵讕。至各國國會，議員前席陳詞所爲推排黨局，唯一時舌鋒是視者，其類此之論，尤難枚舉。猶是中華忝爲民國，陳彭言雖稍緩，議實從同，以此列爲罪狀，寫入爰書，其何以示天下後世？明代于謙之獄、熊廷弼之獄，當時推問並不限於中涓，獄成之日，何嘗不以爲罪人斯得。然朝局一變，是非大白，至今公論如何，寧待考知？以今例昔，事同一例。

何況陳獨秀之於國民黨也，今雖仳離，始則合作。審判長屢訊獨秀會否在國民黨擔任職務，獨秀堅稱無有，如實論之，却不盡然。所供民國十年在廣東任教育廳長，是爲孫大元帥在粵確定政權之始，且不具論。而十一年之赴莫斯科，爲國民黨容共政策所由發軔，同行者且爲今日全國之最高軍事長官，談士類能言之。尤要者，十六年四月五日，獨秀與今行政院長汪精衛先生，發布國共兩黨領袖聯合宣言，首稱『中國共產黨堅決承認中國國民黨及國民黨之三民主義，在中國革命中，毫無疑議的需要』，並云『祇有不願意中國革命向前進展的人，才想打倒國民黨，才想打倒三民主義，中國共產黨無論如何錯誤，也不至主張打倒我們的敵人（帝國主義與軍閥）素所反對之三民主義的國民黨』。由是推測，可見共產黨中眼光錯誤、主張打倒國民黨者大有人在，而獨秀苦口勸之，情見乎詞。至哀告同志使勿『爲親者所怨，仇者所快』，即此一點，殊足釀成共產黨分裂之勢而有餘。審判長迭問獨秀究以何故成爲蘇俄幹部派（即斯丹林派）之反對派。獨秀答云，以意見不同耳。再問是何意見，則慘然不答，並求審判長勿復進叩黨事，致陷彼於自作偵探之嫌。此其哀情苦志，實已洋溢言表。而獨秀黨籍之被開除，與聯合汪精衛發表宣言一事之不見悅於莫斯科幹部人物，不無草蛇灰綫，因果相尋之迹，明眼者不難一目得之。己雖不言，而要不失爲法院應采之證。當是時也，容共爲國民黨公開政策，凡共產黨同時爲國民黨，反之，凡國民黨亦多同時爲共產黨。陳獨秀適爲大團結中之一人，其地位與黨今國民黨諸要人，雅無二致。清共而後，獨秀雖無自更與國民黨提携奮鬥，而以己爲幹部派擯除之故，地位適與國民黨最前綫之敵人爲敵，不期而化爲緩衝之一團。即以共産黨論，托洛斯基派多一人，即斯丹林派少一人，斯丹林派少一人，即江西紅軍少一人，如斯輾轉相輔爲用，謂托洛斯基派與國民黨取犄角之勢以清共也，要無不可。即此以論功罪，其謂托洛斯基派有功於國民黨也，且不暇給，罪胡爲乎來哉？此義獨秀必不自承，而法院裁決是案，倘不注意及此，證據方法，既有所未備，裁判意旨，復不得謂之公平。

要而言之，陳獨秀之不能與國民黨取同一之態度者，勢爲之也。其忠於主義，仍繼續研究共産學説者，理爲之也。彼將實行計劃付之後來，與江西紅軍無關，與第三國際復無關。以托洛斯基自號厥派，實與生物學家之奉達爾文，心理學家之奉佛洛伊德無異，而亦中山之遺教如是，國民黨人且當奉行唯謹，矧在他人。其偶見到國民黨之失政引繩批根有所抨擊，此國民之義務如是，即不爲共産黨，亦得激於忠義而爲之。政府現時約束與論，刻意從嚴，如陳獨秀所陳三事，未便公開如量發布，則有政府所頒之出版法，在與其他新聞雜誌一律取締，要自未妨。且如所言當也，政府宜媿謝之不暇，罪於何有？如其未當，當自附聞者足戒之列，亦不得過罪言者，必也偵騎四出，如臨大敵，一有牽引，輒論大刑。國家立法之本旨，豈其如是？

基上論述，本案陳獨秀、彭述之部分，檢查官徵引《危害民國緊急治罪法》第二條及第六條，所謂叛國、危害民國，及宣傳與三民主義不相同之主義，湛然無據。應請審判長依據法文，論知無罪，以保全讀書種子，尊重言論自由，恪守法條之精神，省釋無辜之繫累，實爲公德兩便。

（原載《民治評論》1933年第1卷第48期）

陳獨秀案江蘇高等法院判决書

被告陳獨秀，男，年五十五歲，安徽懷寧縣人，住上海岳州路永興里，無業。

被告彭述之（即張次南），男，年三十五歲，湖南寶慶縣人，住上海東有恒路春陽里，無業。

右選任辯護人章士釗律師、彭望鄴律師、吳之屏律師。

被告王武（即宋逢春），男，年二十六歲，河北滄縣人，住上海四馬路梁溪旅館，無業。

右選辯護人彭望鄴律師。

被告濮一凡，男，年二十八歲，安徽懷寧縣人，住上海高福里，招商局月刊編輯。

右選任辯護人劉祖望律師、彭望鄴律師。

被告王子平（即曾猛），男，年三十三歲，浙江永嘉縣人，住上海唐山路業廣里，印刷。

右選任辯護人彭望鄴律師、蔣豪士律師。

被告何阿芳（即何止錚），男，年二十七歲，浙江瑞安人，住上海唐山路業廣里，銅匠。

右選任辯護人吳之屏律師、彭望鄴律師、蔣豪士律師。

被告王兆群，男，年二十八歲，安徽宿縣人，住上海春陽里，教員。

右選任辯護人彭望鄴律師、蔣豪士律師。

被告郭競豪（即彭道之），男，年二十一歲，湖南寶慶縣人，住上海白克路修德里，讀書。

右選任辯護人吳之屏律師、彭望鄴律師、蔣豪士律師。

被告梁有光，男，三十三歲，廣西貴縣人，住上海大同路斯文里，首飾匠。

右選任辯護人蔣豪士律師、吳之屏律師。

被告王鑑堂，男，二十八歲，山東臨淄縣人，住上海福履路建業里，紙烟店。

右選任辯護人彭望鄴律師、吳之屏律師、蔣豪士律師。

右被告等因危害民國案件，經檢察官提起公訴，本院審理判決如左：

主文

陳獨秀彭述之共同以文字爲叛國之宣傳，各處有期徒刑十三年，褫奪公權十五年。

王子平、何阿芳幫助以文字爲叛國之宣傳，各處有期徒刑五年，褫奪公權七年。

王武、濮一凡、王兆群以危害民國爲目的而組織團體，各處有期徒刑五年，褫奪公權七年。

郭競豪以危害民國爲目的而組織團體，處有期徒刑二年六月，褫奪公權三年。

裁判確定前羈押日數均以二日折抵徒刑一日。案內關於犯害之文件及違禁書籍均沒收。

梁有光、王鑑堂無罪。

事實

緣陳獨秀於民國九年即西歷一九二〇年，受第三國際委任在中國創立共産黨，彭述之則於民國十年即西歷一九二一年加入該黨，同由第三國際派爲中國共産黨常務委員，陳獨秀兼任書記，共同執行第三國際指示策略，領導黨員，在中國內地活動。嗣因共黨首領列寧死亡，內部分爲史丹林（即幹部派）及托洛斯基兩派，黨權歸史丹林掌握，托洛斯基被放逐於君士坦丁堡。陳獨秀、彭述之均與史丹林政見不合，傾向托洛斯基，至民國十六年遂同被開除職務，十八年復同被開除黨籍。於是糾集同志，在上海組織中國共産黨左派反對派（中共反對派）。其所采取之策略，以聯合工人貧農無産階級，爲建設基礎，並反對史丹林派在中國現況之下，利用土匪潰兵，領導鄉村農民爲武裝暴動。惟其黨員人數不多，經濟來源缺乏，故活動範圍祇及於上海、天津、香港等處，且祇能參加工會及學生運動，至鄉村農會尚無力發動。黨中最要工作，系借文字以爲宣傳，如《校內生活》、《火花》、《無産者》、《熱潮》諸種，皆爲黨內刊物，多由陳獨秀、彭述之主編，而以中共反對派名義發行。其餘藉抗日名義而散布之反動傳單，種類尤夥，都以推翻建設中華民國之國民黨國民政府，而組織蘇維埃政府，由無産階級專政爲其最終目標。王武、王子平、何阿芳三人，亦皆在共産黨中資格甚深，因反對史丹林派被開除黨籍者，與濮一凡、王兆群同爲組織中共反對派之主要分子。王武、濮一凡並推舉爲中央候補執行委員。王子平、何阿芳擔任抄寫印刷工作，以幫助宣傳。王兆群每星期參加會議，郭競豪則於民國十八年加入，擔任組委工作及學生運動。至民國二十一年十月間，上海市公安局據人密報，公共租界東有恒路春陽里第二百十號樓上，設有共黨僞中央機關，當即密派監察員張清泰，科員陸文虎，會同捕房西探長戈而特等，於同月十五日按址前往查拿。適同屬中共反對派黨員之該屋主謝少珊與濮一凡、彭述之、王武、王兆群等五人，正在開星期常會，當場一併逮捕，抄出大批反動文件，並在濮一凡所住之聖母院路高福里三百二十二號樓上搜出反動文件。旋探悉岳州路永興里十一號爲陳獨秀住所，前往捕獲，並在其住所兩次搜出反動文件甚多。嗣經根據謝少珊口述地點，先後捕獲王子平、何阿芳及嫌疑人梁有光、王鑑堂四名。當王子平、何阿芳被捕時，正在唐山路業廣里三三五號寓所內印刷《校內生活》及《火花》兩種刊物。郭競豪因至王子平家探訪，爲守屋警察拘獲，當由探警將上列人犯證物，一併解由公共租界巡捕房，轉送法院。經檢察官偵察終結，以陳獨秀彭述之犯《危害民國緊急治罪法》第二條第二款第六條嫌疑，王子平、何阿芳犯同法第六條及幫助犯同法第二條第二款之嫌疑。王武、濮一凡、王兆群、郭競豪、梁有光、王鑑堂犯同法第六條嫌疑，提起公訴。

理由

本案經審理結果，依各種證據，分別認定被告等有罪或無罪之理由，分別説明如次：

（一）關於陳獨秀、彭述之部分：

被告陳獨秀，自民國九年即在中國創立共産黨。彭述之則於民國十年附和參加，同受第三國際委任爲中國共産黨常務委員，陳獨秀兼任書記，在民國十六年同被第三國際開除職務，十八年復同被開除黨籍，於是糾集同志，組織中共反對派。以上事實不獨該被告等迭次歷歷供明，即就搜獲之文件，如《獨秀述之告全黨同志書》、《獨秀述之致中央信》，其中叙述經過情形甚詳，且攻擊史丹林派不遺余力，是被告等與第三國際確已脱離關係，固堪認定。惟脱離後，復組織中共反對派，是否以危害民國爲目的？其危害之程度如何？在刑事上負何種責任？此應就被告等自白情詞，與搜獲之文件互證參觀，以爲論斷之根據。本院審閲收獲各文件，除僅屬違禁而於案情無關之書籍不計外，其由被告等主編以中共反對派名義發行之刊物，多至一百餘種，類如《火花》、《校內生活》、《無産者》、《熱潮》諸小册子。又如《中國將往何處去》、《國內團結一致對外之意義》、《因國聯第二次決議後的局勢》、《爲日本帝國主義進攻上海告民衆》、《爲日本占領淞滬告全國民衆》、《爲紀念五一告工友》、《組委通告》種種傳單。核其內容，大都攻擊國民黨政府爲資産階級所組織，爲帝國主義者所利用，鼓吹工人貧農起而爲階級鬥爭；並曰三民主義爲反動主義；又謂應堅決的撕碎軍政訓政的建國大綱；且乘日本之侵略，妄詆政府不抵抗，借反日救國名義，欲將建設中華民國之國民黨國民政府推翻，其反動文字之尤顯著者。如以中共反對派中央常委名義所發表之政治決議案，內稱『我們的任務：（一）須組織及參加各地工人農民城市貧民的義勇軍運動，堅決的舉起反日、反國民黨的旗幟，並要在正式軍隊中作分化運動，使之脱離國民黨的支配，而成立反日反國民黨的義勇軍；（二）用全力推動城市工人自衛的以至進攻的鬥爭，使罷工運動廣泛起來，便應組織工人蘇維埃，如果當地已有義勇軍，或我們能够影響的軍隊，更進而建立蘇維埃；（三）在奪取土地，反帝國主義，反國民黨的旗幟之下，發展廣大的農民武裝鬥爭，擴大農民蘇維埃；（四）在已有農民蘇維埃的省份，城市蘇維埃，或義勇軍一經成立，及匯合蘇維埃的紅軍佔領城市』等語。（見《校內生活》第四期，下略）核與陳獨秀、彭述之在本院供稱，我們中共反對派與史丹林政見是不相同，但最終目的當然是要推翻國民黨國民政府，建設蘇維埃，由無産階級專政等語相符。

查中華民國爲民主國家，其主權寄於全民，故凡屬中華民國國民，無男女、種族、宗教、階級之區別，在法律上一律平等。（見約法第六條）而在蘇維埃國家，則主權僅寄於工農階級，除此特殊階級以外之人，皆無參政權，是兩種制度，顯然爲兩種國體。且中華民國，系以國民政府，本革命之三民主義，五權憲法而建設。

國民黨則在建設程序中於訓政時期以內，指導人民爲革命建設之進行，故三民主義實爲中華民國之建設基礎，國民黨國民政府均爲從事於建設之領導機關。該被告等所組織之中共反對派，既以打倒三民主義，實行共產主義爲第一要旨，以顛覆國民黨國民政府而組織蘇維埃，由無產階級專政爲最終目標，是不獨圖謀變更全民主治之中華民國國體，並將中華民國之建設從根本上推翻，其危害民國及叛國毫無疑義。該被告等在本院偵查及審判中，雖又據迭次供稱，我們中共反對派的團體統共祇有數百人，分在天津、上海、香港數處，因力量很小，尚不能有軍事組織，所以還沒有紅軍。江西、湖北各省共黨，我們與他們政見不同，所以沒有合作的可能。本院復檢閱搜獲文件中，如中共反對派發行之《無產者》刊物，其第二期由陳獨秀主編之『關於所謂紅軍問題』，內稱『全世界幾十國的共產黨，一向都遵守恩格斯的遺訓，不敢采用利用游民無產階級（指土匪與潰兵）的政策。現在中國工人運動叛徒李立三、向忠發、周恩來等（皆爲第三國際史丹林派），正在利用此種游民無產階級爲衛軍、爲支柱，簡直把他當作無產階級革命運動的主力，企圖擴大，憑借在游民無產階級基礎之上的所謂紅軍，來領導農民做游擊戰爭，除被統治階級擊潰和收買或自己內哄而潰散，或逐步與農村資產階級妥協，變成他們的白軍外，不能有別的前途。』又如《火花》第一卷第四期內，彭述之所著之『史丹林主義者對滿洲事件的估計與反日運動的危機』內稱，史丹林派信賴的祇有紅軍，以爲有了紅軍，便可以包打天下。湘鄂贛農民武裝鬥爭，是一個事實，但忽視了城市的工人運動，而將其一切幻想寄托在此武裝農民身上，這下是他們幾年來陷於無出路的主要原因各等語。以此可見被告等即反對史丹林派在中國現況之下采用紅軍策略，及利用土匪潰兵領導鄉村農民爲武裝暴動；則被告等與湘鄂贛各省武裝暴動之共匪自無聯絡關係，因之該中共反對派尚未發生暴動之事實，固亦可從而證明。惟前所列舉之各小册子及各種傳單，皆爲該中共反對派用以宣傳之文字，該項文字又以陸續發現其宣傳之宗旨及目標，復無一非危害民國及叛國，均於前段詳爲述明。則該被告等縱未達於實施擾亂之程度，然亦不僅以危害民國爲目的而組織團體，並以文字爲叛國之宣傳，按諸《危害民國緊急治罪法》第二條第二款之立法精神，除構成同法第二條之罪外，更應構成該條款之罪。至於被告等之抗辯意旨，謂實行共産主義於民國有利而無害，圖謀推翻國民黨國民政府，不得謂之叛國云云。按此種主張，完全與中華民國現行法律相違背。（理由見前）况被告等圖謀顛覆國民政府，以後復組織蘇維埃，由無産階級專政，尤爲吾國數千年來國體所不容，自無采納余餘地，更何足爲解免罪責之理由。惟念該被告等均爲刻苦深思之學者，其犯罪原因，蓋由於研究社會主義誤入歧途，而對於己身並無權利思想。且反對史丹林派利用土匪潰兵領導鄉村農民爲武裝暴動，時時加以抨擊，即從證據上觀察，該反對派亦尚無實施暴動之準備。審按情節，尚可矜原，自應量予减科，以昭平允。

（二）關於王武（即宋逢春）、濮一凡部分：

被告濮一凡，迭經審訊，不承認有加入共産黨及被舉爲中共反對派候補中央常委情事。王武亦僅承認從前加入共黨，已於民國二十二年經上海市臨時軍法會審判處有期徒刑六年，至於執行中保釋出外，復任中共反對派候補中央常委及列席共黨會議，則均不供承。然查被告等皆在共犯謝少珊家列席星期常會，與彭述之、謝少珊、王兆群五人同時就獲。並據謝少珊在上海公共租界巡捕房供稱，我處常作開會之所，常委包括有委員五人，即陳獨秀、彭述之、濮一凡（即卜得子）、及羅世凡、宋逢春，後一人是剛由漕河涇獄中釋出，此項參加開會是第一次。在我等被捕之日，彼等正在開每星期常會。（見公共租界巡捕房民國二十一年十月十六日供單）嗣經解送江蘇高等法院第二分院，推事問以『你處是什麽機關呢？』據答：『我處是托洛斯基領導機關。』問：『你們會在何處開的呢？』答：『每星期六在我家開的。』問：『彭述之是什麽職分呢？』答：『是常委。』問：『濮一凡及王武呢？』答：『亦是常委。』問：『共有幾個常委呢？』答：『共五個，均已被獲了。

不過陳獨秀是常委主席，王武僅第一次參加，我是常委秘書。』（見江蘇高二分院二十一年十月七日筆録）本院檢察官又訊，據陳獨秀供，常委三人，除我一個外，是彭述之與張九兩個。候補常委第一個是濮一凡，還有一個是羅世凡抑宋逢春，我記不清楚了。隨提彭述之訊問，復據供明常委三人，我同陳獨秀及一個張九，候補常委是濮一凡、宋逢春各等語。（見本院檢察處二十一年十二月六日筆録）且在濮一凡所住之聖母院路高福里第三百二十號樓上寓所，搜出反動文書甚多。宋逢春則本因傾向托洛斯基派被第三國際開除黨籍，此次復與彭述之在謝少珊家一同被獲，罪情明顯，均無諱飾之餘地。雖據陳獨秀、彭述之於本院審理時，濮一凡聲辯謂前在檢察處所説之候補常委，系蒲亦芳而非濮一凡。蒲亦芳年齡、相貌、籍貫，均與獲案之濮一凡不同。又彭述之代宋逢春辯稱，伊在獄中釋出未久，無被選候補常委之可能。該被告等亦即執此反證以爲抗辯。

查蒲亦芳與濮一凡字音固相類，然必先有相當證據證明候補常委確系另有蒲亦芳其人，則到案之濮一凡非候補常委，雖不辯，亦可了然。乃陳獨秀等並不能提出蒲亦芳確有其人之證據，徒因前供俱在，無可推翻，遂以音同幫爲朦混，此種空言，不獨難以掩飾，轉使情罪彌彰。至宋逢春雖在獄釋出未久，然謝少珊最初供詞，即述明後一人剛由漕河涇獄中釋出，此次參加開會，是第一次。可見所述與事實相符，與陳獨秀等初供亦相吻合。雖謝少珊未經本院直接訊問，然在江蘇高二分院及公共租界捕房既均録有供詞在卷，自可予以采取。至於被告等謂開會應有記録及簽名簿，然共黨秘密集會，與通常公開會議不同，形式當然不能完備。况經在場參與會議之共犯謝少珊供明，尤無疑問，執此以爲抗辯，殊無理由。依上供證，該被告等以危害民國爲目的，組織團體及集會，事實甚爲明確，惟查候補常委對於團體中其他之行動，苟不能證明，其有共同意思表現，應認爲不負其他之共同罪責。

（三）關於王子平、何阿芳部分：

被告王之平又名曾猛，在民國十六年經友人秦丁郁之介紹，入上海江灣路崇文堂印刷所當校對，旋因崇文堂副經理豪千之勸加入共産黨，並充當送信員，月支薪洋二十元。嗣後均因反對史丹林派，被第三國際開除黨籍，遂同入陳獨秀等所組織之中共反對派，並在黨內共同擔任抄寫印刷工作。均據被告等迭次供明，且被捕時正同在唐山路業廣里三三五號寓所印刷《校內生活》及《火花》兩種，當場由探捕等連同證物一併搜獲，是犯罪事實極爲確鑿。查《校內生活》、《火花》以及其他之刊物傳單，其中所宣傳之文字，不僅屬共産主義範圍，已達於叛國程度，其理由在陳獨秀、彭述之部分已詳言之。被告等既爲中共反對派黨員，又明知屬宣傳叛國之文件，乃竟擔任印刷，其應負幫助宣傳責任，自不待言。惟查被告等均爲生計所迫，圖得印刷工資，審察罪情，尚堪憫恕，自應量予減科。

（四）關於王兆群、郭競豪部分：

被告王兆群、郭競豪迭經訊問，對於參加中共反對派事實，雖皆堅不供承，然查王兆群，系在共犯謝少珊家與彭述之、王武、濮一凡、謝少珊等同時捕獲。被獲時又正在開每星期常會，業據謝少珊供明，且謝少珊家中系反對派秘密集會之所，參與會議者如彭述之、王武、濮一凡等，又皆爲團體中重要之人，被告果非黨員，謝少珊豈肯容留在寓居住。並據上海市公安局督察員（即破獲此案之陸元虎）曾在本院提起謝少珊口供，共黨名單內指王兆群上具名羅世凡，並謂羅世凡爲中共反對派之中央常委；但質諸陳獨秀、彭述之，則堅稱羅世凡實在另有其人，並非王兆群，常委亦祇有三人，除伊兩人外，尚有一張九。詳核謝少珊在江蘇高二分院及公共租界捕房兩次訊問時亦並無王兆群（即羅世凡）之供述，該項名單又系輾轉抄寫而來，自未便采爲認定事實之根據。但該王兆群雖不能證明爲常委，然即列席星期常會，其爲中共反對派組織中之一分子，要無可疑。又被告郭競豪，原告彭道之，即爲彭述之弟，又系在王子平之印刷機關，經守屋警察拘獲，況經上海市公安局抄獲學校登記表，即共黨登記表一紙，內中載明彭道之於一九二五年（民國十四年）九月在湖南長沙入團，嗣後無形脫離關係，至一九二九年（民國十八年）十二月，復在上海入反對派，曾經擔任學生運動滬東區區委及學運，現在擔任組委工作及學運，屬滬西學生之部，一九三二年六月八日登記等語。備考欄內並有假名郭競豪五字之記載，郭競豪三字雖經塗抹，仍可辨認，是該被告加入中共反對派團體，亦有相當證明。惟該被告年輕識淺，因受其兄彭述之引誘，以致同羅法網，情節不無可原，亦應酌予減刑。

（五）關於梁有光、王鑑堂部分：

查起訴書認定被告等犯罪嫌疑，最要之點，以其姓名均與在謝少珊家搜出共黨通信處小條內所載姓名相符，又皆搜獲反動書籍多種，並以梁有光經上海市公安局函指爲陳獨秀派之各省視察員。本院核閱江蘇高二分院卷宗，雖經上海市公安局函稱捕獲被告等均根據謝少珊家搜出通信處小條，然經飭該局科員即破獲此案之陸元虎到案，據供在謝少珊家搜出小條，衹有一紙，上面寫一陳字，系陳獨秀住址，此外並無通信處小條。被告等系由謝少珊口述前往逮捕者，是被告等被捕原因，究竟何所根據，已屬不無可疑。況經本院向上海市公安局函查梁有光爲陳獨秀派之各省視察員一點，據其復稱因自首人謝少珊供新閘路東斯文里一零四四號亭子間，系羅世凡住址，羅系陳獨秀派負組織責任者，故時有外地工作負責人員來滬與羅接洽，且時有寄寓該處者。然梁有光來滬未久，尚未在組織關係內正式會面，雖未知其詳，當系負外地工作責任者等語，是依謝少珊所述無非推測之詞，尤難采爲根據。况梁有光所住之新閘路東斯文里一零四四號，既系羅世凡住址，則當時謝少珊指拘之姓名，當系羅世凡而非梁有光，更可證明，所搜獲書籍爲羅世凡之物而非梁有光所有。則關於梁有光犯罪事實，已屬毫無證明。至於探警往捕時，既在深夜，梁有光聞聲驚慌越窗跳下，僅此一點，亦難即指有參加共黨嫌疑。又被告王鑑堂稱，我所住福履里路二十一號，屋內不止我一家。我是二房東，書籍復在前樓租戶王伯平房間搜出，因王伯平不在屋內，所以將我帶案等語。究竟當時謝少珊所口述者，系指明王鑑堂抑王伯平，本院質諸陸元虎供稱，因事隔日久，已記不清楚。况本案搜獲文書計有八箱之多，其中有供共産之研究者，有與共産無關係者，在該屋內所搜出書籍十種，究屬何類，捕房送案時，已與在他處所搜集者全數混合，文內並未分別記明。則縱認書籍爲王鑑堂所有，但是否爲研究共産之書籍，既無從證明，即難執此爲其加入共黨唯一之證據。

總上論結，被告陳獨秀、彭述之，以危害民國爲目的而組織團體，並以文字爲叛國之宣傳，實犯《危害民國緊急治罪法》第二條第二款、第六條之罪，按照同法第十條、《刑法》第四十二條、第七十四條應依《危害民國緊急治罪法》第二條第二款、《刑法》第七十七條各處有期徒刑十三年，並依《刑法》第一百零六條、第五十六條、第五十七條第四項褫奪公權十五年。

王子平、何阿芳以危害民國爲目的而組織團體，並幫助以文字爲叛國之宣傳，按照《危害民國緊急治罪法》第十條、同法第六條、第二條第二款，《刑法》第七十四條、第四十四條第一項、第三項前段、第七十七條、第七十八條、第八十七條各規定，應依《危害民國緊急治罪法》第二條第二款，略減各處有期徒刑五年，並依《刑法》第一百零六條、第五十六條、第五十七條第五項，各褫奪公權七年。

王武（即宋達春）、濮一凡、王兆群、郭競豪，以危害民國爲目的而組織團體，均犯《危害民國緊急治罪法》第六條之罪，王武（即宋達春）、濮一凡、王兆群各處有期徒刑五年。郭競豪依《危害民國緊急治罪法》第十條、《刑法》第七十七條，處有期徒刑二年六月，並依《刑法》第一百零六條、第五十六條、第五十七條第五項，王武、濮一凡、王兆群各褫奪公權七年，郭競豪褫奪公權三年。

裁判確定前羈押日數，均依《刑法》第六十四條，以二日折抵徒刑一日。

案內關於供犯罪所用，或犯罪預備所用之文件及違禁書籍（按照卷內目錄），均依《刑法》第六十三條，第一、第二兩款沒收。

梁有光、王鑑堂犯罪嫌疑不能證明，依《刑事訴訟法》第三百六十條，均諭知無罪。

特爲判決如主文。

本案經本院檢察官朱儁莅庭執行檢察官之職務。

本案上訴法院爲最高法院，當事人對於本判決如有不服，應於送達判決書之翌日起，十日內以書狀敘述不服理由，向本院提起上訴。

中華民國二十二年四月二十六日

江蘇高等法院刑事第二庭

審判長推事 胡善偁 印

推事 張秉慈 印

推事 林哲長 印

右件正本證明與原本無異

江蘇高等法院書記官 丁毅 印

（原載《法治週報》1933 年第 1 卷第 23 期）

陳獨秀上訴狀

五月二十七日，奉讀貴院判決書，所據理由，頗露布予等政治主張，使之有目共睹。其是非當否，正如日月經天，江河行地，無待廢辭，衆應了然矣。惟是貴院亦自宣稱『該反對派尚無實行暴動之準備』，僅處予等政治主張而判謂『危害民國及叛國毫無疑義』，而判以徒刑十三年，褫奪公權十五年。似此顯有疑義之判決，關係予等罪狀之事小，侵害思想言論自由、阻抑民主政治實現之事大。故不得不將不服判決之理由爲貴院縷析陳之。

政府即國家，與夫行使中央統治權者即統治權、即國家之説，貴院亦知其乖謬過於顧明，不便公然采用。乃苦心文飾，易以『國民黨國民政府爲建設中華民國之領導機構』之義。其詞難與前説異形，而含義所趨，仍在與前説同質。其不能據此構成予等叛國之罪，亦復無殊法王路易十四自稱『朕即國家』。其意亦以身致法國富强之巨任豐功自許，反之者即爲叛國。清朝以爲中國開闢疆土自誇，中國士大夫亦以『我國家深仁厚澤』頌之，反之者即罪以叛逆。『保中國不保大清』，即愛新覺羅氏窮治康、梁之唯一罪狀。自古帝王無論創業繼統，悉如梨州所譏：『視天下爲莫大之産業』，『以我之大私爲天下之公』。此輩專制獨夫，其家天下之謬見固已無足申論，獨是國民黨革命正爲顛覆帝制、標榜建立民國而起，帝政僕而仍繼前軌，弃『天下爲公』之説，以民國爲一黨一人之私産，目反之者爲叛國，豈其以萬世一系之天賦特權自居乎？此於建設民國之約言，豈不顯然背叛乎？視建設中華民國者之自身即爲國家，猶之視建築房屋之匠人即爲建築物。謂反對建設民國者之自身即爲『根本推翻民國』，亦猶之主張更易匠人即等於毁壞建築。世間滑稽之論，寧有過於此者乎？再衡以建設中華民國之現狀，無冠之王遍於宇內；田賦附加，增逾正額十倍以至數十倍；新稅名目多至難以悉數；貪夫盈廷，餓殍載道；農夫輟耕於田畝，工賈諮嗟於市井；鴉片官營已爲公開之秘密；士流動色相戒莫談國事，青年出言偶激輒遭駢戮。民國景象固應如是乎？此即判詞所謂『中華民國建設之基礎』乎？六年以來，內戰大小十餘次，破壞鐵路車輛七千有餘，增加內債十餘萬萬。最近更由政府借入美國農產品價值二萬萬元，即以加速農村之破產，又陰增人民對於未來內戰軍費之負擔。此即判詞所謂『於訓政時期以內指導人民爲革命建設之進行』乎？前年不戰而斷送東北三省，今年不戰放弃熱河及平津以東。南渡之局，已重見於今日，崖山之迫，亦難免於方來。政府復縱百萬虎狼於民間，所謂抗日捐，所謂救國公債，所謂防空捐、飛機捐，成爲强徵暴斂之最新名詞。人民之愛國心漸爲迫於暴政苛徵之慘痛心情所排而去。瞻念前途，令人不寒而栗。此即判詞所謂『從事於建設中華民之領導機關』之所應從事著乎？以予等反對如此建設中華民國之領導機關而謂爲『乘日本之侵略，妄詆政府不抵抗』，而誣爲『將中華民國之建設從根本上推翻』，而判以『危害民國及判國』之罪，『莫須有』三字其何以服天下後世？

『圖謀變更國體』亦爲貴院判詞指責予等危害民國及判國之一要點。夫所謂國體，其大要有三：曰君主，曰貴族，曰民主共和。由民主共和而改爲帝制，或前王復辟，如袁世凱與張勳之所爲，固爲變更國體。由帝制而民主共和，如國民黨之所爲，雖視前者順逆不同，而變更國體則一也。民主共和已達改制之極，則過此便無國家改制之可言。世界政體已無於民主共和之外別標新制，即根本已無變更國體之要求。所要求者，衹在采用若何方法。或和平進化，或革命鬥爭，以達到牢固共和，發展民主爲歧點耳。是以十月革命後之新俄國體仍屬社會主義蘇俄聯邦共和國也，蘇維埃並非新奇怪物，衹『工農兵會議』之翻名詞而已。其不獨與民主共和無忤，且因而鞏固之、發展之。先於蘇維埃俄國而共和之中國，恢復帝制者二次，至今仍徒有共和民主之名。後於蘇維埃俄國而共和之德國，年來帝制復活運動已公然行之，國中魏馬憲法不絶如縷。獨蘇俄共和國日臻鞏固，此非世界共見共聞之事乎？以言民主，其一即由大多數人民管理政治。亦即由大多數人民代表政制，行使國家統治權，此乃君主一人統治及貴族少數人統治之對稱也。是以自英人邊沁著作以迄最近美國大總統羅福斯和平申請書，悉以所謂『爲大多數人民謀最大幸福』一語相標榜。但以何階級人民佔全國大多數，資産階級政論家自來避而不言。以自君主貴族衰亡以來，財産權以至統治權悉操諸極少數人資産階級之手。彼輩所標榜之民主政治，雖與君主或貴族專制有別，而仍不越統治者資産階級之狹小範圍。所謂大多數人民幸福等諸空頭支票，惟自佔人民大多數之工人貧農蘇維埃政權成立以來，始獲睹真正大多數人民統治之實現。在此政權統治之下，大多數人民幸福始庶幾可得可期，亦惟有經過此政權，始有達到全民福利之途徑。蓋以任何優良之社會制度祇能使人人爲生産者（工人或農民），不能使人人爲剝削者（資本家或地主）。蘇維埃政權正爲消滅剝削制度之工具，人剝削人之制度消滅，始有全民福利之可言。即以歐美資産階級所標榜之民主國家而論，所謂民主，雖實際祇限於狹小範圍，而其統治者亦不敢公然躬自撕毁其民主之假面，不得不以普遍議會之名掩飾其專政。是以目組織共産黨、宣傳社會主義、共産主義、蘇維埃政制爲違背民主共和，爲危害國家，爲判國者，在歐美標榜民主之國家，實屬罕聞之事。即在君主立憲之英國，不獨二百餘年來無人目所謂『王之反對黨』爲叛逆。即令之共産黨亦不被認爲犯罪集團。其公布政綱，競爭選舉，列席國會，與法德諸國無異。兩月前獨立工黨集會時，黨魁其高呼打倒現政府，高呼推翻資本主義制度，亦不曾以國謀變更國體、危害民主政治及叛國被控於法庭。統治英國之資産階級何以如此寬容？以不便自毁其民主之假面故。『特克諾克拉西』運動方轟行於美國，近復延及法蘭西。其公然抨擊資本主義及私産制度，主張根本取銷之；主張組織技術家蘇維埃，以實現技術家之統治；主張以『能力證券』代替金銀貨幣。其論旨、其方策，雖爲左方之共産主義者，及右方之資本主義者所夾擊，然不聞美、法政府曾以推翻現行制度、圖謀變更國體、危害共和民國及叛國罪之。美、法之統治者何以如此寬容？亦以不便自毁其民主之假面故。獨至東方民國之統治者僅此民主假面亦不惜躬自毁也。即此一點已充分説明，危害民國者，乃所謂『建設民國之領導機關』之自身，而非他人也。歐人所言曰『民主政治不適用於野蠻民族』，吾人深吟此語，寧不痛心？此予等所以主張繼續革命，實現蘇維埃政權，以完成第一次、第二次革命所未完成之民主任務所由來也。貴院判詞謂予等主張蘇維埃政制爲變更國體，爲危害民國，實屬無稽。蓋以蘇維埃政制並與民主共和無忤，在民國而圖謀變更國體僅祇恢復帝制之一途。由北京政府而國民政府，由國民政府而蘇維埃政府，均民主政治發展之必然趨勢，根本與國體問題不相牽涉也。北京政府由北洋各派相繼行使中華民國中央統治權者十餘年，吾人能謂十六年北伐戰爭爲變更國體，爲危害民國也？

復次，貴院判詞又以『中華民國爲民主國家，其主體寄於全民，故凡中華民國國民無男女、種族、宗教、階級之區别，在法律上一律平等』，『而在蘇維埃國家，則主體僅寄於工農階級，除此特殊階級以外之人皆無參政權，兩種制度顯然爲兩種國體』爲言，予等於此，則益有説爲。吾人第一須知，民主之定義即爲由大多數人民管理即統治國家，無所謂全民主治之説。所謂『全民主治』或『全民統治』及『全民政治』者，皆不合邏輯之言，近代統治國家之資産階級用以欺騙人民者也。最新之工農蘇維埃政制乃民主制之最後、最高階級，亦僅祇達到以大多數人民統治國家已耳。過此以往，必待剝削制度消滅，因之階級消滅，統治者與被統治者之界限消滅，夫然後乃有真正全民平等之一境。謂階級存在而全民得以平等者，非有意欺世，亦自爲童□。剝削階級因有被剝削而存在，統治者乃對於被統治而言。既無被統治者，則全民政治所統治者何人？所以剝削制度及統治、被統治階級既已消滅，全民平等之社會既已出現，則所謂國家統治權及一切政制悉成爲歷史上過去名詞矣。故曰『全民主治』（全民統治）（全民政治）皆不合邏輯之狂言也。吾人第二須知，主張蘇維埃民制之共產黨人，固不屑以全民統治之妄語欺世欺人，而並世英、美、法、德等號爲民主之國家，其實際無一非資產階級專政，所謂民主，更無不限於其階級之狹小範圍，佔人民大多數之工農勞苦貧民，胥隸屬於被統治者之地位。至於在數十萬國民黨員統治下之中華民國四萬萬人民。益復被認爲阿斗。更明明無參政之權，茲忽爲之曰全民，未免過於揶揄。判詞謂爲『全民主治』，不知置國民政府現行之『黨治』及『訓政』制度於何地？謂予等圖謀變更『全民主治之中華民國國體』更爲無的而放矢矣。夫『主權』及『統治權』乃英、法、德文『權威倫特』一語之異議。後一譯名視前者較有交際意義。所謂『主權在民』，所謂『主權屬于人民全體』，所謂『主體寄於全民』，其空洞無實權，以視清代加頭品頂戴、賞穿黃馬褂尤過之。以故雖袁世凱以至曹錕亦並不惜承認『主體在民』之說。蓋以主權而不行使，僅祇在之屬之寄之之虛名，實際統治者固不惜慷慨奉送也。倘實以應由大多數人民行使統治權，則必聞而大駭矣。『由中國國民黨代表大會行使中央統治權，大會閉會時，由國民黨中央執行委員會行使之。』此非赫然載在國民政府所須頒布之約法者乎？即宋財長最近在美國人面前之飾詞亦僅云『中國政府之後盾，築在强固之中產階級』，奈何貴院判詞竟以所謂『主權寄於全民』與『全民政治』爲之遮飾耶！吾輩無欺之共產黨人，固嘗提出由無產階級貧農專政之蘇維埃政制之主張，以訴諸人民公意。此一政制，特爲對待剝削階級少數人以專政，以實現被剝削者大多數人民行使統治權之真正民主國家者也。試持此以與現行政制兩相較，孰爲合與民主制度，孰爲危害民國，尚希貴院平心靜氣一思之。

貴院判詞當有最後之一盾，即現行法律是也。茲姑退一步而在法官法。按之現行刑法關於平時外患罪、戰時外患罪、泄露秘密罪，均有具體説明。關於內亂罪，乃以『意圖非法之方法顛覆政府、僭竊土地，或紊亂國患，而著手實行者』爲條件。予等固未有此判詞，亦未援用此條文。再退一步而言《危害民國緊急治罪法》。此法第六條第二款所謂『叛國之宣傳』，何謂叛國，並無定義。稽之此法全文，亦無反對國民黨、國民政府即爲危害民國及叛國之明文規定。貴院判詞所援用者，何爲『按諸《危害民國緊急治罪法》第二條第二款之立法精神』？貴院僅知揣摸該法之『立法精神』而忘却民主國家所應尊重之思想、言論自由精神，而且於法律明文之外揣摸『精神』，此種神秘方法，在法言法者固應如是乎？

依上所述，予等認爲，貴院判詞於理於法兩具無當。此即所以不服判決，要求上訴之理由也。

陳獨秀 六月十五日

（原載《法律評論》1933 年第 10 卷第 44 期）

江蘇高等法院檢察官對於陳獨秀等上訴答辯書

本案被告陳獨秀、彭述之組織中國共産黨左派反對派團體，及以鼓吹工人貧農起爲階級鬥争，組織蘇維埃，推翻國民黨國民政府，由無産階級專政等文字作叛國之宣傳，業經被告等自認不諱，並有抄獲一切證據。其危害民國事實，極爲明白。原判按照《危害民國緊急治罪法》第二條第二款、第六條、第七十四條擬處罪刑並無不合。核閲上訴理由書，謂英、美、法諸國對於共産黨行動未認爲危害國家，何以中國獨異云云。殊不知一國有一國之政制，未可强爲比擬。中華民國既有危害民國治罪法之制定，被告觸犯該法，應依法治罪。上訴意旨牽引他國之政制，圖卸罪責，其理由自不成立。又上訴理由謂國民政府並非國家，推翻政府不能認爲危害民國云云。查三民主義爲中華民國之建設基礎，國民黨、國民政府又均爲從事於中華民國建設之領導機關。關於此點之釋明，原判已言之綦詳。被告等所組織之中央反對派既以打倒三民主義、顛覆國民黨、國民政府爲目的，即爲危害中華民國，事理至爲明顯。被告又以其叛國宣傳尤爲明晰，上訴意旨强爲曲解，殊難認爲有理由。希請維持原判，駁回上訴。

江蘇高等法院檢察官 朱儁

（原載《法律評論》1933 年第 19 卷第 45 期）

陳獨秀案最高法院判決書

陳獨秀等危害民國上訴案已由最高法院判決，兹將判決書全文摘録如下：

上訴人陳獨秀，男，年五十六歲，懷寧縣人，住上海岳州路永興里，無業，

彭述之，即張次南，男，年三十六歲，寶慶縣人，住上海東有恒路春陽里，無業，

王武，即宋逢春，男，年二十七歲，滄縣人，住上海四馬路梁溪旅館，無業，

濮一凡，男，年念九歲，懷寧縣人，住上海高福里，招商局月刊編輯，

王兆群，男，年念九歲，宿縣人，住上海東有恒路春陰里，教員，

郭競豪，即彭道之，男，年念二歲，寶慶縣人，住上海白克路悠德里，讀書。

右上訴人等，因危害民國案件，不服江蘇高等法院，民國念二年四月念六日第一審判決，提起上訴，本院判決如左：

主文

原判決關於陳獨秀、彭述之部份，及王武、濮一凡、王兆群、郭競豪之褫奪公權部份，均撤銷。陳獨秀、彭述之以文字爲叛國之宣傳，各處有期徒刑八年。裁判確定前羈押日數均以二日抵徒刑一日。關於陳獨秀、彭述之供犯罪所用之文件書籍均没收。其他上訴駁回。

事實

陳獨秀、彭述之等，於民國十九年間，先後入共産黨，由第三國際派爲中國共産黨中央常務委員，陳獨秀兼任書記，共同執行第三國際所指示之策略，領導黨員在中國内地活動。旋因該黨内部分爲史達林與托洛斯基兩派，黨權悉操之於史達林派，陳獨秀、彭述之因傾向托洛斯基派，於民國十六年被第三國際開去職務，十八年復被開除黨籍。乃糾集同志，在上海秘密組織中國共産黨左派反對派（以下簡稱『中共反對派』）。其目的在聯合工人、學生、農民等，組織蘇維埃政府，並反對史達林派在中國利用土匪遣兵，領導農民暴動。一面編述各種文字，或以中共反對派名義，發行種種刊物，並借抗日名義，散布各項傳單。向上海、天津、香港等處，宣傳該派主義，冀以推翻國民政府，另組織蘇維埃政府，由無産階級專政。王武與濮一凡、王兆群，同爲中共反對派之組織份子。王武、濮一凡並被推爲該派中央候補執行委員。郭競豪於民國十八年加入中共反對派，並擔任組織委員工作及學生運動。至民國二十一年十月十五日，彭述之、濮一凡、王武、王兆群，與謝少珊五人，正在上海東有恒路春陽里第二百十號樓上即謝少珊家，開星期常會，上海市公安局，據人密報，當即派員會同該管捕房，前往春陽里將彭述之等當場拿獲。隨即分往各處，拘捕陳獨秀、郭競豪。連同搜出之宣傳文件書籍，一併解由捕房移送江蘇高等法院第二分院，轉解江蘇高等法院檢察官偵察起訴。

理由

查陳獨秀、彭述之，在偵查中及原法院於如何加入共產黨，如何由第三國際委爲中國共産黨常務委員，如何因傾向托洛斯基派被第三國際開除職務及黨籍，如何在上海組織中國共産黨左派反對派，如何向工人、學生各方而宣傳主義，希圖推翻國民政府，建立蘇維埃，由無産階級專政各等情，已完全自白。所應審究者，該派於宣傳工作外，有無擾亂治安情形，並與在中國内地之史達林派是否互爲聲援是也。本院查陳獨秀主編之《無産者》中『關於所謂紅軍問題』内稱：『全世界幾十國的共産黨一向都遵守昂格思遺訓，不敢采用利用游民無産階級（指土匪與潰兵）的政策，現在中國工人運動的叛徒李立三、向忠發、周恩來等（皆第三國際史達林派），正在利用此種游民無産階級爲衛軍，爲支柱，簡直把他當作無産階級革命運動的主要力，企圖擴大憑借在游民無産階級基礎之上的所謂紅軍，來領導農民，做游擊戰争，除被統治階級擊潰，或收買，或由自己内訌而消散，或逐步與農村資産階級妥協，變成他們的白軍外，不能有别的前途。』及《火花》第一卷第四期内彭述之所著『史達林主義者對於滿洲事件的估計與反日運動的危機』内稱：『史達林派信賴的祇有紅軍，以爲有了紅軍，便可以包打天下，湘鄂贛的農民武裝鬥争是一個事實，但忽視了城市的工人運動，而將其一切幻想，寄托在此等武裝農民身上，這正是他們幾年來陷於無出路的主要原因』各等語。其攻擊在中國之史達林派，不應利用游民，領導農民暴動，情見乎詞。更參以陳獨秀供稱：『紅軍該在蘇維埃政府成立以後，純粹由農工組織起來，不該夾雜土匪在内，况且現在還不需要紅軍。』彭述之供稱：『我們主張紅軍是應該純粹由農工組織的，不主張紅軍内有土匪的，我們以爲現在還不需要紅軍，要等蘇維埃政府成立以後，才需要組織紅軍』云云。是陳獨秀、彭述之，不獨與中國内地之史達林派立於反對地位，其所活動之方法，除宣傳工作外，現時尚無擾亂治安情形亦堪認定。

至其宣傳之文字，是否達於叛國之程度，爲本案應研究之問題。查陳獨秀、彭述之等，所主編及用中共反對派名義發行之刊物，多至百餘種，無一非反對國家現狀，反對國民政府之文字，其最顯著之《火花》、《校内生活》、《無産者》、《熱潮》諸刊物，以及借抗日名義而散布之各種傳單，與夫以中共反對派名義發表之政治決議案等等，或謂建國大綱不適用於中國，應予撕碎；或謂國民政府系資産階級所組織，應該打倒。窺其意無非欲將國家現狀，破壞無餘，另行組織蘇維埃政府，由無産階級專政。其足以動摇國本，情節昭然，按之《危害民國緊急治罪法》立法本旨，實不得謂非叛國之宣傳。況查立國基礎，首重主權，而中華民國之主權屬於人民全體，中華民國國民無男女、種族、宗教、階級之區別，在法律上一律平等。《約法》第二條、第六條，均有規定。以視蘇維埃制度，僅將其主權寄於農工之特殊階級之上者，不可同日而語。該陳獨秀等，竟主張除由民主改爲帝制爲叛國外，其組織蘇維埃，與中華民國立國之本體無關，尤屬牽强。原審認定陳獨秀、彭述之以危害民國爲目的，而組織團體，並以文字爲叛國之宣傳，固無不合。但原審既因陳獨秀、彭述之傾向托洛斯基派，並反對史達林派在中國利用土匪潰兵領導農民爲武裝暴動毫無利己思想，尚不失爲深思刻苦之學者，仍各處以有期徒刑十三年，未免稍重。綜核陳獨秀、彭述之上訴意旨，就法律上之見解，攻擊原判決失當，雖無足取，要其聲明不服，尚非毫無理由。

又查王武僅承認前因加入共黨，經上海市臨時軍法會判處有期徒刑六年，及保釋出獄後，復爲中共反對派候補中央常委，並參與星期常會，則完全否認。濮一凡於獄案以後，亦認有組織共產黨，及擔任中共反對派候補中央常委之事。但查王武、濮一凡，於二十一年十月十五日，同在上海東有恒路春陰里謝少珊家，與彭述之、王兆群、謝少珊開每星期常會，當場被補，已爲不可掩之事實。更證以謝少珊在上海公共租界巡補房供稱：『此處常作開會之所，常委包括有委員五人，陳獨秀、彭述之、濮一凡，及羅世凡、宋逢春（指王武），後一人是剛由漕河涇獄中釋出，此次參加開會，祇是第一次，在我被捕之日，彼等正在開每星期常會。』嗣由江蘇高等法院第二分院推事詰以『你處是什麽機關呢？』答稱：『我處是托洛斯基領導機關。』詰以『你們會在何處開的呢？』答稱：『每禮拜六在我家開的。』詰以『彭述之是什麽職分呢？』答稱：『是常委。』詰以『濮一凡及王武呢？』答稱：『亦是常委。』詰以『共有幾個常委呢？』答稱：『共五個，均已被獲了，不過是陳獨秀是常委主席，王武僅爲第一次參加，我是常委秘書。』此外，彭述之在偵查中，亦有候補常委爲濮一凡、宋逢春之供述。是王武、濮一凡均爲中共反對派之重要份子，因參與星期常會而被捕，情節顯然，無可狡飾。乃王武、濮一凡始終堅稱與中共反對派無關，更無被推爲常委之事。而陳獨秀、彭述之在原審復附和其説，謂王武雖爲黨人，並非常委；對於濮一凡，或謂另有其人，或謂濮一凡爲蒲亦方之誤，不獨與謝少珊之供不符，即核以陳獨秀、彭述之在偵查中之供詞，亦判若兩人。其爲故意虚捏，希圖左袒王武、濮一凡，毫無疑義，自難采爲王武、濮一凡等有利益之證明。至王兆群、郭競豪，雖亦不認與陳獨秀等同黨，然王兆群因參與中共反對派星期常會以致被捕，已如前述。究竟王兆群是否名羅世凡，是否爲中共反對派常委，據陳獨秀、彭述之迭次供詞，均謂羅世凡並非王兆群，謝少珊在捕房及江蘇高等法院第二分院，亦未指明羅世凡即爲王兆群。參互以觀，是王兆群僅爲中共反對派組織之份子，並非該派常委，尚堪據以認定。又查郭競豪原名彭道之，系彭述之弟，經原審檢察官向彭述之詰以『你兄弟是彭道之，是黨派裏的嗎？』答稱：『是的。』已足證明郭競豪爲中共反對派之一人。更就搜獲之學校登記表（即共產黨登記表）詳加考究，內載彭道之於一九二五年（民國十四年）九月在湖南長沙入團，嗣後無形脱離關係，至一九二九年（民國十八年）十二月在上海入反對派，曾經擔任學生運動、滬東區區委，及學運，現在擔任組委工作及學運，屬於滬西區學生支部，一九三二年六月八日登記等語。其備考欄内，並有『假名郭競豪』五字之記載。該『郭競豪』三字雖經塗抹，仍可辨識。是郭競豪以危害民國爲目的，而組織團體證據，亦甚確切，尚何有遁飾之餘地。

綜核原審對於王武、濮一凡、王兆群均依《危害民國緊急治罪法》第六條判處有期徒刑五年，對於郭競豪認爲年輕無知，情狀可憐，依同法第六條、第十條，《刑法》第七十七條，判處有期徒刑二年六月。並均適用《刑法》第六十四條，論知羈押日數折抵徒刑之標準，自非違法。該王武等各上訴意旨，徒以空言否認犯罪，殊非有理。

復查《危害民國緊急治罪法》，系《暫行反革命治罪法》廢止後之新法，在《暫行反革命治罪法》第十一條，雖有關於褫奪公權之規定，而在《危害民國緊急治罪法》已不復采用。依本院判例，凡犯《危害民國緊急治罪法》者，不得褫奪公權。乃原審對於陳獨秀、彭述之、王武、濮一凡、王兆群、郭競豪，均予褫奪公權，顯有未當，亦應由本院以職權爲之撤銷。

據上論結，應依《刑事訴訟法》第四百零九條第一項、第四百十條第一項第一款，《危害民國緊急治罪法》第二條第二款、第六條、第十條，《刑法》第四十二條、第七十四條、第七十七條、第八十條第二項、第六十四條、第六十條第二款，《刑事訴訟法》第四百零八條第一項，判决如主文。

中華民國二十三年六月三十日

最高法院刑事第二庭

審判長推事 夏勤 印

推事 楊天壽 印

推事 高熙 印

推事 張孚甲 印

推事 鄭箎 印

右正本證明與原本無異

書記官夏菊初

中華民國二十三年七月七日

（原載《法律評論》1934 年第 11 卷第 42 期）